101デザインメソッド

革新的な製品・サービスを生む
「アイデアの道具箱」

ヴィジェイ・クーマー ＝ 著
渡部典子 ＝ 訳

101
Design
Methods

A Structured Approach for
Driving Innovation
in Your Organization

英治出版

101 Design Methods

A Structured Approach for Driving Innovation in Your Organization

by Vijay Kumar

Copyright © 2013 Vijay Kumar. All rights reserved.
Japanese translation rights arranged with
John Wiley & Sons International Rights, Inc.
through Japan UNI Agency, Inc., Tokyo

101 Design Methods

CONTENTS

Introduction

イノベーションを成功に導く4つのコア原則　9

1　経験の周辺でイノベーションを構築する　9

2　イノベーションをシステムとして捉える　11

3　イノベーションの文化を醸成する　12

4　規律のとれたイノベーション・プロセスを用いる　13

デザイン・イノベーションのプロセス・モデル　14

デザイン・イノベーションのプロセス　14

プロセスは非線形である　16

プロセスは反復的である　16

デザイン・イノベーション 7つのモード　17

mode1　目的を見出す　17

mode2　コンテクストを知る　18

mode3　人々を知る　18

mode4　インサイトをまとめる　19

mode5　コンセプトを探求する　20

mode6　解決策を練る　20

mode7　製品・サービスを実現する　21

デザインメソッドを理解する　21

101 Design Methods

1. バズ・レポート　30
2. メディア・スキャン　32
3. キーファクト　34
4. イノベーション・ソースブック　36
5. トレンド・ウォッチャー・インタビュー　38
6. キーワード・ビブリオメトリクス　40
7. 10タイプのイノベーション・フレームワーク　42
8. イノベーション・ランドスケープ　44
9. トレンド・マトリクス　46
10. コンバージェンス・マップ　48
11. From-To 調査　50
12. オポチュニティ・マップ　52
13. 製品・サービス−活動−文化マップ　54
14. インテント・ステートメント　56

mode 1　目的を見出す

15. コンテクスト調査計画　66
16. 一般メディア検索　68
17. 文献調査　70
18. 年代表　72
19. イノベーション進化表　74
20. 財務プロファイル　76
21. 類似モデル調査　78
22. 競合他社・補完業者マップ　80
23. 10タイプのイノベーション診断　82
24. 業界診断　84
25. SWOT分析　86
26. 専門家インタビュー　88
27. 利益団体とのディスカッション　90

mode 2　コンテクストを知る

28. 調査対象者マップ　100
29. 予備調査　102
30. ユーザー調査計画　104
31. 5つのヒューマンファクター　106
32. POEMS　108
33. フィールドビジット　110

34. ビデオ・エスノグラフィー　112

35. エスノグラフィー・インタビュー　114

36. ユーザー・フォト・インタビュー　116

37. 文化的アーティファクト　118

38. イメージ・ソーティング　120

39. 体験シミュレーション　124

40. フィールド活動　126

41. リモート調査　128

42. ユーザー観察データベース　130　　　　mode 3　人々を知る

43. 観察データ分析　142

44. インサイト・ソーティング　144

45. ユーザー観察データベース・クエリ　146

46. ユーザー回答分析　148

47. ERAFシステム図　150

48. 記述的バリュー・ウェブ　154

49. ポジション・マップ　156

50. ベン図　158

51. 樹形図・半束図　160

52. 対称クラスター表　162

53. 非対称クラスター表　166

54. 活動ネットワーク　170

55. インサイト・クラスター表　174

56. 意味論的プロファイル　178

57. ユーザー・グループ定義　180

58. 経験魅力度評価マップ　182

59. ユーザー・ジャーニー・マップ　186

60. 概要フレームワーク　188

61. デザイン原則の策定　190

62. 分析ワークショップ　192　　　　mode 4　インサイトをまとめる

63. 原則を用いた機会発見　204

64. 機会のマインドマップ　206

65. 価値仮説　208

66. ペルソナの定義　210

67. アイディエーション・セッション　212

68.	コンセプト作成表　216
69.	比喩と類推　218
70.	ロールプレイ・アイディエーション　222
71.	アイディエーション・ゲーム　224
72.	パペット・シナリオ　228
73.	行動プロトタイプ　232
74.	コンセプト・プロトタイプ　234
75.	コンセプト・スケッチ　236
76.	コンセプト・シナリオ　238
77.	コンセプト・ソーティング　240
78.	コンセプト・グルーピング表　242
79.	コンセプト・カタログ　244

mode 5　コンセプトを探求する

80.	形態学的統合　254
81.	コンセプト評価　256
82.	規範的バリュー・ウェブ　258
83.	コンセプト・リンクマップ　260
84.	未来シナリオ　262
85.	解決策ダイアグラム　264
86.	解決策ストーリーボード　266
87.	解決策ロールプレイ　268
88.	解決策プロトタイプ　270
89.	解決策評価　272
90.	解決策ロードマップ　274
91.	解決策データベース　276
92.	統合ワークショップ　278

mode 6　解決策を練る

93.	戦略ロードマップ　290
94.	プラットフォーム計画　292
95.	戦略計画ワークショップ　296
96.	パイロット開発とテスト　300
97.	実行計画　302
98.	能力開発計画　306
99.	チーム編成計画　308
100.	ビジョン・ステートメント　310
101.	イノベーションの要約　314

mode 7　製品・サービスを実現する

イントロダクション

イノベーション：
特定の時とコンテクストにおいて新しい、
実現可能なものを提供して、
ユーザーや企業に価値を生み出すこと。

アップルやグーグルなどの企業がトップ記事を飾り世界中の注目の的となっているように、「イノベーション」という言葉は今日、専門誌、新聞、カンファレンスなど至るところに溢れている。しかし、みんなをあっと言わせるようなイノベーションはなかなか出てこない。イノベーションがこれほど関心事となっているのに、繰り返し可能で信頼性のあるやり方でイノベーションを実践する術を心得ている組織はほとんどないのだ。ダブリン社の調査によると、企業によるイノベーション・プロジェクトの96％は失敗に終わっているという。

どうしてこれほど失敗率が高いのだろうか。
それは「4つの思い込み」が体系的なイノベーションの実現を妨げてきたからだ。1つずつ確認しながら、なぜそれが間違っているか、どうすれば重要なイノベーションを実現できるかを探ってみよう。

1 思い込み：イノベーションは、いまの取り組みで十分だ。
現実：現状のイノベーションの取り組みは確実にブレークスルーにつながっているわけではない。漸進的な改善やランダムな改善ではなく、真のブレークスルーを生み出すツールや方法が欠けている。

製品・サービスの漸進的な改善ではなく、大きな飛躍や破壊的イノベーションを求めるなら、従来の取り組みやツールは通用しない。新しい方法が必要なのだ。

そのことに気づいたイノベーション担当チームは途方にくれてしまうだろう。たとえば、市場や機会領域を整理するツールとして、シンプルな4象限のマトリクスがよく用いられる。しかし、あまりにも斬新なイノベーションの場合、競合はまだ現れていないし、問題点もよくわからず、機会も曖昧。従来のツールでは対応しきれないのだ。

2 思い込み：イノベーションは経営層がやることだ。
現実：ブレークスルーにつながるアイデアは、たいてい「現場の」担当者が持っている。彼らにはイノベーションを計画し定義するための仕組みやプロセスがないだけだ。

昨今の潮流は、イノベーションは戦略上不可欠だ、iPodのように刺激的なものを次々に生み出せ、と経営層を煽りたてる。彼らはイノベーションへの重要な足がかりとして、一般的な理論、戦略、市場アプローチに飛びつくが、それではうまくいかない。イノベーション・プロジェクトが始まれば、実行するのは「現場の」マネジャーやデザイナー、マーケター、リサーチャー、エンジニアたちであり、チームで実行方法を生み出さなくてはならないのだ。まだ誰もやったことのないものを市場に投入するには、どのような道筋をたどり、どのような段階、活動、スキルが必要なのか。イノベーションは「何を実行するか」だけでなく「どう実行するか」というレベルでも習得しなくてはならない。

3

**思い込み：イノベーションは現場の担当者が
やることだ。**

現実：イノベーションは担当者だけで取り組
むものではない。経営層と協力しながら、イ
ノベーションの戦術をより大きな戦略にまとめ
上げる必要がある。

イノベーションには、他の業務よりもはるかに幅広く物
事を理解することが求められる。戦術レベルだけでなく、
戦略目標やそれぞれの担当業務への意味合いも理解しな
くてはならない。

漸進的なイノベーションという古いモデルでは、ビジネ
スの前提条件、目標、仕様は固まっており、解決策の範
囲、最終結果の方向性、成功の基準もはっきり規定され
ていた。一方、破壊的イノベーションという新しい世界で
は、思い込みを疑い、慣例を覆し、未開拓の市場ニーズ
や機会を探求する権限を担当者に与える必要がある。担
当者もまた、前提となっている事業戦略、自社の目指すイ
ノベーションの対象や理由をよく理解しなくてはならない。

従来のアプローチでは、担当者の行動と、それが戦略
に及ぼす影響とがうまく結び付いていなかった。そのせい
で、担当者は自分のアイデアと戦略の整合性を考えるこ
となく、十分に理解しないまま対象範囲を変えたり、前
提を覆したりしていた。担当者には、ツールや活動（アク
ティビティ）の事典とともに、それらをイノベーション戦略
と合致させるためのガイドブックが不可欠だ。

4

**思い込み：イノベーションは計画するもので
はない。**

現実：測定可能で科学的なイノベーションの
アプローチは存在し、体系的なプロセスで進
められる。

組織がマネジメントについて考える場合、想定通りの結
果を出すために、予想や計画、体系化が可能なプロセス
やコントロールを検討する。しかし、イノベーションを考え
るときはそうではない。イノベーションは「違うやり方で物
事を行う」ことや、マネジメント原則の「枠外で考える」
ものと思われている。だが、コントロール度外視で、ラン
ダムで非線形的、ときには性急なやり方で大きなブレーク
スルーを狙う試みに投資する余裕のある企業はほとんどな
い。

イノベーションは極めて重要な新しい組織能力であり、
マネジャーがその体系化や構造化に無理解でいることは
許されない。科学としてアプローチすれば、曖昧で複雑
なビジネス慣行を改革できるかもしれない。イノベーショ
ンのパワーを活用したい組織は、新しいイノベーションの
実践方法をマスターする必要があるのだ。

イノベーションとは規律であって、魔法ではない。訓練
を積み、腕を磨き、イノベーションが得意になるかどうか
は組織の選択にかかっている。この本では、その取り組
み方について紹介していく。

イノベーションを成功に導く
4つのコア原則

　世界で最も革新的な企業を分析し、イノベーションの成功事例を研究したところ、イノベーターたちの原則が浮かび上がってきた。この4原則に従えば、新しく効果的なイノベーションの実践方法をマスターできる。

▶ **1** | 経験の周辺で
　　　イノベーションを構築する

　経験は「出来事を乗り越えていく行為」と定義できる。「ユーザー経験」はソフトウェアやIT関連でよく出てくる言葉だが、どのような製品・サービスであれ、ユーザー経験は成功のカギとなる。企業は皆、ある程度のユーザー経験を生み出し、影響を与えている。この経験の性質に注目することが、イノベーションの絶好の出発点となる。

　たとえば、ランニングシューズのイノベーションに取り組むとしよう。通常のやり方では、シューズを研究し、機能や快適さ、スタイルの改善方法を考えるだろう。競合他社もまったく同じことをするので、改善内容は似通ってくる。しかし、もっと大きなコンテクストでランニングシューズを捉え、「ランニング」をめぐる顧客の様々な活動に目を向ければ、イノベーションの機会は広がり、新しいやり方で競争できるようになる。

　大手スポーツメーカーのナイキは、より良いシューズづくりではなく、より良いスポーツ経験をデザインすることで、市場リーダーの地位を維持している。ナイキは素材、美的感覚、機能面のイノベーションを超えて、ランナーの経験を広げるイノベーションを生み出してきた。ランナーは、シューズに埋め込まれたセンサーで自分のデータを測定し、どれだけ進歩したかを確認したり、オンライン上で練習計画やルート選択が可能なツールを使ったりできる。ランニングやスポーツ、普段使いの中で人々の活動を支援し、シューズにまつわる魅力的な経験を提供する——こうしたイノベーションによって、ナイキは熾烈な競争を勝ち抜いてきたのだ。

大半の組織のイノベーションは、このようにはいかない。「何を提供するか」を基点に、既存製品の購入理由や使い方を理解しようとする。よく使われるのが、アンケート調査、フォーカスグループ、インタビュー、家庭訪問、有用性試験などだ。消費者リサーチでは、「どんな改善ができそうか」「なぜ、他のものではなくこの製品を買ったのか」「どんな特徴が加われば、もっと高くても買いたいと思うか」など、製品に関連した質問をする。その結果、製品そのものを中心としたイノベーションとなる。

経験重視のイノベーションで強調されるのは、製品ではなく、ユーザーだ。人々が使うモノではなく、人々が行うこと——振る舞い、活動、ニーズ、モチベーションへと視点を移すのだ。大成功したイノベーションは、製品や技術上の詳しい知識だけでなく、人々の経験全体に関する調査や学習に基づいている。イノベーターは「その製品を使用する」という明白な経験だけでなく、使用状況における様々な活動にも着目する。たとえば、ニーズの認識、ニーズを満たす製品・サービスの発見、学習、使用、使用法の拡大（共有、カスタマイズ、付帯サービス、アップグレードなど）がそうだ。製品の性能を考えるときは、属性、機能、特徴の理解を超えて、ユーザーのモチベーション、ニーズ、一連の経験を理解しなくてはならない。

広範なユーザー経験を考察し理解すれば、大きなイノベーションにつながるかというと、そう簡単にはいかない。デザイン・イノベーションでは、人々への理解を深めるためにエスノグラフィー（直接的な観察や交流を通じて人々に関するデータを収集する方法）を用いる。フォーカスグループやアンケート調査など従来のリサーチ手法をおろそかにすべきではないが、エスノグラフィーでは、実際の利用環境下で人々を直接観察することによって得られる、有益で意外性も含んだインサイト（気づき）に力点を置く。これは「人々が言うこと」から「人々が実際にやっていること」へと焦点を変えるアプローチといえる。

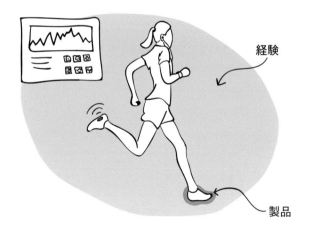

2 イノベーションを システムとして捉える

　製品、サービス、メディア、メッセージなど何を提供するにせよ、それらは、製品ラインやサービス体系、組織、市場というより大きなシステムに属している。「システム」は、部分の集合よりも大きく、全体として統合され、相互作用や相互依存を伴ったもの（実体）として定義できる。この大きなシステムの仕組みを理解しているイノベーターは、価値の高い製品・サービスを創出し、届けることが可能だ。

　ヘルスケア関連製品をデザインする場合、従来は性能面が重視されていた。包括的なヘルスケア・システムというコンテクストの中に位置付ければ、システムを構成する全要素（患者、医師、病院、家庭、医薬品、医療機器メーカー、医薬品メーカー、保険会社、政府など）との関連で、その製品の価値を一層深く理解できるようになる。

　また、要素の属性（患者の健康状態、治療計画、電子カルテから読みとれる情報など）の説明や、要素間で起きる流れ（患者が保険会社に支払いをする、患者と医師がやりとりするなど）も考察できる。製品・サービスをシステムに関連づけて捉えれば、システム・レベルでの意味合いだけでなく、これまで思いつかなかった新しいイノベーションの機会が見つかるのだ。

　さらに、システムの複数箇所で同時にイノベーションを探求することも可能だ。システムの多様な要素を組み合わせた統合型イノベーションによる製品・サービスは、より高い価値を持ち、大きな競争優位につながる可能性がある。その典型例がアップルだ。iPod、iTunes、iPhone、アップルストア、iPad はすべて意図的なシステム・イノベーションから生まれている。音楽ビジネス、携帯機器、タブレットの再発明も、システム・レベルでイノベーションに取り組んだ成果だ。

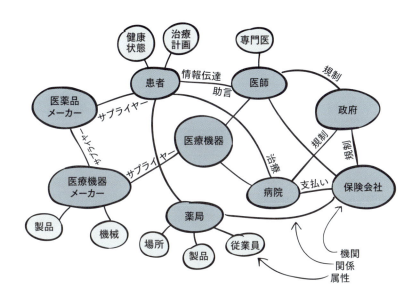

INTRODUCTION　11

3 イノベーションの文化を醸成する

　デザイン・イノベーションによるアップルの成功物語は、よく知られている。同社はユーザー中心の技術設計という考えのもとで創設された。今では世界中に6万人の社員を擁するフォーチュン500社の1つだが、シリコン・バレー時代のベンチャー的な組織文化が受け継がれてきた。創業者のスティーブ・ジョブズは生まれながらのイノベーターであり、ショーマンだった。彼は、デザインが自社の重要な差別化要因であることを心得ていた。言い換えると、アップルのような企業には、デザイン・イノベーション戦略を追求しやすい組織的、文化的な優位性が多く備わっているのだ。

　同じく、日用品大手のプロクター・アンド・ギャンブル（P&G）も好例だ。同社はA・G・ラフリーが前回CEOだった時代に、デザイン・イノベーションの必要性に気づき、従来型のイノベーション戦略からの転換を図った。

　2000年、大量のPB（プライベートブランド）品の脅威にさらされ、成長が鈍化したことから、P&Gの株価は暴落した。PB品と真正面から勝負するためにコストを削減すべきか。それとも、R&Dやマーケティングに資源をさらに投入して粗利を改善すべきか。決断を迫られたラフリーは、大胆にも二兎を追うことにした。その主要な戦略の1つは、P&Gの「DNA」にユーザー中心のデザイン・イノベーションを注入することだった。

　この原則は、誰もが日常的にイノベーションに積極的に取り組むというマインドセットを組織内の人々に育むものだ。そうしたみんなの行動によって組織全体の文化や組織行動が生まれる。

　イノベーションの取り組みは協働プロセスであり、様々な分野の能力を持った人々が力を合わせて、包括的な価値あるプロセスにしていかなくてはならない。エンジニア、技術のエキスパート、エスノグラファー、マネジャー、デザイナー、ビジネス・プランナー、リサーチャー、ファイナンシャル・プランナーが心を1つにして取り組む必要があるのだ。最近では、エンドユーザーやコミュニティ・メンバーなども、イノベーション・プロセスに巻き込むようになっている。このレベルでのコラボレーションは大きなチャレンジだが、小さなステップを重ねていけば、最終的に、組織のイノベーション文化における大きなプラスの変化につながる可能性がある。そのステップの1つが、多様な専門知識を持った人々を集めて活発なワーキング・セッションやブレーンストーミングを頻繁に行うことだ。

4 規律のとれた イノベーション・プロセスを 用いる

　繰り返しになるが、「イノベーション計画」は矛盾した表現ではない。先述の3つの原則を守り展開させながら、しっかりとしたプロセスや反復可能なメソッドでイノベーションを生み出すことは可能だ。それには高度な規律が必要だが、ちゃんと整備すれば、イノベーションの成功率は劇的に高まる。組織の他の機能と同じように、イノベーションは計画できるし、計画すべきものだと認識することが、最初の重要なステップとなる。

　イノベーション・プロセスは、組織内で併存する他の重要なプロセスと、うまく統合させなくてはならない。イノベーターは、デザイン、技術、ビジネスなどの分野からプロセスを合体させる必要がある。

　たとえば、事業主導型や技術主導型のイノベーションは通常、事業機会や技術の可能性を特定することから始まり、その後、コンセプトを開発し、ユーザーに提供する。一方、デザイン主導型イノベーションは人々の理解から始まり、コンセプトを開発したら、そのコンセプトに沿って事業を構想していく。このプロセス全体がいつどこで接点を持ち、交差するかを知ることが、組織内でコラボレーションを成功させるカギとなる。

　協力しながら、信頼できる形で、繰り返しデザイン・イノベーションを実践するには、効果的かつその組織に合ったデザインメソッドを理解しなくてはならない。事業や技術とうまく統合されたプロセスによって生まれたイノベーションであれば、高いユーザー価値と経済的価値を実現し、多くの人に受け入れられ、市場リーダーになれる可能性が高い。

事業主導型と技術主導型のイノベーション

事業の特定／技術の開発 → コンセプト開発 → ユーザーへの適合

連結　統合

ユーザーの理解 → コンセプト開発 → 事業の構築／技術の開発

デザイン主導型イノベーション

INTRODUCTION　13

デザイン・イノベーションの
プロセス・モデル

▶ | **デザイン・イノベーションのプロセス**

イノベーション・プロセスが必要な理由とイノベーションのコア原則がわかったところで、ここからは、デザイン・イノベーションのプロセス・モデルを紹介していく。このデザインメソッドは、長年にわたってイノベーション・プロジェクトの事例研究を行い、4つのコア原則をうまく適用させていく中で発展させたものだ。

デザイン・イノベーションのプロセスは現実から始まる。実世界の環境下で具体的な要因を観察し、学習する。それから、抽象概念や概念モデルを創り、その問題を新しいやり方で再構成しながら、実世界について理解を深めていく。その後でようやく、抽象的な言葉を使って新しいコンセプトを掘り下げ、評価し、実世界で受け入れられるように修正を加える。その際、抽象と現実を行ったり来たりしながら、柔軟に考えることが求められる。

他の創造的・探索的なプロセスと同じように、デザイン・イノベーションのプロセスは、活動モードを通じて前後したり、「現実」と「抽象」、「理解する」と「つくる」という対立軸の間を揺れ動いたりする。このプロセスを2軸マップで説明しよう。

4象限の左下の「調査」は、現実について理解することだ。左上の「分析」は、現実に関する情報を抽象的な言葉で処理し、イノベーションを促すのに役立つメンタルモデル（訳注：物事を認識するための思考モデル）を見つけ出そうとする。右上の「統合」では、分析の中で得られた抽象モデルを、新しいコンセプトを考え出すための土台としていく。そして右下の「実現」は、コンセプトを実行可能な製品・サービスにする。調査、分析、統合、実現という4つがすべて組み合わさると、きちんとした形のプロセス・モデルとなり、組織内のイノベーションが推進される。

このフレームワーク内に、デザイン・イノベーションの活動モードが7つある。「目的を見出す」「コンテクストを知る」「人々を知る」「インサイトをまとめる」「コンセプトを探求する」「解決策を練る」「製品・サービスを実現する」である（この7つのモードはイノベーション・プロセスであるとともに、この本の章立てにもなっている）。こうしたイノベーション・プロセスを理解すれば、プロジェクトの指針となる構造や流れがわかり、適切なタイミングでチームが適切な情報や知識を得られるようになるだろう。

14　101 Design Methods

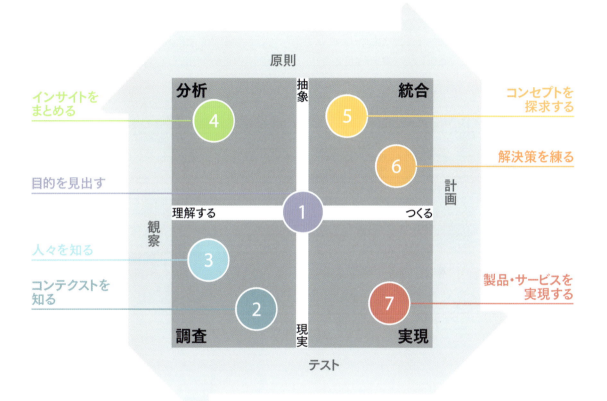

▶ プロセスは非線形である

プロセスという考え方は一連の出来事が線形に進んでいくことを意味するが、これは誤解のもとになりかねない。実際には、非線形的に進むプロジェクトが多いのだ。たとえば、突然のひらめき（コンセプトを探求する）からプロジェクトが始まり、それから調査や分析に「戻って」アイデアの検証や改善を行い、その後もさらに探求を繰り返すこともある。

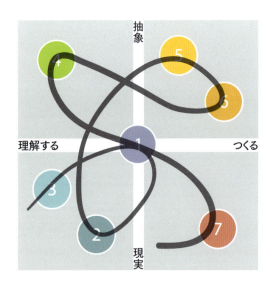

▶ プロセスは反復的である

デザイン・イノベーションのプロセスは反復的でもある。一直線に連続して進むというよりも、プロセス全体や複数のモード間を何度も巡る。ある目的を持ってコンテクストを調べるところからプロジェクトが始まり、ユーザー調査や分析を行い、フィードバックをもとにインサイトを検証し、コンセプトの探求、プロトタイプ・テスト、フィードバック、分析の修正を繰り返した後、さらに調べてプロトタイプを作ったりする。

反復回数は、おおむねプロジェクトの予算や範囲で決まる。反復が必須の場合もあれば、どちらかといえば反復したほうがいい場合や、現実的に無理な場合もある。規律なしに長々と追求しない限りは、一般的に反復回数が増えるほど、より価値が高く成功するイノベーションにつながる。

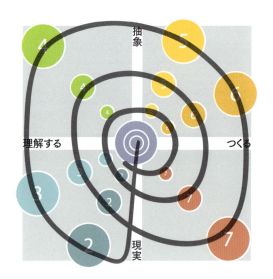

16　101 Design Methods

デザイン・イノベーション
7つのモード

前述したように、デザイン・イノベーションのプロセスには7つのモードがあり、それぞれ目的も活動も異なる。各モードを概観していこう。

mode 1　目的を見出す

プロセスの最初は、出発点を見つけるモードだ。プロジェクトに飛びつく前に、ひと呼吸おいて、変化していく周囲の世界について考えてみる。ビジネス、技術、社会、文化、政策などにおける変化はすべてチェックする。最新の出来事やニュース、最先端技術などの情報を収集し、自分のテーマ領域に影響しそうなトレンドを調べる。こうした変化の全体的な影響を見ていくのだ。これらはすべて、目を向けた問題をとらえ直して、新しいイノベーションの機会を探る手段となり、どこに進むべきかという当初の目的を考えやすくする。

○**最新情報を集める**
その分野で起きている最近の出来事、最先端の技術、最新の考え方を調べる。
○**概要マップを作成する**
細部から離れて、広い視野でそのテーマ領域で継続中の変化を捉える。
○**トレンド・マップを作成する**
ビジネス、技術、社会、文化、政策における、関連するトレンドを概観する。
○**問題を見直す**
関連するトレンドと状況に基づいて課題を別の視点で捉え、価値の高いイノベーションが生み出せそうな機会を探す。
○**当初の目的を記述する**
イノベーションの機会をどのように利用できそうかの仮説を立てる。

INTRODUCTION　17

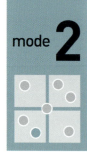

mode 2　コンテクストを知る

　コンテクスト、つまり、そのイノベーションを通じて提供するもの（製品、サービス、経験、ブランドなど）が存在する／存在しそうな環境に影響を及ぼす「状況や出来事」を調べていく。市場内で自社の製品・サービスはどんな状況にあるのか。類似する他社の製品・サービスはどうか。自分たちの組織、すべての競合他社とその戦略の進化、業界内の補完者との関係、政府の法規制の影響なども調べる。このモードでは概して、社会、環境、業界、技術、ビジネス、文化、政治、経済など、イノベーションのコンテクストを変えてしまうものに注意する。

○ **調査計画を立てる**
利用可能な時間、リソース、方法、期待される成果物に基づいて、コンテクストを理解するための計画を立てる。

○ **知識ベースを調べる**
既存の情報源にある大量のデータを調べ、新しいパターンを見つける。

○ **進化を図示する**
主要な産業の発展、時代区分、変遷、起こりそうな未来を概観する。

○ **比較する**
業界ネットワーク、競合他社、類似組織との関連で、組織について概観する。

○ **状況を診断する**
組織能力、業績、業界内のイノベーションのパターンを把握する。

○ **専門家の意見を聞く**
その分野の専門家に連絡を取り、彼らの分析、意見、アドバイスを理解する。

mode 3　人々を知る

　このモードの目的は、人々（エンドユーザーなどのステークホルダー）を理解し、日常生活におけるあらゆる相互作用を理解することだ。新しい製品・サービスが既に決まっている場合、アンケート調査やフォーカスグループといった従来の市場調査が最も便利だが、満たされていないニーズや誰も口にしないニーズを探るには、もっと強力な方法やツールが必要になる。我々は人々について学ぶために、観察やエスノグラフィーを用いる。このモードの主な目的は、人々の実際の振る舞いを観察しながら、最も価値あるインサイト、つまり、興味深い発見や学習を引き出すことだ。インサイトは観察したことの解釈であり、多くの場合「なぜか」と考えてみた結果である。

○ **研究を計画する**
研究対象、ターゲット・ユーザー、フィールドワークの手順、予算、期限を決める。

○ **人々を観察する**
参加者を募り、フィールドワークを行い、人々とその活動、物や環境との相互作用を記述する。

○ **人々に話を聞く**
アンケート調査を行い、その結果をユーザーと話し合い、フィードバックをもらって検証する。

○ **人々を巻き込む**
ユーザーに活動、会話、研究者とのやりとりに参加してもらう。

○ **調査結果をまとめる**
観察結果や調査データを集め、キーワードでタグ付けし、調査の足りない部分を特定する。

mode 4 インサイトをまとめる

　次なる課題は、モード1〜3でわかったことの体系化だ。データを分類し、グループに整理してから、重要なパターンを探し始める。コンテクストを踏まえてデータを分析し、手つかずの市場機会やニッチを示すパターンを考えてみる。複数のデータを分析して、何度も出てくるインサイトやパターンを見つけるのも有効だ。このように、様々な方法を組み合わせて、複数の視点でコンテクストを捉え、理解を深めていく。このモードでガイドラインや原則を作成しておくと、次のモードに移行しやすくなる。

○**インサイトを見つける**
人々とコンテクストに関する調査結果からパターンを特定し、インサイトを探る。

○**システムをモデル化する**
構成要素、関係、属性、価値の流れを図解する。

○**グループを見つける**
様々なやり方でデータを分類し、グループを見つけ、高いレベルのインサイトを明らかにする。

○**パターンを探す**
調査結果をビジュアル化し、ホットスポット、ギャップ、重複を明らかにする。

○**プロファイルを作る**
主要なステークホルダーの属性とシステムの他の部分を規定する。

○**フロー・チャートを作成する**
生産者、消費者、供給業者などのステークホルダーのネットワークの中で、価値の流れがどうなっているかをビジュアル化する。

○**経験を把握する**
空間と時間に関するユーザーがたどるジャーニー（道筋）を図解し、ペインポイント（悩みの種）を発見し、機会を示す。

○**フレームワークを作る**
インサイトを要約し、フレームワークやガイドラインに変換し、コンセプト開発に役立てる。

INTRODUCTION　19

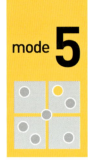

mode 5 コンセプトを探求する

このモードでは、体系立ったブレーンストーミングで機会を特定し、新しいコンセプトを探求する。出発点として、インサイトやそれまでにまとめた原則を用いる。コラボレーションによって斬新で大胆なアイデアが出せるように、批判的な評価は後回しにして、メンバーは互いのコンセプトを補強する。さらに、モード 4 までの結果から出てきたコンセプトに基づいていれば、妥当で現実に根ざしたものになる。製品、サービス、コミュニケーション、環境、ブランド、ビジネスモデルなどのコンセプトは通常、このモードで検討する。探求の初期段階でも、大まかなプロトタイプを作って、チームで議論したり、ユーザーや顧客からフィードバックをもらったりする。

○ コンセプトの領域を設定する
インサイトを転換させて、原則を設計し、前提を見直し、コンセプトの創出に向けた仮説を立てる。

○ コンセプトを定義する
デザイン原則で許される最大範囲内で、コンセプトについてブレーンストーミングを行い、メタファー（比喩）からインスピレーションを得て、コンセプトをビジュアル化する。

○ コンセプトを整理する
コンセプトを論理的なシステムやグループに分類し、組み替えたり、分割したりする。今後の参考のためにコンセプトを収集し保存しておく。

○ コンセプトを伝える
コンセプトの概略を説明し、図解し、プロトタイプを作成し、ビジュアル化する。ストーリーを語ることでコンセプトを理解させ、実証し、その価値を伝える。

mode 6 解決策を練る

このモードでは、これまでに開発してきた多数のコンセプトを組み合わせてシステム化し、「解決策」を作る。まずコンセプトを評価して、ステークホルダー（主にユーザーと企業）にとって最大の価値をもたらすものを特定する。それらのコンセプトがうまくかみ合い、互いの価値を高め合うような形にまとめる。また、ホリスティック（全体的）な解決策になるよう、適合性の観点からもコンセプトを評価する。コンセプトと解決策はカテゴリーや階層にきちんと整理する。解決策のプロトタイプを何度も作り、実際の環境でテストする。このモードでは、解決策の説明を、チーム、ユーザー、顧客が直感的に「こんな感じだろう」とわかるような表現に調整する。

○ 選択肢を考え出す
モード 5「コンセプトを探求する」で検討した多数の主要コンセプトをまとめて、複数の解決策を策定する。

○ コンセプトを体系化する
コンセプトをグループ分けし、整合性のとれたシステムにまとめ、製品・サービスのライフサイクル計画を立て、ロードマップを作成する。

○ コンセプトを評価する
デザイン原則、費用対効果、事業面や技術面での実現可能性について、各コンセプトにスコアをつけ、投票し、順位をつける。

○ 解決策を伝える
解決策の概要説明、図表、プロトタイプ（原型、試作品）、ビジュアル資料、ストーリーを精緻化する。

○ 解決策を整理する
解決策を分類、収集、保存し、他のチームや別のプロジェクトでも使えるよう簡単にアクセスできるようにする。

mode 7 製品・サービスを実現する

　解決策の候補を策定し、プロトタイプをテストしたら、実行に移すために評価する必要がある。このモードでは、その解決策が意識的に人々の経験に沿って構築され、真の価値を提供できるようにする。また、組織に経済的価値をもたらすことも重要だ。価値の高い解決策を確立したら、実行計画を立てる。その際、デザインと事業のイノベーターが協力して実現可能性を考慮しながら、戦略的方向性を明らかにする。ロードマップを作成し、様々な段階で解決策の進捗予想を示す。このロードマップは、様々な形で解決策の実行に携わるステークホルダー全員と共有する。企業がそれに沿って実行しやすくなるよう、具体的な取り組みを明記した投資対効果検討書を用意する。

○プロトタイプを作る
ディテール、事業面や技術面の実現可能性、技術仕様をテストするために、プロトタイプを開発する。

○戦略を明らかにする
イノベーションの成功のカギを握る、市場でのポジショニング、プラットフォーム、パートナー、ビジネスプランを決める。

○戦術を明らかにする
戦略の遂行や開発工程の計画に必要な能力を特定する。

○実行計画を定める
リソースを集め、予算とスケジュールを組み、チームを作り、パイロット（試験）と投入計画を策定する。

デザインメソッドを理解する

　デザイン・イノベーションのプロセス全体とライフサイクルを理解することは、信頼性の高いイノベーションにしていくための最初の要件だ。しかし、プロセスの中の様々な場面で用いる作業や手法についても理解する必要がある。これは、2軸のマップのように簡単な手法もあれば、特許をとった解析用ソフトウェア・システムのように複雑な手法もある。熟練の大工が様々な道具を巧みに使いこなすのと同様、熟練のイノベーターになるにはそのプロジェクトに合った効果的な手法を選べるように、多様な手法に精通する必要がある。

　これ以降は、7つのモードを章立てとして、各モードの重要な活動と、プロセスを進めるうえで役立つ、シンプルかつ強力で、柔軟性の高い101のデザインメソッドを紹介する。学生のプロジェクトから有名企業の事例まで、実際にその手法を使う場面も載せているので、様々なプロジェクトに幅広く適用できるプロセスであることがわかるだろう。

INTRODUCTION 21

mode 1

SENSE INTENT

目的を見出す

どこで戦うか（Where）。
何を提供するか（What）。
どうやって勝つか（How）。

イノベーションで主に目指すのは、組織戦略の核心であるこの３つの問いに答えることだ。本書で紹介するイノベーション・プロセスのほとんどは「What」と「How」に対するものだが、このモードは「Where」が中心となる。世の中はどこに向かっているのか。どの分野、産業、市場でイノベーションを目指すのか。変化する人々の生活パターンのどの部分にそのイノベーションはフィットするのか。

プロジェクトに飛び込む前にひと呼吸して、周りの世界に思いを巡らせよう。技術、ビジネス、文化、人々、市場、経済に変化をもたらすトレンドを調べ、組織内外の状況を速やかに診断し、課題を設定する。慣例を見直し、イノベーションの新しい機会を探ってみる。そうすれば最初の方向性が定まり、組織の進む先を検討できるようになる。

SENSE INTENT
mindsets

目的を見出す　マインドセット編

　このモードで要求されるのは、いま世の中で起きている最新の変化を探り続け、おぼろげに見えている未来を思索するマインドセットだ。新しいものや流動的なものに目を向け、成長しそうなホットスポットを特定する。これはイノベーションの潜在的な機会を見つけ、初期仮説を立てるのに有効だ。仮説検証はこの後のモードで行い、ここでは調査や探索の最初の方向性を見定めることを目指す。

mindsets

変化する状況を理解する Sensing Changing Conditions

全体を見通す Seeing Overviews

トレンドを予測する Foreseeing Trends

問題を再構成する Reframing Problems

目的を設定する Forming an Intent

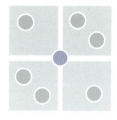

グーグルなどの検索エンジンを開発している企業は、変化のパターンに気づき、何百万もの情報源を探し回り、コンマ何秒で検索結果を表示する強力なツールを創り出してきた。こうしたツールを使えば、状況の変化を常に察知するマインドセットが持ちやすくなる。

mindset　　　　　　　　　変化する状況を理解する

創造者であるイノベーターには、分野を問わず、常にあらゆる変化に追いつこうとするマインドセットが求められる。特に未開拓の領域における変化に、イノベーションの豊かな土壌が存在することが多い。

だが、情報集約型の世界では未開拓の機会を探すことは非常に難しい。ニュースとデータが氾濫し、どこで情報を収集し、どう分類し、どう組織の目的や戦略と関連づけるかをよく考えないといけない。定期刊行物、ウェブサイト、書籍、テレビ、ラジオ、ポッドキャストなどの情報源や、オピニオンリーダーの意見を積極的にモニターし、定期的に内容をチェックし、どのようなトレンドが生じているかを話し合う必要がある。トレンドの変化を見つけるだけでなく、変化の経緯を理解することも大事だ。そこから、未来がどう変化するか、自社のイノベーションにどう適合するかが見通せる。

「ギャップマインダー」は、動的・双方向的な図表によってコンテクストを概観するためのビジュアル化システムだ。関連データを分布図にして分布パターンを示したり、双方向的なアニメーションを用いて、変化のパターンをパワフルにわかりやすく表示したりする。

mindset　　　　　　　　　　　　全体を見通す

なじみのない場所でも、周囲をよく観察し、現地で情報を入手すれば、目的地まで何とかたどりつけるものだ。周りの状況、ランドマーク、道路標識は便利なガイドとなる。とはいえ、地図、GPS機能付ナビゲーション・システム、ラジオの交通情報や天気予報などで「概観」をつかむことも重要だ。全体像がわかれば、現場で細かいことを見るよりも、その場所について幅広く理解できる。機会を探しているイノベーターにとっても、概観を捉えることのメリットは大きい。一覧表で関係、パターン、動向をビジュアル化すれば、変化するコンテクストをはっきりと把握できる。

現場で人々やコンテクストを観察して得られたインサイトは、漸進的なイノベーションの宝庫となる。一方、破壊的イノベーションは、概観するマインドセット、つまり、全体像を見る力から生まれることが多い。

mindset　　　　　　　　　トレンドを予測する

何かが生まれ変化していることを示すトレンドは、私たちの日常生活の中で常に生じている。イノベーションの機会を探るために追うべき最も一般的なトレンドは、技術、ビジネス、文化、人々、市場、経済などのトレンドだ。短命のものもあれば、日常生活における長期的な変化を示すものもある。早期にトレンドを特定し理解すれば、有利な立場でその影響に素早く前向きに対処できる。

トレンド認識力は、周囲で起きている活動パターンの見分け方を注意深く学ぶことで養われる。どの経済分野が成長し減速するかを認識できるだけでも、経済的な機会に対する感覚が磨かれる。技術開発の最前線で新技術がどう適用されているかを見ていけば、技術トレンドが将来的にどんな製品やサービスの形をとるかを予測できるようになるのだ。

「メガトレンド」（例：欧米の高齢化）を認識し、それがイノベーションの機会に与える意味合いを考えるマインドセットも育まなくてはならない。

アマゾンの電子ブックリーダー「キンドル」は、業界内の重要なトレンドに対する迅速かつ効果的な対応の賜物だ。デジタル印刷技術の飛躍的な進歩、既存の出版業の衰退、印刷物への環境的な懸念、モバイル機器を使いこなす読者の増加などを踏まえて、2007年に開発された。

mindset　　　　　　　　　問題を再構成する

組織の「慣例」を認識し理解できれば、ほかのやり方を検討できるようになる。たとえば、シックスシグマが常識とされる業界では、製造におけるバラツキの最小化がビジネス上の決定要因だ。シックスシグマの実践は確立されたプロセスにおいては意味があるが、世界初のビジネスを狙うにはふさわしいマインドセットではないかもしれない。状況が変われば、かつての真実も真実ではなくなる。本気でイノベーションを追求するなら、違う観点から新しい問題や機会を考え抜く必要があるのだ。常識に挑むには、それがどういうものかを理解し、未来の可能性にあわせて再構成しなくてはならない。

広く行われている慣例を疑うだけでなく、イノベーション課題を疑ってみることも重要だ。それは、より良い携帯電話やモバイル通信機器を作ることなのか。それとも、魅力的な遠隔コミュニケーション経験を生み出すことなのか。問題を再構成するマインドセットがあれば、可能性が広がり、まだ見ぬ解決策に到達しやすくなる。

2001年、P&Gはクレスト・ホワイトストライプスを発売した。これは従来の考え方を再構成し、オーラルケアの意味を虫歯予防に限定せずに、パーソナルケアや見栄えの良さへと広げた製品だ。同ブランドは虫歯予防から白い歯がこぼれる笑顔まで表すようになり、日用品である歯磨き粉カテゴリーよりも大幅に粗利の高い製品ラインを生み出した。

家庭用ゲーム機 Wii が登場する以前のゲーム業界では、新しいゲーム機の成功は「パワー」で決まるというのが常識だった。任天堂はこのモデルに沿ってソニーやマイクロソフトと競争する代わりに、「ゲーム人口を増やす」ことを自社の目的として設定した。技術トレンドに対する深い理解に根ざした目的だった。任天堂のイノベーターは、インターフェースを簡略化し、マルチボタンのコントローラを捨てて、誰でも身ぶりや手ぶりで操作できるワイヤレスの Wii を開発。都会のマンションの住民、地方の牧場主、子どものいる親とその祖父母までもが楽しむ製品になった。

mindset 　　　　　　　　　　　　目的を設定する

　最新ニュース、発展動向、トレンド、慣例について十分に理解した後は、意識的にイノベーションの目的を設定するマインドセットに移る。現状と新たに生まれつつある状況を意識的に記述すると、検討すべきイノベーションのタイプを規定しやすくなる。たとえば、高齢化が長期的トレンドならば、身体の不自由なお年寄りのニーズを重点的に考慮することがイノベーションの目的になるだろう。

　最新の出来事やトレンドを追い続けていると、世の中の潮流にあったイノベーションに対する感覚が磨かれていく。そうした直感に従ってビジネスを行う企業も多いが、実は的外れで、不要な支出や欠陥品につながることもある。最良の推測に基づいた目的よりも、コンテクストを踏まえた事実に基づく目的のほうが信頼性は高まる。直感を先行させてもよいが、後でそれを支える根拠を固めて、達成目標に合理性や論理性を持たせることを忘れてはならない。

SENSE INTENT
methods

目的を見出す　メソッド編

---

1. **Buzz Reports** バズ・レポート　**30**

2. **Popular Media Scan** メディア・スキャン　**32**

3. **Key Facts** キーファクト　**34**

4. **Innovation Sourcebook** イノベーション・ソースブック　**36**

5. **Trends Expert Interview** トレンド・ウォッチャー・インタビュー　**38**

6. **Keyword Bibliometrics** キーワード・ビブリオメトリクス　**40**

7. **Ten Types of Innovation Framework** 10 タイプのイノベーション・フレームワーク　**42**

8. **Innovation Landscape** イノベーション・ランドスケープ　**44**

9. **Trends Matrix** トレンド・マトリクス　**46**

10. **Convergence Map** コンバージェンス・マップ　**48**

11. **From...To Exploration** From-To 調査　**50**

12. **Initial Opportunity Map** オポチュニティ・マップ　**52**

13. **Offering-Activity-Culture Map** 製品・サービス-活動-文化マップ　**54**

14. **Intent Statement** インテント・ステートメント　**56**

目的を見出す

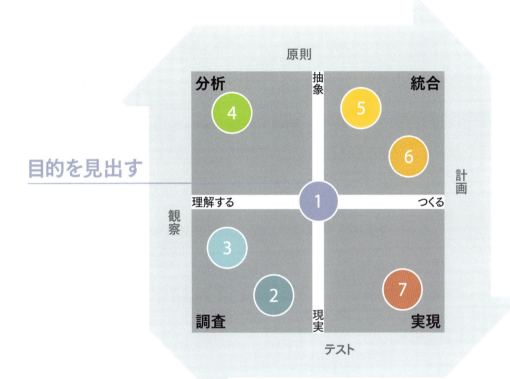

mode1 目的を見出す

Buzz Reports

バズ・レポート

幅広い情報源から
最新の口コミ情報を
収集・共有する

BENEFITS
- 最新情報が把握できる
- すぐ利用できるように情報が整理される
- 共通理解が進む
- 可能性を引き出す

INPUT
- 公式・非公式の情報源からの最新情報（ニュースや意見）

OUTPUT
- 集中管理された最新情報源

EXAMPLE PROJECT

▷ ピーポッドラボの教育ソフト（2010年）

イリノイ工科大学（IIT）デザインスクールの卒業生3人が、子ども向け教育アプリを開発するピーポッドラボを立ち上げた。学習とは親子が協力して取り組む楽しいものというポリシーのもと、子どもたちがアプリで学んだことを共有し、親たちも学習プロセスに参加できる教育ソフトを制作した。

次に彼らが取り組んだのが、バズ・レポートを使って、情報共有と活発な議論という内部文化を構築することだ。電子書籍、新聞や雑誌の記事などで構成されるバズレポートをメンバー全員で共有したところ、みんなの意識が1つにまとまり、ミーティングが体系的に進められるようになった。このメソッドは、教育、技術、携帯機器など関連業界のトレンドやニュースの追跡にも役立った。

30　101 Design Methods

WHAT IT DOES　　　　　内容

イノベーションにつながる日常生活の変化のパターンや新たな展開は、プロジェクトの本筋から外れた意外な情報源からもたらされることが多い。一見プロジェクトと無関係なようでも、世間に流布し注目を集める「口コミ」はインスピレーションの源となる。

バズ・レポートは変化にまつわる情報を定期的に収集するツールであり、チームで共有すれば、いま重要なことを幅広く理解できる。自然発生的なニュースの収集機能を果たし、最新情報への好奇心を促し、イノベーションの新しい方向性についてひらめきを与えてくれる。

HOW IT WORKS　　　　　進め方

○ステップ1：最新情報の定点観測

様々な情報源から定期的に口コミを調べるスケジュールを組む。情報源は、ニュース番組、ウェブサイト、テレビ、図書館検索、技術レビュー、サイト上の講演映像（例：TED）、書評などだ。プロジェクトと関連のある方面に絶えず目を向けていれば、至るところでインサイトが見つかる可能性がある。

○ステップ2：最新口コミのチェック

オープンな心で情報源を見て回り、プロジェクトに直接的、間接的に関係する口コミを探す。プロジェクトに密接に関係した情報に限定せず、技術、文化、政治、経済などあらゆることを探ってみる。最初に幅広い視野を持っていれば、途中でより大きなパターンが特定されたり、見えていなかった関係が把握できたり、有望な方向性が示されたりするのだ。

○ステップ3：結果を共有

見つけたことを文書（バズ・レポート）にまとめて全メンバーと共有する。タイトルや要約があると素早く目を通すことができる。また、わかりやすいキーワードを振っておけば、後から他のメンバーが検索しやすい。見つけたアイデアがプロジェクトに与える影響についてのコメントも入れておくと非常に役立つ。

○ステップ4：ディスカッション

その口コミがプロジェクトにどんな影響を与えそうか、メンバー間で考えを共有する。議論を通して共通理解を深め、ひらめきを得る。

mode1　目的を見出す

Popular Media Scan

メディア・スキャン

一般メディアの情報を
幅広く調べ、重要な
文化的事象を理解する

BENEFITS
- 文化的なコンテクストが明らかになる
- パターンが明らかになる
- 方向性がわかる

INPUT
- プロジェクトのテーマ
- 情報源となる有力メディア

OUTPUT
- さらに検討したい調査分野
- イノベーションの機会領域

EXAMPLE PROJECT

▷ハートセンス：オバマ政権のヘルスケア対策（2009年）

　2009年は、オバマ政権のヘルスケア改革にとって重要な年となった。保険未加入者の加入率向上、保健医療費の削減、患者の安全と医療サービスの質の改善、保険会社の説明責任の徹底、予防と健康への投資などを打ち出したのだ。IITデザインスクールのラリー・キーリー教授は学生たちに、「デザイン・イノベーションのメソッドを用いて、オバマのヘルスケア対策のためのプラットフォームをつくる」という課題を出した。

　課題に対する理解を深めるために、チームはメディア・スキャンを実施。『ニューヨーク・タイムズ』紙、『エコノミスト』誌、『ファスト・カンパニー』誌、ハローヘルス・コムなどから、ヘルスケア危機、進行中のイノベーション、未来の可能性について様々な見解を得た。またそれらを通して、遠隔医療、オープンソースのプラットフォーム、社会的・文化的な治療における重要なトレンドが見つかった。

　そこから生まれたのが、低収入のアフリカ系アメリカ人女性の心臓病を減少させるためのプラットフォーム「ハートセンス」だ。そこでは文化に配慮した援助プラグラム、健康的な食品への助成金、モバイル機器で説明を表示して店頭での選択をサポートするサービスなどが利用できる。

WHAT IT DOES　　　　　内容

メディア・スキャンはある種の文化的バロメーターの役割を果たし、文化的な環境や背景の中で起きていることを示す。このメソッドでは、ニュース、雑誌、テレビ番組などのメディアにざっと目を通して、注目すべき文化の動きを探し出す。衛星画像が気象パターンの変化を示すように、一般メディアを調べれば、最新トレンド、みんなが注目していること、トレンド・ウォッチャーが見つけた新しいアイテムなどを幅広く理解できる。また、プロジェクトの目的の設定に影響しそうな文化潮流も明確になる。

HOW IT WORKS　　　　　進め方

○ステップ1：テーマの洗い出し
　まずはマインド・マッピングのセッションを行い、プロジェクトに関連する幅広いテーマを洗い出す（マップの出発点は顧客の資料、あるいは自分で決める）。洗い出したテーマやサブテーマは追加調査のガイドとする。

○ステップ2：関連情報の調査
　ブログやウェブサイト、雑誌を調べ、画像データも活用しながら調査結果のライブラリを作る。直接的、間接的に関係するテレビ番組、広告、イベント、映画も調べて、メモやサンプルをライブラリに加える。

○ステップ3：パターンの解明
　集めた情報を取捨選択し、動きのパターンを明らかにする。このパターンから、現在や今後の文化的トレンドの全体観がつかめる。

○ステップ4：隣接テーマの調査
　別のテーマで起きているトレンドが自分たちのテーマに影響を及ぼすことがあるため、調査する。たとえば、携帯電話アプリ市場が進化し、食事内容を簡単にモニターできるサービスが次々と開発された結果、人々の食習慣に影響が及んでいる。

○ステップ5：ディスカッション
　文化の中で起きていること、これから起こりそうなことについて、自分たちの見解を加える。文化潮流のパターンがどんな機会を示しているか、どんな影響をプロジェクトの目的に与えるかを話し合う。議論を通して明確になったことは、さらに深掘りするときに役立てる。

Key Facts

キーファクト

プロジェクトの目的を裏付ける情報を収集する

BENEFITS	■ しっかりした基盤となる
	■ 迅速かつ早期に発見しやすくなる
	■ 目的を定義するうえで裏付けとなる
INPUT	■ プロジェクトのテーマ
	■ 信頼できる事実情報源
OUTPUT	■ プロジェクトに関連したキーファクトのリスト
	■ 今後の研究領域

EXAMPLE PROJECT

▷ 高校中退者のキャリア機会（2008年）

　高校を中退した若者のキャリア機会不足に取り組む非営利財団や慈善団体と共同で、IITデザインスクールのチームは解決策の策定に挑んだ。まずチームは高校中退者が増えている理由と、個人や社会への全体的な影響を明らかにしようとした。

　白書や教育系サイトから得られたキーファクトは、中退者の蔓延現象は経済的、民族的なバックグラウンドと重なっており、特にマイノリティは危機的状況で、アフリカ系、ヒスパニック、ネイティブ・アメリカンの若者の50％にのぼることだった。その多くが優秀なのに、退屈だ、やる気が出ない、カリキュラムに興味が湧かないなどの理由で中退していたのだ。チームはこのキーファクトをもとに、企業やコミュニティと中退者のスキルを結び付けるキャリア支援プラットフォームを構築した。

テーマ	サブテーマ	関連性	データタイプ	キーファクト	情報源	追加調査
中退のリスク要因	要因	あり	統計	約半数（47%）が、中退の主な理由は「授業がつまらないからだ」と述べている。こうした若者たちは退屈なので、高校に行かなくなる。「学校で一緒に過ごす人たちは面白くない」という意見も多数にのぼる（42%）。これらは成績優秀者や、勉強への意欲はあると述べた人々が第一に挙げた理由である。	"The Silent Epidemic: perspectives" John M. Bridgeland, John J. Silullio, Jr.,Karen Burke Morison. A report by Civic Enterpirses in association with Pter D, Hart Research Associates for the Bill & Melinda Gates Foundation, March 2006	個人や学校関係の要因（例：家族、地域社会、経済状況）以外に若者の中退に影響を与える要因は何か。
中退のリスク要因	推奨する解決策	あり	世論調査	学校をもっと関連性が高く、やりがいが持てる場とし、学校と仕事とをつなげるために、教え方やカリキュラムを改善する。5分の4（81%）の人々が、学校は実世界についての学習機会を増やすべきだとし、フォーカスグループでは体験学習が必要だとする声も出た。生徒たちが学校と良い就職との関連を見てとれる必要があるという。	"The Silent Epidemic: perspectives" John M. Bridgeland, John J. Silullio, Jr.,Karen Burke Morison. A report by Civic Enterpirses in association with Pter D, Hart Research Associates for the Bill & Melinda Gates Foundation, March 2006	他の組織から解決策や改善案はあるか。このテーマに関する現在の議論における主な合意事項や代替案は何か。
中退者	卒業率、民族	あり	統計	アライアンスの調査によると、高校を卒業できない生徒は毎年約123万人にのぼり、その過半数をマイノリティが占めている。全国的に、白人の約70%が通常期間で普通科を卒業するのに対し、アフリカ系とヒスパニック系は半数強にすぎない。州によって中退率は40〜50%もの開きがあり、約2000校（14%）が全米の中退者の半分以上を占める。こうした中退者多発校では、最上級生になるのは新入生の60%以下。ネイティブ系の全中退者の81%、アフリカ系の73%、ヒスパニック系の66%がこうした学校に通っていた。	Alliance for Excellence in Education,(2007). High school dropouts in America, Fact Sheet, Washington DC: Author.	

34　101 Design Methods

WHAT IT DOES　　　　　　　内容

　キーファクト（鍵となる事実）は、信頼できる情報源から得られた、そのテーマの状況を示す簡潔な情報である。高校教育のプロジェクトを例にとると、アメリカの高校生の40％がプログラムを修了しないことがキーファクトかもしれない。統計データ、短くまとめた専門家の見解、会議用のメモなどから様々なキーファクトを収集すれば、イノベーションの目的に対する「事実に基づいた根拠」となる。また、さらなる情報への糸口にもなる。

HOW IT WORKS　　　　　　　進め方

○ステップ1：テーマの設定
　テーマは顧客の依頼内容から得るか、自分で決める。調べる範囲は、そのテーマの最も重要な側面に留める。ただし、新しい研究結果が出てきたら、柔軟に範囲を広げよう。

○ステップ2：信頼できる情報源の特定
　探し始める前に、その領域の専門家、研究機関、統計データを発表している政府や民間機関など、関連情報が見つかりそうな情報源を特定する。

○ステップ3：アンテナを張る
　探偵のように調査し、信頼できる情報を集める。図書館蔵書検索やオンライン検索は、最初に関連情報を把握するのに役立つ。その情報がなぜキーファクトなのか、テーマとどう結び付くのか、直接関係あるかどうかを明らかにする。

○ステップ4：情報を整理する
　関連性の有無でキーファクトを分けた後、統計、意見、要約などに分類。個々のキーファクトを1つの体系的な構造にまとめ、理解の共有を図る。

○ステップ5：事実に基づく根拠をつくる
　キーファクトを整理して、プロジェクトの目的の裏付けとなる合理的な根拠を明らかにする。それは、イノベーションの主要目標を設定するための出発点となる。キーファクトから追加調査が必要だとわかる場合もある。

Innovation Sourcebook

イノベーション・ソースブック

革新的な製品、サービス、
企業、人々から
着想を得る

BENEFITS	■ ベストプラクティスが明らかになる
	■ すぐ利用できるように情報が整理される
	■ 比較できる
	■ 可能性を引き出す
INPUT	■ 調査対象とする一定範囲のイノベーション
OUTPUT	■ イノベーションに関する双方向なマスター・データベース

EXAMPLE PROJECT

▷ ピーポッドラボの教育ソフト (2010年)

ある消費財の業界団体は IIT デザインスクールと共同で、家庭生活分野においてプラットフォーム戦略を使ったイノベーションの機会を探った。関連業界の最新トレンドは、集中化が進み、他社との連携が増えていることだ。単独組織ではなく、複数プレーヤーのコラボレーションから価値が創出されていた。

チームはモジュラー製品から、オープンで協力的な知識共有型プラットフォームへと進化するための調査を開始。フェイスブック、イーベイ、イェルプ、グルーポン、リンクトイン、ウィキペディアなどの成功事例を研究した後、全事例をデータベース化し、組織名、プラットフォームの仕組み、特性、ステークホルダーなどのデータが入ったイノベーション・ソースブックとして活用できるようにした。これは、革新的な事例を追跡し続ける際に貴重なリソースとなった。チームは事例を比較し、活発に議論しながら、プラットフォーム戦略への理解を深めた後、「在宅ワーク」「食事/料理」「退職計画」「家計」という4つの家庭生活分野のプラットフォームを設計した。

例	プラットフォームの仕組み	プラットフォームの特徴	ステークホルダー
イェルプ	主な都市のレストランに関するコメントを共有するためのソーシャル・ネットワーキング、ユーザーレビュー、ウェブのローカル検索。イェルプの2010年初めの月間ユニークビジター数は3100万以上。	・レビューの投稿閲覧用に標準化フォーマットを提供。 ・データの信頼性を高めるためユーザーの参加を奨励。 ・ユーザーは情報共有できる。 ・利用者がよりよい購買意思決定をできるようにする。 ・店側は宣伝になる。	・従業員150人以上 ・地域の小売店/広告主 ・ユーザー（レビュー投稿者）
キックスターター	クラウド・ファンディングの取り組み。ソーシャル・ネットワークを用いて、アートや創造的なプロジェクトの資金調達を行う新しい手法。集まった資金のうち5%をキックスターターが、3〜5%をアマゾンが取得。	・ある目的の資金調達のために、複数のステークホルダーを集める。 ・様々なタイプのイノベーションの基盤となる（ビジネスモデル,実現化プロセス,ネットワーキング、顧客経験、サービス）。 ・資金調達や投資のための多くのフォーラムと違い、キックスターターはそのプロジェクトやその成果物の所有権を要求しないが、同サイトで立ち上がったプロジェクトの記録はずっと残り、一般の人がアクセスできる。	・芸術家 ・資金提供者 ・キックスターターのスタッフ22人以上 ・コミュニティ ・アマゾンでの支払い
フェイスブック	ソーシャル・ネットワーキングのためのウェブサイト。2010年7月時点で5億人のアクティブ・ユーザーがいる。サイト上で友達の輪を広げ、プライベートの近況、写真、ゲームを共有したり、ブランドや企業、団体などをフォローしたりする。	・友達と交流や連絡を取り合う場を提供する。 ・ユーザーは写真、個人的な趣味のリスト、連絡先などの個人情報を載せたプロフィールを作成できる。 ・ユーザーは、共通の趣味を持つグループやファンページを作ることができる。その中には、組織が主に広告目的で利用しているものもある。 ・個人のプライバシーについて選択肢があり、誰にどこまでプロフィールを公開するかが選べる。 ・無料で利用できる。バナー広告で収入を得ている。 ・マーケターや広告代理店向けに、ブランド宣伝用の新ポータルを追加。	・ユーザー ・投資家株主 ・広告主 ・従業員1400人以上

WHAT IT DOES　　　　　　内容

　イノベーション・ソースブックは、幅広いイノベーション事例のベストプラクティスを集めて体系化するアプローチだ。製品・サービス、組織、人々に関する成功事例を見つけて整理するのに役立つ。それぞれを比較すれば、プラットフォームがうまく機能する背景にある理由が明らかになる。特に重要なのは、さらに深掘りして、各事例で用いられた戦略を理解することだ。イノベーション・ソースブックはインスピレーションの源となる。このメソッドを通して見出された包括的なプラットフォーム戦略は、イノベーション・プロセス全般で参考になり、チーム独自の解決策の構築に役立つ。

カテゴリー	名前	説明	戦略上の優位性
▽ 製品・サービス 組織 人々			

HOW IT WORKS　　　　　　進め方

○**ステップ1：イノベーションの定義**

　各メンバーが考えているイノベーションについて話し合い、すり合わせる（例：「市場で顧客価値と企業価値の両方を実現する新しいもの」と定義）。メンバーの意見を調整して共通理解を図る。

○**ステップ2：成功事例の調査**

　一般メディアなどの情報源に目を通し、注目すべき新しい製品・サービス、経験、組織、人々の事例を探す。通常は、チームで合意したイノベーションの定義に沿った事例を見ていく。現時点だけではなく、少し前の事例も自由に調べる。

○**ステップ3：ソースブック表の作成**

　イノベーション事例が、製品・サービス、組織、人々というカテゴリーのどれに該当するかを明確にする。名称、説明、戦略上の優位性などを項目とする表を作成し、事例ごとに各欄を埋めていく。

○**ステップ4：事例のレビュー**

　共通点や戦略上の優位性など、事例に共通するイノベーション戦略を探す。

○**ステップ5：着想を得る**

　共通のイノベーション戦略がどう適用できるかを考える。イノベーション機会のヒントを得るために、デザイン・プロセス全般でこのソースブックを参照する。

mode1 目的を見出す　37

Trends Expert Interview

トレンド・ウォッチャー・インタビュー

トレンドに詳しい専門家から
最新情報や
未来の可能性を学ぶ

BENEFITS	■ 迅速かつ早期に発見しやすくなる
	■ 新しい視点が得られる
	■ 知識が得られる
INPUT	■ プロジェクトのテーマ
	■ トレンド・ウォッチャーの人材プール
OUTPUT	■ トレンドと成長要因の理解
	■ イノベーションの機会領域

EXAMPLE PROJECT

▷ 食品プラットフォーム「コンヴィヴィアル」
(2010年)

　ある消費財メーカー団体はIITデザインスクールと共同で、家庭生活調査を実施した。そのうち食品のイノベーションに関するプロジェクトではプラットフォーム戦略を採用。チームが開発した「コンヴィヴィアル」という食と健康に関するプラットフォームは、人々がどのように食品と関わるか、誰と食事をするか、どう健康的な生活を送るか、というテーマを包括した統合的なアプローチをとるものとなった。

　この機会領域に関する情報量は多いと考えたチームは、家庭内の状況や新しい食品管理法などの全容をすばやく把握するためトレンド・ウォッチャー・インタビューを実施した。そこで、食品メーカーの顧問や、ヘルスケア組織の関係者、健康プログラムの開発者を探し出し、健康に関するトレンドや家庭生活の動向について質問した。こうして初期段階でわかったことを踏まえて家庭調査を計画。その後も、前提の検証やさらなる研究のために、専門家とのフォローアップの対話を続けた。

WHAT IT DOES　　　　　内容

トレンドに精通した人々へのインタビューによって、テーマに関連するトレンドを速やかに学習できる。未来学者、エコノミスト、教授、作家、研究者など、特定のテーマを熟知する専門家と話せば、迅速に貴重なインサイトが得られる。不足している情報の目安にもなる。包括的にテーマをカバーする場合は、インタビュー時にフレームワークを使うとよい。たとえば、技術、ビジネス、人々、文化、政策などトレンドのタイプに注目すれば、体系的に会話を進められる。

HOW IT WORKS　　　　　進め方

○ステップ１：テーマの設定

　プロジェクト概要を見れば、たいていテーマは設定できる。だが、もっと学びたいテーマやトレンドのタイプなどにも目を向けよう。技術、ビジネス、人々、文化、政策、その他のプロジェクト固有のテーマのうち、どれに注目すべきか。

○ステップ２：トレンド・ウォッチャーの特定

　インターネット検索、同僚との会話、文献調査などを組み合わせて、そのテーマの専門家リストを作る。そのテーマに取り組んでいる人々に、だれが専門家としてふさわしいか聞いてみる。各テーマにつき必ず複数の専門家に話を聞くようにする。

○ステップ３：インタビューの準備

　専門家の見解を知るために、記事、書籍などはすべて読んでおく。インタビューが進めやすいように質問も用意する。一例として、植物にたとえて質問の構成を考える方法がある。

　種：新たなトレンドやイノベーションはどうか
　土壌：成長に影響を及ぼす基礎的条件はどうか
　天候：成長に影響を及ぼす周囲の環境はどうか
　植物：イノベーションを育て強化する方法はどうか
　水：成長を促進する要因はどうか

○ステップ４：インタビューの実施

　よく内容を練ってインタビューすれば、専門家との限られた時間を最大限に活用できる。質問項目に沿って会話を進めるが、すべてを項目どおり聞かなくてもいい。会話の合間に参照し、追加で質問するための資料とする。

○ステップ５：傾聴とフォローアップ

　インタビューには傾聴（アクティブ・リスニング）が必要だ。可能であれば、会話を録音する。途中でメモをとり、後で尋ねたい疑問点を明確にする。

○ステップ６：要約の作成

　録音した会話を文字に起こし、キーフレーズや興味深いインサイトを引き出せるようにする。わかったことを要約し、他のメンバーと共有する。

Keyword Bibliometrics

キーワード・ビブリオメトリクス

キーワードを使って
出版物やデータベースを
幅広く調査する

BENEFITS	■ 大量のデータ処理ができる
	■ パターンが明らかになる
	■ 包括性が増す
INPUT	■ 特定テーマに関連する一連のキーワード
	■ 専門のデータベース
OUTPUT	■ 特定テーマの検索から明らかになった
	インサイトとパターン

EXAMPLE PROJECT

▷ 医療機器メーカー向けイノベーション（2007年）

　ある医療機器メーカーは、イノベーション・コンサルティング会社のダブリンと共同で、伝統的な研究・開発プロセスによく見られる分野を絞った機会を超えるイノベーションの可能性を探った。

　ダブリンはキーワード・ビブリオメトリクスを活用。健康状況、医療技術、規制、政策などのヘルスケア関連の検索語を組み合わせ、専門誌や新聞のデータベースでコンセプト、製品、サービス、イベント、ビジネスの事例を探した。健康や日常生活の新しいテーマを分析しようと文献を幅広く調べると、何千件もの記事が検出された。そして、患者中心のプライマリーケアやメディカルホームについてディスカッションする中でイノベーションの機会が見つかったのだ。医療機器メーカーはこうした機会をもとに追加調査を行い、長期的な活動や投資に向けたイノベーション課題を設定した。

40　101 Design Methods

WHAT IT DOES　　　　　　内容

　キーワード・ビブリオメトリクス（書誌計量学）は図書館情報科学で使われているメソッドで、科学、医療、経済、技術などの分野の出版物やデータベースを調べるための検索エンジンのような機能を果たす。キーワードを使って巨大なデータベース全体を検索し、関連する文献や著作物を探し出す。検索で得られた文書リストを分析し、そのテーマについて書かれた内容の性質を把握し、新たな関係を見つけ出すのだ。ビブリオメトリクス検索は通常、専門データベースの範囲内で行われるので、具体的なテーマに直接関係する結果が得られる。専門分野のデータベースはウェブや図書館蔵書検索を使うほか、大学図書館や調査サービスから提供を受ける方法もある。

HOW IT WORKS　　　　　　進め方

○ステップ1：検索キーワードの決定
　使用するキーワードはなるべくそのコンテクスト特有のものにする。そうすれば、テーマに沿った価値ある結果が得られる。

○ステップ2：対象期間の検討
　歴史的な時代分析を行う際は過去50年間の著作物を調査すべきだが、現在の状況についての主要な論調を理解するには直近2年間の出版物を見たほうがよい。

○ステップ3：キーワードを組み合わせて検索
　ある領域で生まれたアイデアが他の領域に影響するかどうかを見る場合、「and, or, not」を使ってキーワードを組み合わせて検索する。たとえば「ナノテクノロジー」と「医用生物学」でand検索をすれば、医用生物学におけるナノテクノロジーについて論じた記事が見つかるかもしれない。

○ステップ4：レビューと再検索
　出版物のパターンを探し、あるアイデアの影響を追跡する。初出記事はどれで、その後、どんな出版物で引用されたか。他の出版物で取り上げられるうちに、アイデアはどう変化していったか。検索結果が一般的すぎる場合や直接関係ない場合は、キーワードを変えて検索し直す。

○ステップ5：検索結果を整理
　メンバーで結果を共有し、話し合い、インサイトを探る。結果を図表を使ってビジュアル化すると、パターンが明らかになり、そのテーマについて論じられてきたことをよりよく理解できる。

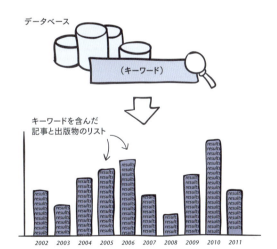

Ten Types of Innovation Framework

10タイプのイノベーション・フレームワーク

業界内の
イノベーションの
種類や特性を理解する

BENEFITS
- マインドセットが広がる
- 包括性が増す
- ベストプラクティスが明らかになる
- 比較できる
- 構造が体系化される

INPUT
- プロジェクトのテーマに関連した業界、組織、イノベーション

OUTPUT
- その業界内の様々なタイプのイノベーションが果たす役割の理解

EXAMPLE PROJECT

▷レンタカー会社向けイノベーション（2000年）

　ダブリン社は、あるレンタカー会社と共同で顧客志向のイノベーションに取り組んだ。その会社はレンタカー業界で強い地位を築いてきたが、空港税の値上げや自動車メーカーとの提携解消により業績が低迷。低コスト・ブランドにもかかわらず高コスト構造になっていた。

　ダブリンが10タイプのイノベーション・フレームワークを使って業界内のイノベーションの状況を整理したところ、競合他社のイノベーションのほとんどが、特定車種の利用、迅速なピックアップと返却、忘れ物の返却サービスなどに集中していることがわかった。その一方で、「ブランド」や「顧客経験」などの領域はイノベーションが少なかった。このインサイトと顧客調査をもとにダブリンは、レジャー客特有のニーズに応えるという方向にポジショニングを修正することを提案。ブランドと顧客経験で差別化した結果、そのレンタカー会社は低価格のコモディティという企業イメージを払拭し、プレミアムのポジションを獲得した。

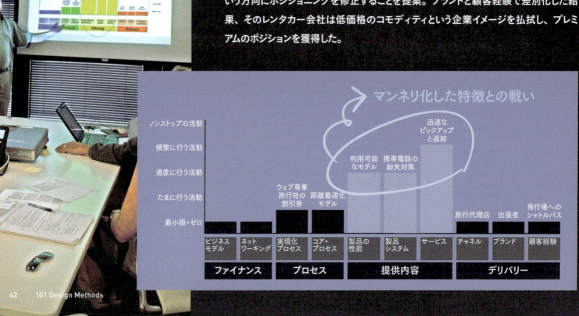

WHAT IT DOES　　　　　内容

ダブリンが開発した 10 タイプのイノベーション・フレームワークは、業界（あるいは経済部門や個々の組織）を調査し、様々なタイプのイノベーションを把握するメソッドだ。詳しく調べたい領域、業界内のイノベーションのトレンド、今後の調査活動の方向性などもつかむことができる。

このフレームワークでは、イノベーションは業界に関係なく、ファイナンス、プロセス、製品・サービス、デリバリーの 4 領域のどこかで起きると想定している。この 4 領域はさらに 10 タイプに分かれる。ファイナンス領域は「ビジネスモデル」と「ネットワーキング」、プロセス領域は「コア・プロセス」と「実現化プロセス」、製品・サービス領域は「製品の性能」「製品システム」「サービス」、デリバリー領域は「チャネル」「ブランド」「顧客経験」だ。

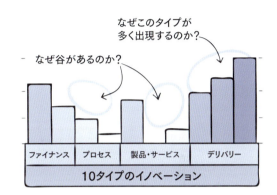

HOW IT WORKS　　　　　進め方

○ステップ 1：関連情報の収集

図書館蔵書検索やデータベース検索を行い、公表されたレポートを読んで、その業界の主要プレーヤーに詳しい専門家とコンタクトをとる。

○ステップ 2：イノベーションの検証

ファイナンス、プロセス、製品・サービス、デリバリーの 4 カテゴリー、10 タイプに照らして、その業界のイノベーションを検証する。

1. **ファイナンス**：ビジネスモデルのイノベーションでどのように利益を生み出しているか。パートナーとはどのように効果的に関わっているか。

2. **プロセス**：製品・サービスに競争優位性を持たせるうえで有効なコア・プロセスはどれか。従業員や業務を支援する実現化プロセスで、どのようなイノベーションがあるか。

3. **製品・サービス**：差別化された性能面のイノベーションは何か。どのように製品システムを構築しているか。潜在顧客と既存顧客を支援するサービス・イノベーションは何か。

4. **デリバリー**：流通チャネルを管理し、エンドユーザーに製品を届けるためにどんなイノベーションが行われているか。業界内で目立ったブランド・イノベーションはどれか。業界内で最も際立った顧客経験は何か。

○ステップ 3：ビジュアル化

ステップ 2 でわかったことを整理し簡潔に説明すると、それが 10 タイプのイノベーション・フレームワークの材料となる。その業界の幅広い領域を調査するよう心掛ける。図表（棒グラフ、チャート）を作成し、イノベーション活動をすべて載せる。

○ステップ 4：インサイトの共有とディスカッション

10 タイプのイノベーションを概観する。イノベーションの多寡が生じる理由は明確か。インサイトを書き出し、チームで共有し、イノベーションの機会や今後の調査について話し合う。

Innovation Landscape

イノベーション・ランドスケープ

業界内のイノベーションの
傾向とその変化を
図解する

BENEFITS	■ 概要がわかる
	■ 比較できる
	■ 時間経過に沿って変化が概観できる
	■ 機会が明らかになる
INPUT	■ プロジェクト・テーマと関連性のある業界
OUTPUT	■ 時間経過に沿って業界内の イノベーション活動をビジュアル化
	■ イノベーションの機会が存在する場所

EXAMPLE PROJECT

▷ ヘルスケア業界のイノベーション（2006年）

　ある民間のヘルスケア財団は、米国の医療保険制度の問題の背景を探っていた。技術が進歩したにもかかわらず、ヘルスケア業界は旧態依然としたモデルでの運営が続いていたのだ。

　同分野のイノベーションの詳細分析を依頼されたダブリン社のリサーチャーは、医薬品、健康保険、病院システムなど8つの主要部門のイノベーション・ランドスケープを作成し、イノベーションの機会を探索。すると、医薬品以外の部門ではイノベーション活動の痕跡がほとんど見られず、平らになっていた。その後、2次元のランドスケープ図を重ね合わせ、イノベーションの山と谷の全容を把握。谷間に着目し、ビジネスモデル、製品システム、顧客経験にイノベーションの機会を見出した。

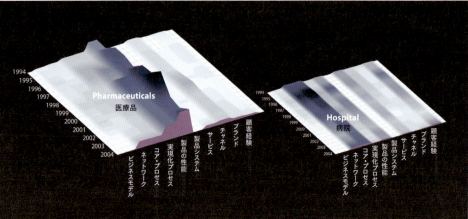

44　101 Design Methods

WHAT IT DOES　　　　　内容

　イノベーション・ランドスケープは、ダブリンの「10 タイプのイノベーション・フレームワーク」（42 頁）を用いて、時系列に業界内のイノベーションのパターンを把握するメソッドだ。3 次元のマップを作成し、X 軸にイノベーションのタイプ、Y 軸に時間、高さの軸にイノベーションの活動件数を表す。頂点の高さはイノベーション活動の度合いを、頂点の数は多様性を、新しい頂点の出現や傾斜の変遷は変化のペースを示している。こうしたパターンを見ていくと、どこにイノベーションが多いかを議論したり、機会が見つかりそうな領域に注意を向けたりできる。時間を追ってパターンの変化を見ていくことは、機会につながるトレンドを探す際にも役立つ。

HOW IT WORKS　　　　　進め方

○ステップ 1：業界とデータベースの選定

　対象とする業界の最新ニュースやイノベーション活動を確実に調べられるデータベースを選ぶ。

○ステップ 2：検索キーワードと期間の指定

　10 タイプのイノベーションと関連があり、業界誌などで一般的に使われているキーワードを選ぶ。そして調べる期間を設定する（10 年間の場合が多い）。

○ステップ 3：データの集計

　イノベーション・タイプや期間などのキーワードでデータベースを検索する。年度別にイノベーション活動の件数とタイプが出るように指定。表計算ソフトで集計する。

○ステップ 4：3 次元マップとしてビジュアル化

　X 軸をタイプ、Y 軸を時間、高さの軸を活動件数とする 3 次元マップを作成する。全体的に山や谷ができるが、それはイノベーションの多寡を示している。

○ステップ 5：ディスカッション

　3 次元マップの「地形」の性質について議論する。山はイノベーションが飽和状態なのか。谷間には機会がないか。新しい山ができつつあるトレンド部分に機会はないか。こうした問いから、今後の調査の重要な方向性が明らかになる。

mode1 目的を見出す　　45

Trends Matrix

トレンド・マトリクス

未来の方向性を
示唆する変化
について整理する

BENEFITS	■ 概要がわかる
	■ 時間経過に沿って変化が概観できる
	■ 包括性が増す
	■ 機会が明らかになる
	■ 方向性が定まる
INPUT	■ 調査対象とする側面
OUTPUT	■ 整理された一連のトレンド・マトリクス
	■ トレンドのパターンと取り得る方向性に関するインサイト

EXAMPLE PROJECT

▷ 文化体験ツアー「シティフレンズ」(2007年)

　シティフレンズは、IITデザインスクールの学生チームが開発した企業向けコンセプトだ。地元のガイドと魅力的なオンライン・サイトを通して、文化に関心のある旅行者にユニークでローカルな体験を提供する。

　チームがトレンド・マトリクスを使って調べたところ、旅行業界には変化が見られ、「冒険家」層が増加していた。これは、本格的な旅を求め、人があまり行かない場所に行ってみたいと思う人々だ。チームはここにカスタマイズのサービスを提供する機会を見出した。トレンド・マトリクスは、技術、市場、人々、文化、ビジネスなどの分野全般で、旅行の移り変わりを把握し、コンセプトの開発において重要なトレンドを探索するのに役立った。

　新しいトレンドを通して、モバイル・ウェブ・アプリケーション、バーチャル・ツアーガイドなどの技術依存、忘れられない文化体験へのニーズの高まりも浮き彫りに。それを踏まえてチームは、旅行者がウェブサイトで地元のガイドや旅行会社と直接コンタクトをとり、魅力的な体験をすることができる「シティフレンズ」を考案した。

	過去	現在	今後
技術	・自動車旅行 ・紙の地図、ガイドブック、35mmフィルム	・オンライン予約／価格 ・モバイル・コミュニケーション ・音声ガイド ・3Gアプリ・GPS ・デジタルカメラ／動画	・モバイル・ウェブ革命 ・リアルタイムのやりとり ・バーチャル・ツアーガイド ・RFID
市場	・ブランド ・休日の旅行 ・観光	・価格と特典 ・週末のゲートウェイ ・ミニマムプランの団体旅行 ・1人旅 ・ロハス	・経験 ・散発的な旅行 ・セグメント／カスタマイズ ・医療ツーリズム
人々	・贅沢品としての旅行 ・家族旅行 ・キャンピング・カー旅行 ・特産品の買い物 ・9～5時の仕事生活	・日常としての旅行 ・都会と田舎のライフスタイルの生活者 ・スリルや比較を求める人 ・買い物好きの旅行者 ・柔軟な労働条件	・逃避としての旅行 ・文化的な旅行 ・一般的ではない目的地 ・間接的に知っている懐かしさ ・柔軟な仕事生活
文化	・同質的な文化 ・車文化	・ハイブリッド文化 ・グローバル化 ・都市化 ・旅行の煩わしさ	・より小さいカルチャーショック ・世界の文化への親しみ
ビジネス	・旅行代理店 ・伝統的なパッケージツアー ・モーテル	・DIYオンライン旅行 ・アラカルト ・アメリカン・エキスプレス ・すべて含まれるメガ・リゾート ・エコツーリズム／ボランティア・ツーリズム	・パーソナル・コンシェルジェ ・ネットワーク／地方 ・デリバリー・サービス ・本の買取

46　101 Design Methods

WHAT IT DOES　　　内容

　トレンド・マトリクスは、トレンドや変化が技術、ビジネス、人々、文化、政策に及ぼす影響を全体的な観点からまとめたもので、プロジェクトに対する影響も一目で把握できる。文化体験ツアーのプロジェクトであれば、旅行ツール、旅行関連サービス、旅行体験、旅行情報などの諸側面を調べたり、時間を追って整理したりする（過去に訪れた場所、現在の場所、これから向かう場所など）ことが可能だ。またトレンド・マトリクスからは、ある分野の変化（技術）が他の領域（文化やビジネス）にどのように影響を及ぼしたかもわかる。

HOW IT WORKS　　　進め方

○ステップ1：切り口の設定
　マトリクスを作成するときには、技術、ビジネス、人々、文化、政策を行とし、プロジェクトで検討したい切り口（例：ユーザー・タイプ、テーマ、システムの構成要素など）を列とするのが一般的だ。「過去」「現在」「未来」を列の見出しにする場合もある。

○ステップ2：トレンドの記入
　プロジェクトに影響を及ぼす技術、ビジネス、人々、文化、政策などのトレンドを特定し、表内に記入する。通常は、何がどう大きく変化しているかの説明文を添える（例：普通とは異なる旅行先や文化体験に関心を持つ旅行者が増えている）。

○ステップ3：全体的な観点でのディスカッション
　トレンド・マトリクスの目的はあくまでも、広い視野で変化を捉えることだ。トレンドを比較して相互関係を見たり、似たトレンドが一緒に発展していくパターンを見極めたりする。これは、今後の方向性やプロジェクトに影響を及ぼしそうなトレンドの考察に役立つ。

○ステップ4：インサイトの記入
　トレンドのパターンに関するインサイト、主要なトレンドをもたらす変化、これからどう進化するかの予測についてチームで話し合い、記録する。得られたインサイトをトレンド・マトリクスに目立つように記入し、把握・共有しやすくする。

mode1　目的を見出す　47

Convergence Map

コンバージェンス・マップ

コンバージェンス（収斂・集中化）が起きている分野をビジュアル化し、重なる部分でイノベーションの機会を見つける

BENEFITS	■ データがビジュアル化される
	■ 機会が明らかになる
	■ 関係が明らかになる
	■ 共通理解が進む
INPUT	■ 選んだテーマにおけるトレンドやイノベーションに関する調査データ
OUTPUT	■ テーマが収束していく場所やそれに影響を及ぼす関連トレンドを表した視覚的な図表

EXAMPLE PROJECT

▷ 食・健康・糖尿病の収斂（2008年）

産業の加速的な変化だけでなく、産業の収斂によってもイノベーションのチャンスは生まれてくる。イノベーション戦略の研究者で、ダブリン社の共同創業者でもあるラリー・キーリー教授は、コンバージェンス・マップでヘルスケア産業の収斂状況を示した。マップから明らかになったのは、食品生産、健康、糖尿病の各領域が時間とともに重なり合っていく様子だ。この重なる部分を活用したイノベーションとして、メイヨー・クリニックとジョスリン糖尿病センターは、健康的な食生活、調理、食品ガイド、ツールという総合的な解決策を提案し、健康管理を促している。

IITデザインスクールの学生チームはキーリー教授の指導の下、糖尿病患者の増加に対処するプラットフォーム戦略の構築に向けて、全体的な観点で収斂状況の理解に努めた。チームは、重なり合う3分野（食品生産、健康、糖尿病）のアイデアを統合し、ローカル・コミュニティをベースとした戦略を構築した。

48　101 Design Methods

WHAT IT DOES　　　　　内容

コンバージェンス・マップは、日常生活（職場生活、家庭生活、モバイル通信など）や産業などがどう重なり合っていくか、それによってどのような新しい動きが生まれているかを視覚的に把握するためのものだ。重なる部分をビジュアル化すれば、そこでの人々の活動の変化に絞って議論でき、イノベーションの機会を探る基盤となる。

HOW IT WORKS　　　　　進め方

○ステップ1：テーマの設定

調査した最新情報をもとに、プロジェクトのテーマと最も重なるテーマを議論し特定する。プロジェクトのテーマが「糖尿病」である場合、調査から重複部分が最も大きいのは「食品」と「健康」だとわかるかもしれない。

○ステップ2：トレンドとイノベーションの特定

他のメソッドを使って既にトレンドを把握しているなら、それを使えばいいが、そうでない場合は、そのテーマについて技術、ビジネス、人々、文化、市場に関するトレンドを調べて短い文章にまとめる（例：モバイル技術を使って、糖尿病患者の食習慣をモニターする例が増えている）。こうしてトレンドを理解したうえで、そのテーマにおける重要なイノベーション（と主要プレーヤー）を特定する。

○ステップ3：ベン図の作成

ベン図のそれぞれの円（集合）はテーマを表している。円が重なり合った部分の一般的なトレンドと主要なイノベーションに注目し、そこで起きている新しい動きや活動について説明を加える。

○ステップ4：ディスカッションと機会の特定

重なる部分のトレンドや新しい動きを支援するようなイノベーションを考えてみる。収斂した部分から生まれるイノベーションの機会を説明する。

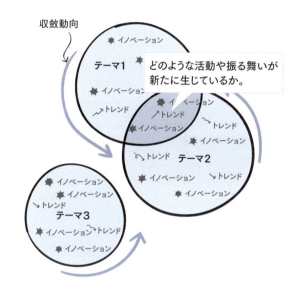

mode1　目的を見出す　　49

From...To Exploration

From-To 調査

慣例重視から、
トレンド重視の
見方にシフトする

BENEFITS	■ 前提に疑問を投げかける
	■ 機会が特定される
	■ プロセスに焦点が当たる
INPUT	■ プロジェクトの重要な側面
	■ 把握しているプロジェクトに関連した主要なトレンド
OUTPUT	■ 慣例、トレンド、可能性をまとめた表
	■ イノベーションの機会

EXAMPLE PROJECT

▷ シンガポール・ポリテクニック校の教育改革（2009年）

　シンガポールは2003年、新しいレベルの創造力、イノベーション、アイデアを育てるべく、自国経済の転換を図った。その背景には、経済成長を後押しする国家政策を採用している英国、中国、台湾などとのグローバル競争が増してきたことがある。それは、シンガポールが国家の最前線にデザインを取り入れる必要があることを意味していた。そして、デザイン・アプローチを促進すべき分野の1つが教育だった。

　シンガポールのある教育機関は、筆者とともにデザイン・アプローチを促進するための教育変革について調査を実施。チームは新しい方向性を検討するために、From-To調査を用いた。その結果、トップダウン方式から会話やコラボレーション、共創の文化を通じたソクラテス方式の教育への移行、さらにプロジェクト型学習や、ディスカッション・グループ、ソーシャル・ネットワーキングなどを提案するプラットフォームとしてのカリキュラム、といったコンセプトが生まれた。それを実現させる第一歩として、新しいアプローチでの能力開発研修や、デザイン主導型のイノベーション研究所のプロトタイプづくりなどの共同プロジェクトが始まった。

	From	トレンド	To
経験	組織が提供するカリキュラム	・友情に根ざした学習 ・関心に根ざした学習	生徒、親、教師、地域の観点からの総合的な学習経験
システム	新しいクラス	・ディスカッション・グループ ・ソーシャル・ネットワーキング ・プロジェクトに基づく学習 ・学習サービス ・モバイル学習	新しい学習経験を提供するプラットフォーム
プロセス	イノベーション	・複数分野にまたがるイノベーション ・システム・インテグレーション ・前競争的な取り組み	学習経験の開発を含めた規律のとれたプロセス
文化	トップダウンの文化	・ボトムアップのアプローチ ・ベータ版文化 ・参加型文化	会話、コラボレーション、共創の文化

WHAT IT DOES　　　　　　　内容

　From-To 調査は、問題解決に向けて新しい見方への転換を行うためのメソッドだ。正当だとされているものに疑問を投げかけ、なぜそうなっているかと問い、可能性を探り、最新トレンドを十分に理解したうえで、現状をよりよくする方法を提案する。参加者はプロジェクトの達成目標を考えやすくなり、今後の調査の方向性のヒントが得られる。

HOW IT WORKS　　　　　　　進め方

○ステップ 1：主要な側面の洗い出し
　イノベーションが最も必要なのはプロジェクトのどの側面か。たとえば教育イノベーションのプロジェクトでは、「学習環境」「カリキュラム」「研究プログラム」などが考えられるかもしれない。

○ステップ 2：トレンドの特定
　様々な側面に影響を及ぼす最新トレンドを確認する。教育イノベーションのプロジェクトでは、「学習環境」に関して、「通信技術の発展により、学習環境が分散型になっている」というトレンドが見つかるかもしれない。

○ステップ 3：現状の見方を「From」欄に記入
　各側面における慣例を表に書き出す。たとえば、「学習環境」で慣例となっているのは物理的な教室だ。こうした見方は「From（変更前）」欄に記入する。

○ステップ 4：新しい見方を「To」欄に記入
　ステップ 2 のトレンドの特定に基づいて、慣例がどのように再構成される可能性があるかを考えてみる。たとえば、物理的な教室はバーチャル学習環境として再構成されるかもしれない。この新しい見方は「To（変更後）」欄に記入する。

○ステップ 5：ディスカッション
　新しい見方がイノベーションにどう結び付くかを議論する。新しい見方によってイノベーションの目的はどう変わるか。新しい見方のうちどれが自社に最も大きな可能性をもたらすか。

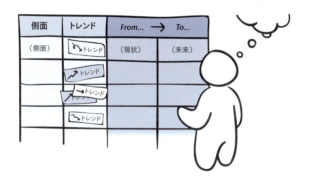

Initial Opportunity Map

オポチュニティ・マップ

現在のポジション
からの移動を伴う
機会領域を検討する

BENEFITS ■ 情報がビジュアル化される
■ 比較できる
■ 機会が明らかになる
■ 方向性が定まる
INPUT ■ その業界に関連するトレンド
OUTPUT ■ 業界の参加者とイノベーションの
潜在的な機会領域についての視覚的なマップ

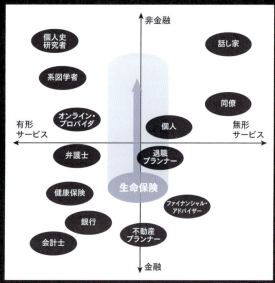

EXAMPLE PROJECT

▷ 生命保険の新サービス（2007年）

　生命保険業界は規模の経済が働き、多様な金融商品が揃っているが、強い感情的価値を伴ったサービスはなかった。新しい戦略オプションを模索していたある生命保険会社のプロジェクト・チームは、サービスを拡大し顧客との感情的つながりを強化できる領域として「相続計画」に目をつけた。

　このサービスでは主に、価値観や人生の教訓、達成したいこと、感情的価値、金融資産／不動産という4タイプの遺産を譲渡する。チームは、有形サービスと無形サービス、金融と非金融の2軸を使ってオポチュニティ・マップを作成。各象限に関係者やサービス会社を配置した。これはイノベーションの機会、特に、顧客に感情的価値を感じてもらう機会を示しており、たとえば、愛する人が亡くなったとき、ただ事務的に小切手を受け取るのではなく、故人の思い出、教訓、価値観などを個別に表現した形で受け取ることができるサービスなどが考えられた。

WHAT IT DOES　　　内容

オポチュニティ・マップは、2軸マップでイノベーションの機会を探るメソッドだ。トレンドなどの変化をよく理解したうえで、そのプロジェクトにとって戦略的に重要な2軸を選び、その領域に携わっている関係者をマップ上に配置する。マップを見ると、自社と他社との関係が把握でき、どこに向かえば自社にとって機会があるかを検討できる。プロジェクトの初期段階に、戦略の基礎となる「どこで戦うか」を探るときにも役立つ。

HOW IT WORKS　　　進め方

○ステップ1：軸の特定
　ターゲットとする業界の方向性に影響しそうなトレンドを挙げ、そこから戦略的に重要な軸を2、3個見つける。たとえば、金融商品以外のサービスを手掛ける保険会社が増えていることが業界のトレンドだとすれば、「投資情報サービス vs 非金融サービス」などの軸を検討してみる。

○ステップ2：マップに関係者を配置
　特定した2軸でマップを作成し、業界関係者を配置する。最も有益な分析ができるよう、「関係者」はどんな人々か、あるいは、どんな組織、製品、サービスを含めるべきかを決める。

○ステップ3：ディスカッション
　今のところ重要な役割を果たしている関係者のいない機会領域を特定し、その機会領域が業界のトレンドやダイナミクスに根ざしているかどうかを評価する。意思決定に役立てるため、その領域の近くにいる既存の関係者も評価する。

○ステップ4：イノベーション機会の検討
　自分たちのイノベーションや組織が、その機会領域に進出する可能性について話し合う。イノベーションはその領域にうまくフィットするか。そのポジションは、当初のイノベーション目的に沿っているか。

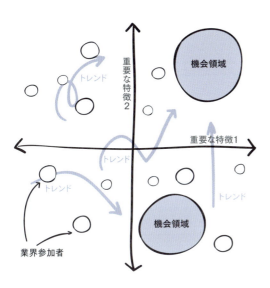

Offering-Activity-Culture Map

製品・サービス-活動-文化マップ

製品・サービス、
活動、文化に着目して、
イノベーションの機会を探る

BENEFITS
- マインドセットが広がる
- 機会が特定される
- 情報がビジュアル化される

INPUT
- 調べたい製品・サービスとその属性
- 製品・サービスをめぐる文化的背景

OUTPUT
- その製品に関連した一連の活動と影響する文化的要因の整理
- イノベーションの機会

EXAMPLE PROJECT

▷ 衣類の保管 (2011年)

IITデザインスクールのチームが「衣類をどう保管しているか」について調べたところ、衣類の保管は雑用とみなされていることがわかった。たとえば、普通は洗濯に週6時間かけ、実際に着るのは持っている服のわずか20%だ。こうしたデータからわかるように、イノベーションを生み出すためには、単なる「服」や「洗濯物」を超えて、コンテクストをもっと深く理解する必要がある。

チームは早速、製品・サービス-活動-文化マップを使って衣類以外にも調査対象を広げた。買い物、整理、掃除、社交、リサイクル、仕事などの活動を挙げ、個人や社会の規範がそれにどう影響を及ぼしているかを分析。個人的な購買習慣やスタイルの好みについては個人的規範が、家族やコミュニティ内で買い物や贈り物をするときには社会的規範が影響していることがわかった。年齢、イメージ、男女の役割、服装のエチケットなど、文化的背景をさらに探ったところ、豊富なインサイトが生まれ、特定のユーザー・タイプ（専門職の独身男性など）のニーズへの対応という新たな機会を見出すことができた。

WHAT IT DOES　　　　　　内容

　製品・サービス−活動−文化マップは、「製品・サービス」の性能や特徴、それにまつわる人々の「活動」、利用するときの「文化的背景」という3つの視点で、イノベーションの機会を見ていく。このメソッドを使えば、全体的な観点で調査ができる。また、より良い性能や特徴の製品・サービスだけでなく、人々とその活動や暮らしを結び付けてイノベーションを検討できる。製品・サービスから活動、文化的背景まで思考を広げれば、プロジェクトの初期から機会領域を広く捉えられるのだ。

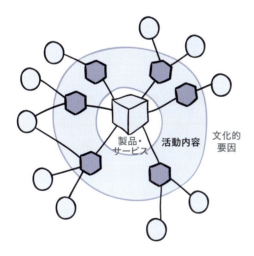

HOW IT WORKS　　　　　　進め方

○ステップ1：製品・サービスとその特性の明確化
　図の真ん中に円を描き、製品・サービスを置き、その性能、特徴、属性を記入する。

○ステップ2：関連する活動の洗い出し
　製品・サービスを囲む円に、個人や社会の規範に基づく活動を記入する。中央が「本」の場合、個人的規範に基づく例は「読書のときにメモをとる」、社会的規範に基づく例は「みんなで本の内容について話し合う」「本をプレゼントする」などだ。

○ステップ3：文化的背景の整理
　一番外側の円に、人々の活動に影響を及ぼす文化的要因を書く。グループによって製品・サービスの利用法はどう異なるか。共通する考え方は何か。どのような規範、慣例、慣行が受け入れられているか。どのような文化的トレンドが普及しているか。その製品・サービスにはどんな意味や価値が付加されているか。

○ステップ4：イノベーション機会の考察
　マップを使って、製品・サービス、活動、文化的背景に関するチーム全体の考えを議論する。図の多くの部分と関連しているものを機会として検討する。これをイノベーションの目的にどう転換できるかを考える。

Intent Statement

インテント・ステートメント

特定した機会に基づき、
イノベーションの
目的を記述する

BENEFITS	■ 方向性が定まる
	■ 移行をサポートする
	■ プロセスが整理される
	■ 共通理解が進む
INPUT	■ 調査結果、トレンドの説明、これまでの手法で作成した図表
OUTPUT	■ このプロジェクトのイノベーションの目的についての明快で簡潔な説明

● **問題**：禁止、処罰、投獄から、暴力に関連した振る舞いや社会規範の変化へと、暴力問題への考え方やアプローチを変える。

● **観衆**：ハイリスクの対象者だけでなく、ローリスクだが、暮らしの中で暴力による影響を直接的・間接的に受けてきた人々も優先させる。

● **失敗**：これまでに行われてきた暴力抑止の取り組みは、禁固刑、銃規制、禁酒など刑罰の原則に基づいてきた。

● **新しい価値**：暴力は変えられる振る舞いだとするアイデア。疫学と暴力の広がりとの間には興味深い類似性があり、暴力事件の削減にはトップダウンだけでなくボトムアップのプロセスも用いる。

● **機会**：過激な考え方を伝える独自キャンペーンを通じて、ローリスクとハイリスクのグループ間のコミュニケーション・ギャップを埋め、振る舞いを変えていく。

● **リスク**：熱意を欠いたキャンペーンになる。メディアから否定的な反応を受ける。予想外の反発を受ける。

EXAMPLE PROJECT

▷ シカゴの暴力防止プロジェクト（2009年）

　アメリカでは銃による暴力事件が後を絶たない。特にシカゴなどの大都市では、25歳未満の若者が犠牲になることも多い。IITデザインスクールのチームは、暴力防止プログラムを行っているシーズファイア・シカゴと共同で、コミュニケーション戦略の開発に取り組んだ。

　プロジェクトの指針となるインテント・ステートメントを策定するうえで重要だったのは、シーズファイアの組織モデル、コア・コンピタンス、強み、弱みを理解することだけではない。個人レベルとコミュニティ・レベルで、暴力の連鎖を招く行動の根底にある考え方に目を向けることも必要だった。

　様々な共同セッションや観察を通してわかったのは、シーズファイアは銃を撃ったり撃たれたりする可能性の高いハイリスクの個人に対する活動は得意だが、暴力によって生活に直接的・間接的な影響を受けたことのあるローリスクの人々への対応は不得意なことだ。チームは、ローリスクとハイリスク間のコミュニケーション・ギャップを埋め、共通のコミュニティ意識や変化に向けた対話を行うという目的を設定した。

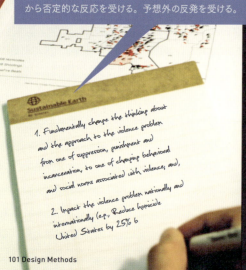

WHAT IT DOES　　　　　　内容

「目的を見出す」モードで重視されるのは、新しいものを生み出す機会をよく知ることだ。最新情報を理解し、全体像を見て、現在のトレンドを認識し、問題を見直すことによって、機会が特定される。インテント・ステートメントは、このような理解に基づいて、イノベーション活動のガイドとなる視点を考える。当初の目的（インテント）は通常、イノベーションの主な側面を含めた 2〜3 行で表す。これは決定版ではなく、プロセスを進めながら見直していくものだ。よく考え抜かれたインテント・ステートメントは、その後の作業の根拠となり、社内でイノベーション活動に支援を取りつける際の重要な手段にもなる。

HOW IT WORKS　　　　　　進め方

○ステップ 1：特定した機会のレビュー
　他のメソッドで調べた結果を検討すると、最新情報やトレンドの把握、全体的なパターンの理解、問題の再構成ができる。それらの機会を評価し、可能性の高いものに焦点を当てる。

○ステップ 2：機会の定義と言語化
　調査の初期段階では、以下のフレームワークに沿って機会を明確に定義する。
　限界：制約条件は何か。
　目的：達成目標は何か。
　願望：どんな状態になればよいか。

○ステップ 3：見解を整理
　メンバー間で可能性について話し合い、共通認識を持つ。どの機会であれば強いポジションがとれそうか。どこから始めるか。

○ステップ 4：目的の考察
　体系化されたフレームワークを使ってステートメントを作成すると、プロジェクトのステークホルダーと、目標や希望について共通理解を得やすい。
　顧客は誰か。
　顧客のニーズは何か。
　どのような機会があるか。
　どのような新しい価値を作り出せるか。
　どのようなリスクがあるか。

○ステップ 5：ステートメントの作成
　明確で、わかりやすく、共有できる形で、上記の側面を記した草案を作成する。2〜3 行で簡潔に書かれることが多いが、箇条書き、ストーリー形式、2〜3 ページにわたる場合もある。

mode 2

KNOW CONTEXT
コンテクストを知る

　モード1では、周囲のトレンドや変化に注目した。モード2では、そうした変化が起こる状況、つまりコンテクストについて理解を深める。問題は、どうすれば自分たちのイノベーション（製品、サービス、経験など）が成功すると確信できるまで、この変化するコンテクストを理解できるかだ。コンテクストの構成要素（製品、サービス、組織、競合、市場、業界、政府、政策、環境、技術など）や、要素間の関係はどのように調べればいいか。市場における自社の競争力や競合他社の戦略動向はどう捉えるか。自社の状況はどうか。業界内のパートナーとの関係は強いか。政府の政策や規制による影響をどう把握するか。

　このモードの目的は、コンテクストに関するインサイトをなるべく多く引き出し、自信を持ってイノベーションの機会を探るための準備を整え、今後の方向性に目を向けることだ。

KNOW CONTEXT
mindsets

コンテクストを知る　マインドセット編

　モード2は、焦点を定め、深掘りしながら、コンテクストを理解するマインドセットで臨む。現状に至った経緯を明らかにし、最先端の技術の動向を常に意識する。全体を広く見渡せるように、コンテクスト内の流動的な構成要素（ステークホルダーなど）をビジュアル化して相互関係を表してみる。さらに異なる視点を絶えず探しながら、前後に、ローカルからグローバルに、狭く広くと、流動的に動く様子の理解に努める。明確なメンタルモデル（63頁）とフレームワークがあれば、コンテクストの複雑さの把握に役立つだろう。

mindsets

歴史的背景を知る　Knowing Context History

フロンティアを理解する　Understanding Frontiers

システム全体を見る　Seeing System Overviews

ステークホルダーを理解する　Understanding Stakeholders

メンタルモデルを用いる　Using Mental Models

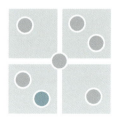

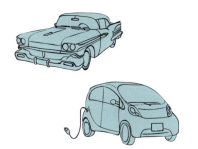

mindset　　　　　　　　　　　　　歴史的背景を知る

　シリーズもののテレビドラマを途中から見始めると、過去のストーリーが知りたくなるものだ。最初から見ている人は、途中から見る人よりも有利な立場にある。何が起こり、なぜ現状に至ったかを知っているからだ。歴史的背景を知れば、変化について理解が深まり、過去の経緯を含めた現状が明らかになる。また、今後の行方のヒントが得られるかもしれない。

　自動車産業のイノベーションの歴史を見ると、単なるスタイルの変化に留まらないことがわかる。1950年代のアメリカでは、石油とガスが潤沢に産出され、助成金で守られていた。州間ハイウェイの開発が始まると、景気はうなぎ登りで、自動車に乗る人が激増。自動車メーカーは多種多様なモデルで需要に応え、自動車デザインは大型化に向かった。

　だがその後の50年で状況は一変。石油の需給は逼迫し、ガソリン価格の上昇とともに、環境問題への懸念が高まり、社会的な行動も変化した。ガソリン浪費車は今日のコンテクストから締め出されつつある。燃費向上や小型ハイブリッド車の開発が業界の関心事となってきたのだ。

mindset　　　　　　　　　　　　　フロンティアを理解する

　過去に目を向けると、現在が理解しやすくなるように、最新の製品・サービスがわかると、未来が垣間見えてくる。そのテーマの最先端の技術、研究、知識を常に注視する。イノベーションのフロンティア（最前線）や、その構造を生み出す力学や条件を探り、イノベーションを牽引する思想的リーダーから学ぶ。そのすべてが、今後起こりそうなことや有望な機会を見通すための絶好の方法となる。フロンティアの動向を理解すれば、自分たちのイノベーションに適した近未来のコンテクストをつかむことができる。

　2008年、バラク・オバマ上院議員の大統領選挙の参謀たちは、最先端技術を用いて国民の支持を盛り上げようとした。ツイッター、フェイスブック、グーグル・マップなど、当時の最先端ツールを駆使しながら支持基盤をつくり、従来は不可能だったやり方で有権者とコミュニケーションをとったのだ。リアルタイムで有権者を巻き込むことで、特にソーシャル・ネットワーキングを使い始めていた若い世代の共感を集め、対立候補よりも優位に選挙戦を進めることができた。

mindset　　　　　　　　システム全体を見る

　細部に集中しすぎて「全体像」を見失ってしまう経験は、誰もが一度ならず味わったことがあるだろう。一歩下がって視野を広げれば、見逃していたものが明らかになる。

　コンテクスト（何かが起こっている状況下での出来事や環境）には、理解しておくべき構成要素が多く含まれている。たとえば、人々が利用する製品・サービス、周辺にあるブランド、市場、政策などの要素は、何らかの形でシステムとして相互に関連している。そうしたものが、トレンド、好みの変化、資源の有用性などによって、どう変化するかを把握しなくてはならない。つまり、我々が理解すべきコンテクストは複雑で動的なのだ。

　時々焦点を変えて、コンテクストを概観するためにビジュアル化し、構成要素、関係、動向を総合的に理解しよう。

SimCity Societies image used with permission of Electronic Arts Inc.

SimCity Societies image used with permission of Electronic Arts Inc.

　シミュレーション・ゲーム「シムシティ」のプレーヤーは、ローカルでの建設、都市資源の全体的維持など、あらゆることを意思決定しなくてはならない。建設する際は、人口、交通量、犯罪率などが表示されているメーターを参考にしながら、その都市の全体的な動向を経時的に見ることができる。コンテクストについてローカルな視点とシステムの視点を簡単に切り替えられれば、豊かな都市づくりに役立つ。

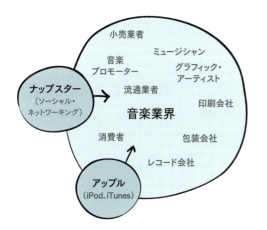

1990年代、CD販売を中心とするステークホルダーで構成されていた音楽業界は、興味深い転換期に直面した。

1999年にナップスターが音楽を自由に共有できるソーシャル・ネットワークを用いたサービスを開始。しかし、ステークホルダーは従来のポジションを取り戻すことに躍起となり、変化に乗り遅れた。さらに、アップルのiPodとiTunesストアによって再びコンテクストは変わり、ステークホルダーの役割は様変わりしたのだ。

mindset　　　　　　ステークホルダーを理解する

　コンテクストには、個人的、財務的、その他の目的で投資するステークホルダー（個人または組織）が含まれている。企業、パートナー、競争相手、規制当局、業界団体などの全ステークホルダーを図示すれば、それぞれの関係について理解が深まる。各ステークホルダーがそのコンテクストからどんな価値を得ているかがわかれば、それぞれのモチベーションや相互作用が明らかになる。イノベーションの登場によってコンテクストが変化した際に、それぞれが受ける影響も考えやすくなる。

「手掛かり、シグナル、メッセージ」というフレームワークは、ある空間におけるコミュニケーションのデザインに役立つ。「手掛かり」は現状を（例：オープンキッチン）、「シグナル」は変化を（例：注文品が揃うと光る装置）示し、「メッセージ」は特定の活動を促す（例：メニュー表）。

mindset　　　　　　メンタルモデルを用いる

　コンテクストの複雑さに慣れる1つの方法は、明確なメンタルモデルを活用することだ。メンタルモデルとは、外部の現実を把握するために使う内部表現で、特に複雑なものを理解するときに役立つ。フレームワーク（外部の現実を理解するための基礎となる一連の概念や原則）も良いメンタルモデルとなる。メンタルモデルを蓄積しておけば、特定のコンテクストを把握するのに最も適したメンタルモデルを、必要に応じて取り出すことができる。

KNOW CONTEXT

methods

コンテクストを知る メソッド編

---

15. Contextual Reserch Plan コンテクスト調査計画 **66**

16. Popular Media Search 一般メディア検索 **68**

17. Publications Research 文献調査 **70**

18. Eras Map 年代表 **72**

19. Innovation Evolution Map イノベーション進化表 **74**

20. Financial Profile 財務プロファイル **76**

21. Analogous Models 類似モデル調査 **78**

22. Competitors-Complementors Map 競合他社・補完業者マップ **80**

23. Ten Types of Innovation Diagnostics 10 タイプのイノベーション診断 **82**

24. Industry Diagnostics 業界診断 **84**

25. SWOT Analysis SWOT 分析 **86**

26. Subject Matter Experts Interview 専門家インタビュー **88**

27. Interest Groups Discussion 利益団体とのディスカッション **90**

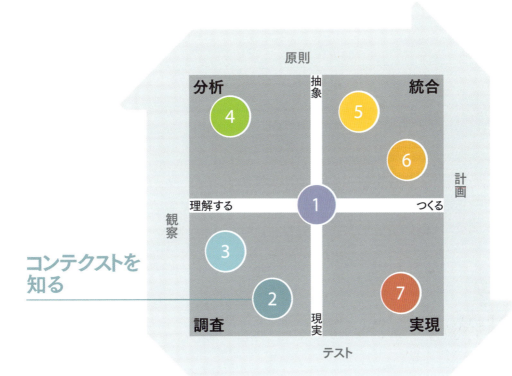

コンテクストを知る

mode2 コンテクストを知る　65

Contextual Reserch Plan

コンテクスト調査計画

イノベーションの
コンテクストを調べるために
スケジュールや計画を立てる

BENEFITS	■ 方向性が定まる
	■ リソース管理ができる
	■ 共通理解が進む
INPUT	■ プロジェクトの達成目標
	■ 情報源となりそうなもの
OUTPUT	■ スケジュール、チーム、使用する手法を明らかにした調査計画

EXAMPLE PROJECT

▷ インドでの自動車調査（2008年）

　日本の自動車メーカー団体からインド市場への進出戦略案について依頼されたコンサルティング会社の大伸社は、筆者が携わるイノベーション・コンサルティング会社と共同で調査に当たった。

　チームはまず、プロジェクトの範囲を把握しようとインド市場の背景調査を行い、学んだこと、前提としていること、疑問点を持ち寄って議論した。これは、情報源、適切なメソッド、会議のスケジュール、期限、具体的な成果物など、コンテクスト調査計画の策定に役立った。与えられた期限は6カ月間のみ。そこで、あまり時間のかからない手法（文献調査、専門家インタビュー、フィールド調査、エスノグラフィック・インタビュー）を用いることにした。

　日付、活動、リソース、メソッド、マイルストーン、成果物などをコンテクスト調査計画の表にまとめ、全メンバーやクライアントと共有した。入力や調整の時間をあらかじめ組んでおいたのは、メンバーが担当業務や期限を把握しやすいうえ、チェックポイントの数が極力抑えられ、プロセス全体の時間管理にも役立つからだ。また、クライアントにとっても透明性が確保され、計画の見直しや期待通りに進捗しているかを確認することができた。

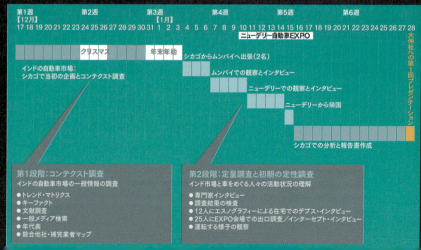

WHAT IT DOES　　　　　内容

　コンテクスト調査計画は、調査内容や実施方法について全体的な計画やスケジュールを策定するメソッドだ。最初に計画を立てれば、調査活動にある程度の厳格さや明快さを持たせることができる。どのメソッドを使うか。業界専門家と話をするか。出版物を調べるか。オンライン調査をするか。調査活動をどう役割分担するか。必要なリソースは何か。どのタイミングで情報を見直すか。どう結果にまとめるか。

　早くからチームとしてこうした課題に取り組めば、コンテクストについて共通理解が得られ、時間やリソースを効果的に管理できる。また、計画の準備プロセスを通じて、チーム内の調整も図れる。議論すべき重要な要素は、調査チーム、活動、日付、期間、リソース、メソッド、マイルストーン、成果物だ。

テーマの設定　　情報源の選定　　方法の選定　　スケジュールの作成

	1週目	2週目	3週目	4週目	5週目	6週目	………
タスク							
タスク							
タスク							
タスク							
タスク							

HOW IT WORKS　　　　進め方

○ステップ1：調査領域の設定

　時間とリソースが限られているときは、そのコンテクストに最も関係する領域に絞り込む。どの領域を選ぶか、プロジェクトとどう関連するかを話し合う。既に知っていること、推測していること、知らないことを整理し、さらに調べる領域を明確にする。

○ステップ2：情報源の明確化

　収集する情報の種類を特定する。業界専門家、文献、そのコンテクストに関係する主要な組織など、どこで情報が得られるかを確認する。すぐに情報を入手できない場合、重要な情報（人々、出版物、メディア、データベースなど）にアクセスする手立ても考え、情報収集に必要な労力を見積もる。

○ステップ3：メソッドの設定

　具体的な調査方法を決める。モード2で紹介するメソッドを参考にしながら、収集したい情報の種類に合ったものを見極める。

○ステップ4：スケジュールの作成

　開始日と終了日を明確にし、期限内にどの作業を終わらせ、いつまでに重要な情報を揃えるかを決めておく。途中で、チームで収集データを見直し、議論する日程も設定する。

○ステップ5：調査計画の作成

　コンテクスト調査計画を概観できる表を作り、役割や責任について話し合う。メンバーが各自の担当や期限について懸念を持っている場合は対処する。

mode2 コンテクストを知る　　67

Popular Media Search

一般メディア検索

一般的なメディアを使って、
コンテクストの
解釈を調べる

BENEFITS	■ 知識が得られる
	■ 文化的なパターンが明らかになる
	■ 共通理解が進む
INPUT	■ プロジェクトに関連するテーマ
	■ そのテーマに関する有力な情報源
OUTPUT	■ 背景状況に関する見解の記述

EXAMPLE PROJECT

▷プラットフォーム「シフト」（2010 年）

　ダブリン社のラリー・キーリー率いるデザイナー・チームは、リサイクルをテーマに「シフト」というプラットフォームを設計した。「環境に配慮した物品交換活動を通じたコミュニティづくり」をコンセプトとした、持ち主にとって価値のなくなった物品の引き取り手を見つけられるプラットフォームだ。

　チームが一般メディア検索を行った結果、先進的なリサイクル活動として明らかになったのが、「ローカル共有」という興味深い分野だ。さらに、『ファスト・カンパニー』誌や『ビジネスウィーク』誌などのオンライン・ソースで、共同消費や共有型経済に関する情報を収集し、地域でゴミ削減の文化を根付かせる活動をしている企業を特定。このプロセスを通じて活発に議論し、同テーマに関する知識も深まった。チームがまとめた最終的なコンセプトは、「環境関連企業ウェイスト・マネジメント社とグリーンポリス社を主要スポンサーとして、物品の寄付者をつなぐ」というものだ。寄付者には地元商店での買い物に使えるポイントを付与する仕組みも導入された。

WHAT IT DOES　　　　　　　内容

　一般メディア検索は、様々なメディアを使ってコンテクストの関連情報を調べるメソッドだ。新聞、テレビ、ラジオ、ウェブ、書店、雑誌、映画など幅広いメディアで新しい動向を探ったり、競合情報データベース、ウェブ検索、図書館蔵書検索などで情報収集して、企業、産業、トレンド、競合、先端技術などコンテクストの各側面の理解に努める。これは興味深い動向についてインサイトに富んだ結果を見つけるためだ。それらを総合すると、コンテクストに関連した幅広い意見、考え、影響の要点が見えてくる。

HOW IT WORKS　　　　　　　進め方

○ステップ 1：テーマの設定
　最も関心のある領域に絞るために、テーマを分割する。たとえば有機食品業界を調べる場合、「有機農法の拡張性」「アグリビジネスにおける有機農法の扱い」「地元の有機食品生産者とのサプライチェーン・マネジメント」などに分ける。

○ステップ 2：情報源の特定
　現状の解説や思慮深い意見を述べることができる業界専門家や社内人材、タイムリーでインサイトに満ちた情報発信をするブロガー、そのコンテクストを詳述する出版物などを特定する。

○ステップ 3：検索の実施
　ウェブ検索や図書館蔵書検索などを使って、利用可能な情報を探す。記事、インタビュー、メモ、写真などの検索結果は、メンバー全員の共有スペースにまとめる。

○ステップ 4：観察内容の記録
　情報が蓄積されたら、キーポイントを要約したメモを作成し、各自の見解を記録し、インサイトに結び付きそうな情報をすべて把握する。メンバー全員の共有スペースで、それぞれの見解について議論し、記録する。

○ステップ 5：情報源の記載
　最終レポートやプレゼンテーションに盛り込む見解はすべて、出典、作成者、著作権などを明らかにする。情報源を記載することで視点が定まり、厳格さや信頼性が担保される。

テーマの焦点

Publications Research

文献調査

コンテクストの諸側面が
言及されている
公開資料を見つける

BENEFITS	■ 信頼できる基盤となる
	■ 共通理解が進む
	■ すぐ利用できるように情報が整理される
	■ パターンが明らかになる
INPUT	■ そのプロジェクトに関連したテーマ
	■ 信頼できる公開資料
OUTPUT	■ 関連テーマに対する見解の記述

EXAMPLE PROJECT

▷ 新興国市場での機会発見（2005年）

　ある情報システム会社は、建設業界向けに生産性向上ツールや企業間取引情報を提供していた。だが、景気減速のただ中で情報技術の進化に追いつけず、苦戦を強いられていた。ウェブ情報が簡単に利用できる今、顧客はもはや同社に頼らなくてもよくなっていたのだ。同社の生き残りのために、プロジェクト・チームが白羽の矢を立てたのが、新興国のインド市場だ。インドでは中流層の増加、都心への人口移動、海外からの設備投資、住宅・商業用建設需要の高まりによる政策転換などが起こっていた。
　インドのデモグラフィック（人口動態）や建設業界を理解しようと、チームは文献調査を行い、建設関連のウェブサイト、雑誌、政府の公開資料から関連性と信頼性の高い情報源を探った。その後、人々、文化、市場、政府、技術に関する主要ポイントを表にまとめ、現在の構造や起こっている変化も書き添えた。この表はプロジェクトの期間中、重要な新情報で拡充されていき、コンセプトや戦略を構築する際に強力な基盤となった。

17

WHAT IT DOES　　　内容

　文献調査は、プロジェクトに関連したテーマの記述情報を知るためのメソッドだ。多くの場合、イノベーション目的の定義からテーマを抽出する。主要な文献を調べれば、思想的リーダーや業界専門家の考え方がわかる。調査結果を分析し、そのコンテクストにおけるトレンドや新動向の顕著なパターンも探ってみる。文献調査を通じて幅広い関連資料のリストが作成され、参考文献のライブラリを拡充できる。

HOW IT WORKS　　　進め方

○ステップ 1：テーマの設定
　文献調査が最も効果的なのは、範囲が絞り込まれている場合だ。プロジェクトの要約や達成目標をもとに、理解を深めたいテーマを設定する。

○ステップ 2：公開資料の調査
　公立図書館や大学図書館の蔵書から、そのテーマに関連した出版物を検索する。テーマに関連したキーワードや検索語を使いながら、ニュース報道、学術文献、企業レポート、書籍、業界刊行物、会議資料、政府の公開資料、百科事典などを調べる。

○ステップ 3：インサイトの抽出
　検索でヒットした文献のタイトルと概要をチェックする。タイトル、テーマ、作成者などで分類し、大まかなカテゴリーをつかむ。後から見直せるように、管理可能な数の文献を選定する。記載内容からインサイトを抽出し、プロジェクトとの関連性という観点から評価し、自分の見解を加える。

○ステップ 4：保管場所の準備
　調査結果の保管場所を用意する。タイトル、評価、要約などの基本項目を載せた表を作って調査結果を整理する。必要に応じて、作成者、抄録、インサイトなどの詳細情報を追加したり、後からコメントを書き込んだりできるようにする。

mode2 コンテクストを知る　　71

Eras Map

年代表

コンテクストをいくつかの時代に分けて整理し、推移やパターンを把握する

BENEFITS	■ 時間経過に沿って変化が概観できる
	■ 概要がわかる
	■ すぐ利用できるように情報が整理される
INPUT	■ プロジェクト・テーマの特徴
	■ 関心のある時間枠
OUTPUT	■ 時代によって、そのテーマの様々な特徴がどう進化してきたか

EXAMPLE PROJECT

▷ ドッグ・オーナーシップ（2007年）

「ドッグ・オーナーシップ」プロジェクトに携わるIITデザインスクールのチームは、イノベーションの機会を探っていた。コンテクスト調査では、ペット犬業界と業界の成長を後押しする事象を理解し、飼い主のタイプや価値観を特定。イノベーションや市場動向を評価し、飼い主タイプ別のペットとの経験を詳しく調べた。その後、チームが用いたのが年代表だ。ペットが主に戸外で飼われていた「犬小屋」時代から、ペットを子どもとして可愛がる現代の「グッドライフ」時代まで、4つに区切って業界の成長を分析。すると、犬の暮らしは今や、飼い主の暮らしに近づき、犬も贅沢に旅行、社交、運動をしていた。飼い主が郊外から都市部へシフトする「都市動物化」現象も見られた。こうしたインサイトから、犬の世話について新しい基準が作られた。

この年代表をもとに、チームは「犬と飼い主の関係における人間性」を調査領域に設定。飼い犬のために自分と同じ基準、製品、サービスを期待する優しい飼い主が主なターゲットだ。

	時代1：犬小屋 1920-48	時代2：ペット犬ブーム 1949-70	時代3：移行期 1971-94	時代4：グッドライフ 1995-現在
飼い主との関係	屋外で飼うペット	家族の一員	仲間、親友	親、子ども
飼い主タイプ／場所	労働者、家族、都市と地方	子どものいる家族 郊外	都市の住人、郊外に住む子どものいる家族	シングル、子育てを終えた家庭、子どものいない夫婦
製品トレンド	大量生産されたドッグフード 手作り玩具	アクセサリー、お手入れ用品	健康、運動、束縛、レクリエーション、栄養	デザイナー、環境に優しい、贅沢、便利、オーガニック
サービス・トレンド	動物病院 ペットの写真	健康、トレーニング	お手入れ、救助と斡旋	贅沢、健康、旅行、社交
小売	飼料屋、スポーツ用品店	飼料屋、食料品店、ペットショップ	近所のペットショップ、大規模ペットショップ	マス市場向け小売店、デザイナー・ショップ（ニッチ）
活動	仕事、遊び、スポーツ、ハンティング	手入れ、遊び、トレーニング	運動、社交、ウォーキング、自慢、競い合い	旅行、スタイリング、パーティー
ブランド	Hartz, Ralston Purina, Milk Bone	Alpo	Iams, Eukanuba, Hills, Science Diet, Petco, Petsmart	Target, Old Mother Hubbard
文化的シンボル	リン・ティン・ティン、トト	ラッシー、ベンジー、ベルカ、シャギードッグ	スパッズ・マッケンジー、スクービードゥー、ターナー＆フーチ、ミリー	Taco Bell Chihahaua, Fraiser-Moose, Air Bud, Marley
文化的瞬間	最初の犬の映画、第2次世界大戦、運動競技	宇宙に行った最初の犬（スプートニク号）	広告に犬が登場	ベストセラー『マーリー』（邦訳は早川書房）、セレブの飼い主

18

WHAT IT DOES　　　　内容

年代表は、歴史的な観点でコンテクストを捉えることができる手法だ。時間とともにどのように変化するかがわかれば、コンテクストの全体像がつかめ、この先どうなるか、どこに機会がありそうかを検討できる。さらに、各期間の主な特性が浮かび上がり、時代ごとの違いや経時的変化がわかる。一覧表を作成すると、そのコンテクストにおける大きな変化のパターンの理解に役立つ。

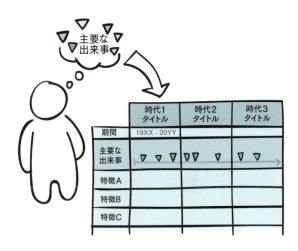

HOW IT WORKS　　　　進め方

○ステップ1：調査対象と期間の設定

プロジェクトのテーマのうち、どの特性を取り上げるかを決める。行動変化、技術開発、各時期のインフルエンサー（影響力をもつ人）などが追跡対象として考えられる。年代表に含める期間を検討し、どこまで遡って把握するかを決める。

○ステップ2：歴史的背景の調査

設定した期間中の出来事について歴史情報を調べる。時間とともにその特性はどう変わったか。歴史的背景に詳しい業界専門家、歴史家、教授などを探す。ただし、年代表は比較用の一覧表なので、細かすぎたり一般化しすぎずに、適切な情報レベルを保たなくてはならない。

○ステップ3：ビジュアル化

収集した情報を時代ごとに整理する。適切な時間の区切り方を検討する。たとえば、数十年単位ではなく、数年単位のほうが、ソーシャル・ネットワーキングのように変化の激しい分野には適しているかもしれない。ステップ1で選んだ特性について経時的変化を踏まえて横に並べ、きちんと年代分けできるパターンを探す。

○ステップ4：年代の記載

時間軸の中で年代を特定し、表の中で目立たせる。各時代の特徴を見定め、記載し、タイトルをつける。通信関連プロジェクトであれば、「電報時代」「電話時代」「インターネット時代」となるかもしれない。

○ステップ5：インサイトの抽出

一歩離れて一覧表を眺め、チームで検討する。各時代について話し合い、興味深いインサイトを引き出す。各時代の明確な違いは何か。未来の可能性を示唆する特徴は何か。表にインサイトの要約を追加する。

mode2　コンテクストを知る　　73

Innovation Evolution Map

イノベーション進化表

組織や業界の
イノベーションの
経時的な進化を示す

BENEFITS	■ 時間経過に沿って変化が概観できる
	■ ベストプラクティスの理解に役立つ
	■ 比較できる
	■ 関係が明らかになる
INPUT	■ 調査に関連した時間枠
	■ 自社と業界内のイノベーションの歴史
OUTPUT	■ イノベーションの変遷を示す図表
	■ イノベーションと定量測定との関係

EXAMPLE PROJECT

▷ 遊びの未来（2006 年）

　アメリカのある伝統的な玩具メーカーは、子どもの好みがハイテク玩具やゲームへと変化したことを受けて、イノベーションのジレンマに直面していた。しかし、IIT デザインスクールのプロジェクト・チームは、8 歳児までという既存のセグメントにこだわらず、ハイテク玩具という新しいトレンドを捉えれば、イノベーションの機会はあると考えた。さらに、コンテンツ作成、コミュニティづくり、身体を使った活動なども有望な機会だと見据えていた。

　コンセプト開発に向けて、まずはイノベーションや業界内での同社の影響力を把握すべく、イノベーション進化表を使って各時期における顕著な製品イノベーションの進化をビジュアル化した。チームは有望な兆候にも注意を払った。分析を通じて明らかになったのは、同社がどこで成功し失敗したかという浮き沈みだ。それと並行して同社の株価も追跡していくと、90 年代初めは合併効果で上昇したが、ビデオゲームやオンラインゲームが流行した 90 年代末には大幅下落していた。チームはこれらのゲームの領域にも同社にとって有望な機会を見出した。

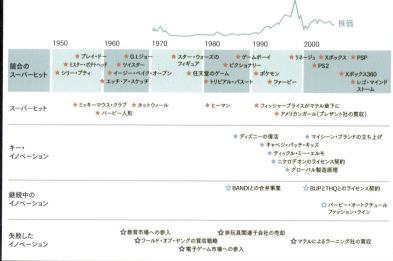

WHAT IT DOES　　　　　内容

　イノベーション進化表は、社内や業界内でイノベーションがどう進化してきたかを示す。自社のイノベーションの浮沈を同業他社の動向と比べるなど、並べて比較しながらインサイトを見出すためのビジュアル支援ツールだ。株価、売上高、時価総額、市場シェアなどの情報を、イノベーションの進化と重ねて分析すれば、興味深い相関関係が明らかになる。また表全体から、業界内のイノベーションの歴史も概観できる。

HOW IT WORKS　　　　　進め方

○ステップ1：調査期間の設定
　コンテクストの理解において最適な期間を検討する。たとえば、30年などの長期であれば歴史的なパターンが、過去3年などの短期であれば現在の出来事を捉えやすい。

○ステップ2：歴史をまとめる
　自社と業界のイノベーションを調査する。特に、売上高、市場シェア、業界内のリーダーシップを著しく高めたスーパーヒットに注目する。

○ステップ3：定量データの収集
　自社と業界のイノベーションの進化を比較できる、主な定量的尺度を特定する。たとえば、売上高、市場シェア、投資対効果、利益率、株価などの増加（あるいは減少）だ。所定の期間、主な定量データを集める。

○ステップ4：ビジュアル化
　横軸に年数をとり、縦軸に比較対象（イノベーション、スーパーヒット、売上高、市場シェアなど）を挙げる。イノベーションとスーパーヒットの列に、自社や業界のイノベーションを記入する。自社と業界を識別できるように色分けする。折れ線グラフで売上高や市場シェアを示す。

○ステップ5：インサイトの抽出
　表を見ながらチームで議論し、インサイトを探す。自社のイノベーションやスーパーヒットは、業界にどんな影響を及ぼしたか。組織のイノベーションのパターン、株価、市場シェアの相関関係はどうなっているか。抽出したインサイトは表に書き加える。

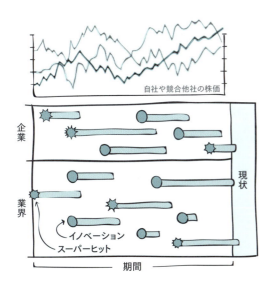

Financial Profile

財務プロファイル

組織や業界の
財務実績を詳しく調べ、
比較する

BENEFITS	■ 比較できる
	■ 信頼できる基盤となる
	■ パターンが明らかになる
INPUT	■ 自社、他社、業界の財務データソース
OUTPUT	■ 企業や業界の財務プロファイル
	■ 企業や業界の財務状況に関するインサイト

EXAMPLE PROJECT

▷財務管理用モバイルサービス「eウォレット」（2010年）

「eウォレット」は、モバイル機器を使って、オンラインやオフラインでシームレスに買い物ができるサービスとして位置付けられている。同サービスのプロジェクト・チームは、パーソナル・ファイナンスの分野における、検索エンジン会社向けのイノベーションを模索していた。

　チームは財務プロファイルを用いて、自社の戦略フォーカス、コア・コンピタンス、事業ライン、強みや弱みなど現在のビジネス環境と、業界内の競争上の力関係を分析。事業環境を整理してみると、検索エンジン事業と補完関係にあることがわかり、成長著しいeコマース、スマートフォン、アンドロイドの市場に機会領域を見つけることができた。その機会を踏まえたアイデアの1つが、忙しく節約志向のライフスタイルを送っている顧客を対象とした「eウォレット」だ。素早く簡単に買い物ができるだけでなく、報奨プログラム、パーソナル・ファイナンス・マネジメント、個人情報漏洩防止のセキュリティ強化などのサービスもついていた。

WHAT IT DOES　　　　内容

　これは、組織の財務特性を概観し、財務プロファイルを作成するメソッドだ。その組織の完全な財務プロファイルを理解し、同業他社と比較してみると、新しい機会を見つけることができる。プロファイリングに用いる一般的な財務指標は、時価総額、売上高、利益／損失、市場シェア、株価実績、資本、負債、研究開発費などだ。幅広いインサイトを引き出せるように、組織と業界の財務情報、経済状況を1つの図表にまとめる。

HOW IT WORKS　　　　進め方

○ステップ1：対象情報と情報源の特定
　自社や比較対象の同業他社を知るうえで、最も適切な財務情報を特定する。たとえば、広範にわたるプロジェクトで、メタレベルのインサイトを求めている場合は、幅広い経済指標を調べてみる。探している財務情報がすぐに利用できるかどうかを判断する。非公開企業の財務諸表は簡単に入手できず、利用可能な市場データでプロファイルを推定しなくてはならないこともある。

○ステップ2：財務情報の調査
　アニュアルレポート、政府の報告書、業界誌、企業のウェブサイト、他の公開データベースなどの情報源を調べる。時価総額、売上高、利益／損失、市場シェア、株価実績、資本、負債、研究開発費などが、主要な調査データだ。

○ステップ3：プロファイルの整理
　自社、他社、業界全体に関する財務データを入力する一覧表や図表を作成する。他社のプロファイル、業界プロファイル、主要株価指数など広範な財務指標と比較しやすい並べ方にする。この情報を共有できる保存場所を用意する。

○ステップ4：インサイトの抽出
　プロファイルをもとにチームで議論し、インサイトを探る。競争の観点で、自社の財務面の成長パターンはどうか。他のプレーヤーと比べて、業界における自社の財務面の影響力はどの程度か。抽出したインサイトはプロファイルに書き加える。

mode2　コンテクストを知る　　77

Analogous Models

類似モデル調査

インスピレーション、
抽象化、ガイダンスのために、
世の中の類似モデルを調べる

BENEFITS	■ 機会が明らかになる
	■ ベストプラクティスの理解に役立つ
	■ 比較できる
	■ 前提に疑問を投げかける
INPUT	■ 類似モデルと比較したいプロジェクトの側面
OUTPUT	■ 一連の類似モデルと、それがプロジェクトのテーマにどう関連するかの説明
	■ プロジェクトの機会を考える新しい方法

EXAMPLE PROJECT

▷ 高校中退者のキャリア機会（2008年）

　アメリカでは、高校中退者の増加が深刻な問題となっている。16〜24歳の若者のうち400万人が高校を卒業できず、卒業資格の取得にも消極的だ。IITデザインスクールはある民間財団と共同プロジェクトを立ち上げ、中退者が安定した仕事に長くつけるような解決策を検討していた。

　プロジェクト・チームは、問題領域に対する理解を深めるために、類似モデル調査を実施。資格／認定（新プログラムは中退者に信頼をもたらすか）、代替価値システム（中退者を雇用する企業側のリスクは軽減されるか）、グループ・ダイナミクス（中退者が専門性や社会性を身につけられるか）など、プロジェクトの様々な側面に迫っていった。

　これらの類似モデルを通して、出発点となる初級レベルの仕事を提供するエントリーレベル・パートナーシップ、雇用者が中退者と安心して交流できる場を提供するインタラクション・スペース、ロイヤルティ・プログラムやポイントなど代替通貨を提供する代替価値ネットワークなど、様々な解決策が考え出された。

類似モデル

フェアトレード
フェアトレードは、製造業者、貿易業者、消費者などのために認証ラベルを与え、基準を保証する認証機関である。同組織は、審査、認証、消費者向け包装用フェアトレード・シールの使用に対して課金している。

ニュー・オプションズとの関係
フェアトレード・モデルは認証機関が自立でき、フェアトレード認証取得という認知を得るために企業が喜んでお金をかけることを実証している。ニュー・オプションズはこれと同じモデルを使って、ビジネス、小売店、地域組織に「ニュー・オプションズ」の名前で認証を出すことができる。

WHAT IT DOES　　　　　内容

時にはプロジェクトの場から離れて、似たようなコンテクストが他の場所でどんな働きをしているかを見れば、新しいインサイトにつながることがある。類似モデルとは、そのコンテクストと何らかの類似性がある、他領域における行動様式、構造、プロセスのことだ。成功や失敗の原因を調べ、その受け止め方や回避方法を考える際にも効果的だ。

このメソッドを使う場合、まずプロジェクトの主な側面を特定してから、行動様式、構造、プロセスを抽象化したモデルを作成し、それをもとに他業界でうまくいっている類似モデルを探す。その後、類似モデルを分析・比較しながら、インスピレーションを見出す。また、コンテクストを考察する際のガイドとする。

HOW IT WORKS　　　　　進め方

○ステップ 1：検討対象の特定

似たような考え方をすると役立ちそうな重要な側面を特定する。ブランド・ロイヤルティのプロジェクトの場合、「連携」の概念をうまく用いている類似のコンテクストが選ばれるかもしれない。

○ステップ 2：類似モデルの検討

様々な類似モデルを探す。組織、製品、サービス、時には個人が類似モデルの対象になることもある。たとえば「連携」を理解したいときは、職能団体などの公式組織、同窓会などの任意団体、緩い結び付きのスケートボーダーの集まりなどを観察する。

○ステップ 3：図表の作成

類似モデルとプロジェクトとの関連性を簡潔にまとめ、モデルの働きを示す図表を作成する。図表には、参加者、関係、プロセスが含まれる。

○ステップ 4：インサイトの抽出

図表をもとにチームで議論し、類似モデルを比較しながら、成功している理由を学ぶ。自分たちのプロジェクトと類似モデルのコンテクストを比較し、プロジェクトに対する意味合いを話し合う。機会探索へと導く方法として、こうした思考を発展させる。

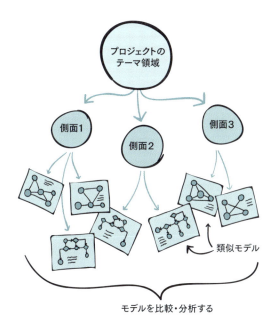

Competitors-Complementors Map

競合他社・補完業者マップ

自社、競合他社、補完業者を概観する

BENEFITS
- 情報がビジュアル化される
- 比較できる
- 機会が明らかになる
- 関係が明らかになる

INPUT
- 競合他社と補完業者のリスト

OUTPUT
- 競合他社と補完業者の勢力図
- 今後の調査に向けて機会となりそうな分野

EXAMPLE PROJECT

▷ 住宅建設会社の機会発見プロジェクト（2006年）

アメリカのある大手住宅建設会社は、景気悪化を背景に競合他社の追い上げに遭い、リーダーの地位が脅かされていた。IITデザインスクールのチームが注目したのは、ラテン系アメリカ人市場だ。4000万人規模の急成長市場だが、十分なサービスが提供されていないことから、先手を打てば、先行者利益を享受できる見込みがあった。

チームは、競合他社・補完業者マップを作成し、自社のコア・コンピタンスと競合他社を調べることにした。単独サービスと統合型サービス、ラテン系顧客と不特定多数の顧客という2軸でポジショニング・マップを作成し、競争関係を概観する。マップの4象限から明らかになったのは、似た特性の競合他社の存在や、ラテン系住人に適した統合型サービスが存在しないことだ。このギャップ（隙間）の特定により、「成長著しいラテン系アメリカ人市場の満たされていないニーズに対応する企業」という独自のポジションをとるチャンスが見つかったのだ。その後、同市場の伸びについて2つのシナリオを想定し、ヴェルデとロッホという戦略計画を策定した。

WHAT IT DOES　　　内容

　業界勢力図は、業界内の様々な組織がどのように競合し、互いに補完しているかを効果的に表すことができる。ビジネスの主要側面（価格、品質、売上高、市場シェア、顧客タイプなど）における自社や競合他社の状況や、各社の相対的な業績状況も把握できる。より大きな視点で図表を作る際には、補完業者を含めてもよい。補完業者とは、自社にとって有益で戦略的な競争優位性をもたらす企業のことだ。

　競合他社・補完業者マップは、2軸マップ、分布図、ネットワークなど様々な形で表すことができる。こうしたビジュアル化により数値データをグラフに変換すれば、時間をかけて分析しなくても、一目で読みとることができる。

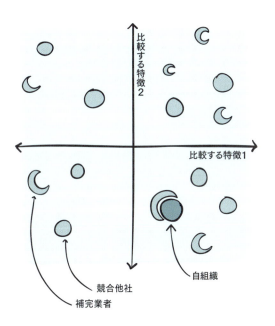

HOW IT WORKS　　　進め方

○ステップ1：競合他社・補完業者の特定
　競合他社は自社と同じ顧客を追っている組織だ。補完業者は、同じ業界内で互いを支援するが、競合する可能性もある組織、もしくは、補完産業の組織だ。タイヤ業界であれば、自動車業界の売れ行きによって直接影響を受けるという意味で、自動車業界と補完関係にある。

○ステップ2：比較方法の検討
　市場シェア、収益性、顧客タイプなど、様々な切り口で比較できる。ステップ1で特定した全組織に適用できるだけの幅広さを揃えた観点を選ぶ。

○ステップ3：ビジュアル化
　選んだ切り口でビジュアル化する。最も一般的なのが2軸マップだ。自社のポジションや相対的ポジションに照らして、競合他社と補完業者をマップ上に配置する。

○ステップ4：インサイトの抽出
　マップをもとにチームで議論する。競合同士の関係はどうなっているか。現状の配置は、起きていることをどう定義し、特徴づけているか。マップ内に調査していない潜在的な機会はあるか。技術や経済など他分野で起きている変化のうち、どれがこのマップに影響を及ぼしそうか。得られたインサイトをマップに記載する。

Ten Types of Innovation Diagnostics

10タイプのイノベーション診断

組織や業界の
イノベーション・ポートフォリオを
図示する

BENEFITS	■ ベストプラクティスの理解に役立つ
	■ コンテクストの理解に役立つ
	■ 機会が明らかになる
	■ マインドセットが広がる
INPUT	■ 自組織や業界に関連するイノベーション
OUTPUT	■ 他組織との比較を通じて自組織内の異なる
	タイプのイノベーションを理解
	■ 今後の調査対象となるイノベーションの機会

EXAMPLE PROJECT

▷プロフェッショナル組織の長期戦略（2008 年）

　1975 年に発足した非営利組織デザイン・マネジメント研究所（DMI）は、競争が激化する中で、自組織の強みを活かしながら、コミュニティにとってより適切で革新的なサービスを提供しようとプロジェクトを立ち上げた。

　IIT デザインスクールのチームが、ダブリン社の 10 タイプのイノベーション診断を用いて同組織のコア・イノベーションを精査したところ、最も優れた取り組みは、『ハーバード・ビジネス・レビュー（HBR）』誌との提携、学際的な広さ、デザイン・リーダーシップの専門家としての強いブランド力だった。

　チームは自社と競合他社のイノベーションの比較も行い、高い／低いという尺度で評価してみた。すると、ストリーミングや動画配信を介して世界的なオンライン・コミュニティを創ってきたTED や、地方支部を組織してきた AIGA と比べて、DMI のサービス内容やデリバリー・システムがかなり低い評価だと判明。この分析から、同組織がアメリカ中心のワンサイズ的なサービスに依存している、市場の変化やトレンドに素早く適応していない、ターゲット層がシニア・マネジメントに限定されているなど、対処すべき重要課題が浮き彫りになった。

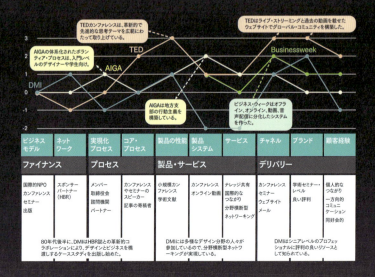

82　101 Design Methods

WHAT IT DOES　　　　　内容

このメソッドは、自社のイノベーションを理解し、新しい機会を特定するために使うダブリンの「10タイプのイノベーション・フレームワーク」を用いた診断法だ。

ファイナンス
　1. ビジネスモデル　2. ネットワーク

プロセス
　3. 実現化プロセス　4. コア・プロセス

製品・サービス
　5. 製品の性能　6. 製品システム　7. サービス

デリバリー
　8. チャネル　9. ブランド　10. 顧客経験

10タイプのイノベーション診断は、開発してきたイノベーションをタイプ別に評価するフレームワークとなる。フレームワークに当てはめて説明すると、各イノベーションのプロファイルがわかり、弱い部分だけでなく最も有力なイノベーションの特定にも役立つ。自社と他社のイノベーションも比較しやすくなる。

HOW IT WORKS　　　　　進め方

○ステップ1：比較対象と専門家の特定
　自社のイノベーションと比較したい組織のリストを作成する。様々なイノベーションを評価できる組織内外の専門家を探す。

○ステップ2：組織別に分析
　「10タイプのイノベーション・フレームワーク」を使って、自社と他社のイノベーションを調べる。

○ステップ3：定量評価と定性評価
　専門家と相談しながら、定量的基準（売上高や市場シェアの伸び）、定性的基準（メディアや出版物での注目度や認知度）について、高い／低いという尺度で表し、イノベーションを評価する。

○ステップ4：インサイトの抽出
　図表やパターンについて議論し、インサイトを抽出する。図表から読みとれる、自社と他社のプロファイル上の大きな違いは何か。スコアの低い部分について何ができるか。あるタイプのイノベーションを社内で生み出す上で、どんな機会があるか。図表にインサイトを書き込む。

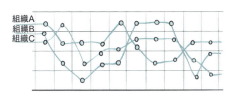

mode2 コンテクストを知る　　83

Industry Diagnostics

業界診断

ある産業の
イノベーションについて
多面的に評価する

BENEFITS	■ 機会が明らかになる
	■ 現状を把握できる
	■ 課題が特定される
INPUT	■ コンテクスト調査からの業界情報
OUTPUT	■ ある業界で働く力関係の理解

EXAMPLE PROJECT

▷戦略的デザイン・プロジェクト「クラブ V」(2006 年)

クラブ V は、子ども向けにエンタテインメント、学習、運動を組み合わせて独自の経験を創り出す戦略的デザイン・プロジェクトだ。IIT デザインスクールのチームが参加し、子ども中心の活動に焦点を当てて、市場参入の機会を探るために背景調査を実施。すると、共働きの親が増え、魅力的で便利な高品質の育児ニーズを持っていることがわかった。

チームは、子ども向けフィットネス産業の実行可能性で業界診断を実施。新規参入の脅威と買い手の交渉力は弱～中程度。一方、代替品の脅威と業界内の競争関係はかなり強い。組織的なスポーツ、キャンプ、公共公園の設備など、代替品の強みや弱みも調べた。そして辿りついたのが、競争が少なく未充足ニーズをとらえた「チャイルド・ジム」という解決策だ。そのコンセプトは、健康的なライフスタイル、技術、メンターつきの充実した環境、交通の便の良さなど、多様なプログラムの周囲に「クー

WHAT IT DOES　　　　　　内容

　業界診断はフレームワークを使って、業界の主要な側面を特定し、現在の健康状態を明らかにする。業界内の競争の激しさの理解に特に役立つフレームワークの1つが、マイケル・ポーター（ハーバード・ビジネススクール教授）の「5F」だ。新規参入の脅威、代替品の脅威、買い手（顧客）の交渉力、売り手（供給業者）の交渉力、業界内の競争関係を見ていく。その拡張版の「6F」は、自社と戦略的な提携関係にある「補完業者」の概念を加えたものだ。このメソッドは、業界内における自社のイノベーションと戦略的ポジショニングの初期の機会を見るのに役立つ。

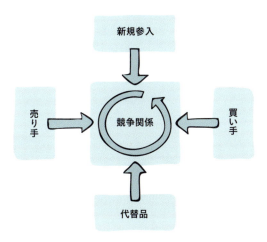

HOW IT WORKS　　　　　　進め方

○ステップ1：業界情報の収集

　新規参入、代替品、買い手、売り手、競争関係という5Fの影響を評価できるように準備する。これまでに収集した5Fの情報をすべて見直し、必要があれば追加調査をする。

○ステップ2：5Fの評価

　1. 新規参入：誰が新規参入する可能性があるか。参入障壁はどのくらい高いか。新規参入の脅威に対して、その業界はどのくらい脆弱か。
　2. 代替品：顧客は代替品や補完品に切り替えやすいか。代替品の脅威に対して、業界はどのくらい脆弱か。
　3. 買い手：業界内の製品やサービスの種類に対して、顧客の支配力はどの程度か。価格設定などで、顧客がどれだけの影響力を持っているか。
　4. 売り手：供給業者はどのように要求を主張するか。供給業者の所属業界の依存度はどのくらいか。その業界で作られる製品やサービスの種類を決定する場合、供給業者の支配力はどのくらいか。
　5. 競争関係：企業間の競争関係の性質を理解する。それは技術中心か、価格中心か、サービス中心か。競争関係はすべての企業にあてはまるか、一部の企業だけか。

○ステップ3：仕組みの特定

　仕組み（メカニズム）とは、5Fに対応できる組織の活動であり、方針、手続き、計画、予算、コントロール、手順などが含まれる。変化をモニターし、必要に応じて修正するために、どのような仕組みが施されているか。

○ステップ4：インサイトの抽出

　これまでのステップでわかったことも含めて、すべての調査結果をまとめ、チームで議論する。業界内で自社が新しい役割を果たすには、どのような機会があるか。

SWOT Analysis

SWOT 分析

組織の強み、弱み、
機会、脅威を
評価する

BENEFITS	■ 概要がわかる
	■ 方向性がわかる
	■ 課題が特定される
	■ 機会が明らかになる
INPUT	■ プロジェクト目標の正式な文書と
	そのコンテクストについてわかっていること
OUTPUT	■ プロジェクトの強み、弱み、
	機会、脅威を示した表

強み
- 親会社が多角化している
- 強い地域主義
- 中西部最大のブランド紙
- 発行部数、販売、地域ニュースのプレゼンス、コミュニティとのつながりにおいてシカゴ地域市場で優勢
- 幅広いメディアのポートフォリオ
- 全米で最大発行部数を誇る3紙を保有
- 依然として権威ある新聞社
- スペイン語新聞を発行

弱み
- 『ニューヨーク・タイムズ』紙のような国内外への影響力がない
- 『トリビューン』紙はニュースの増強を図っているため、読者には情報過多で、関連性の低い情報になっている
- 個人に関連のあるコンテンツへの特化
- 新しい顧客を引き付けるコンテンツ
- スタッフはジャーナリストとしての役割以外にも多くの責任を負い、過度な負担を強いられている
- ウェブサイトのトラフィックが低い
- ウェブの使い方を理解していない

機会
- 発行部数は『USAトゥデイ』紙の約3分の1程度
- シカゴの権威ある代弁者になれる可能性がある
- デジタル・メディアやモバイルでの利用など、読者に力を与える
- 広告チャネルの多様化
- 特定ユーザー向けにカスタマイズされた新聞や新しい配達形態
- 超ローカル新聞
- 市民ジャーナリストの起用
- カスタマイズされたニュースや配達へとビジネスモデルの変更

脅威
- 印刷ビジネスの中心地が低迷
- 労働集約的で縮小している新聞業界への多額の投資
- オンライン・メディアの理解に苦労
- オンラインでは小規模な競合相手が多い
- 印刷媒体への広告費は依然として多額だが、成長は横ばいで、広告主は参入コストが非常に低いオンラインへと移行している
- 新聞社の権威が、オンラインの世界の市民ジャーナリストによって脅かされている

EXAMPLE PROJECT

▷ニュースメディアの未来 (2007 年)

アメリカ中西部の大手メディア・コングロマリットは、新技術の登場と読者の紙媒体離れという環境変化の中で、人々の暮らしに合わせてニュースをどう進化させればよいか検討していた。IIT デザインスクールのチームは、読者行動を詳しく調査し、同社にとっての機会を探った。

チームが用いたツールの 1 つは、業界内での自社のポジションを明確にする SWOT 分析だ。中西部地域で支配力があり、親会社の多角化により複数のメディア・チャネルを保有しているなどの同社の強みは、様々なチャネルを基盤にデジタル・メディアで信頼できる「地元の声」となる機会につながる。しかし、組織内部の変化、印刷事業への依存、ウェブサイトのトラフィックの少なさ、国際的なプレゼンスの欠如などの弱みも見逃せない。読者はオンライン・コンテンツの作成や参加に積極的で、広告主も参入コストの低いオンラインへとシフトしていた。

こうした業界内の力関係や参加型ユーザー調査に基づいて、チームは 4 つの主要コンセプトを用いたイノベーション戦略を策定した。それは、(1) 様々なメディアを使ってカスタマイズ可能なフォーマットでコンテンツを提供する「生のニュース」、(2) コンテンツにタグを付けてユーザーに推奨する機能「トリパゾン」、(3) 現状のニュース報道のギャップをビジュアル化する「ギャップ・マップ」、(4) 市民の支援を歓迎し参加を呼びかける組織「ニュース・プレース」だ。

WHAT IT DOES　　　　　内容

　何十年間も幅広く用いられてきた SWOT 分析は、組織の強み（Strengths）、弱み（Weaknesses）、機会（Opportunities）、脅威（Threats）の評価に用いる。まず自社と自社のイノベーションを調べ、競争相手との関係から市場における自社の業績を見ていく。自社の強みと弱み、活用できる機会、競争上の脅威を見ながら全体的に評価し、社内外の要因から所定の事業目標を達成できるかどうかを判断する。SWOT 分析は一般的な分析メソッドなので、モード 2 の初期に手軽に利用できる。

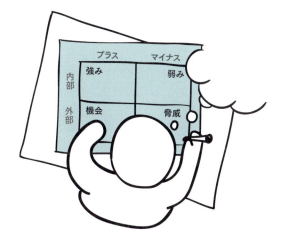

HOW IT WORKS　　　　　進め方

○ステップ 1：イノベーション目的の設定
　イノベーションの基本目的を決め、その方向に進む理由やメリットを明確にする。

○ステップ 2：組織の強み、弱み、機会、脅威の評価
　強み：同業他社と比べて、自社のイノベーションのどこに優位性があるか。技術、活動、人々、ブランド、ユーザー経験などの分野で、どんな組織能力があるか。
　弱み：イノベーション目的が実現しにくい原因は何か（例：財務上の制約、技術が実証されていない、サプライチェーンの信頼性が低いなど）。競合と比べて、そうした弱みはどれくらい不利に働くか。
　機会：イノベーション目的の成功を示唆する市場内の出来事は何か。どこに克服可能なギャップがあるか。現在、ギャップへの対応がとられていないのはなぜか。
　脅威：イノベーション目的の実現において外部的な脅威は何か。現在の環境のどの要素が障壁となりそうか。業界内の競争関係の性質はどうなっているか。

○ステップ 3：図表の作成
　調査結果を簡潔にまとめる。各欄、7 〜 8 項目までとする。

○ステップ 4：論点整理
　主要メンバーで集まって調査結果について議論する。各要素を 1 つの表に整理してみると、どんな機会領域が考えられるか。イノベーション目的は追求するだけの価値があるか。リスクは許容レベルか。強みは弱みを上回っているか。機会は脅威を上回っているか。これらの論点を話し合い、整理して共有する。プロジェクトの方向性を決めるために、主要な意思決定者にも参加してもらう。

Subject Matter Experts Interview

専門家インタビュー

その分野の専門家と話して、
最も先進的で潜在的な
発展状況を理解する

BENEFITS	■ 方向性が定まる
	■ 最新情報が把握できる
	■ 新しい視点が得られる
INPUT	■ そのプロジェクトに関連したテーマ領域
	■ そのテーマ領域の専門家リスト
OUTPUT	■ そのテーマ領域の重要な情報、最新事情、様々な意見を理解

EXAMPLE PROJECT

▷ デジタル時代の学校（2007年）

　アメリカの学校制度は、ヘンリー・フォードが活躍した産業時代のモデルからおおむね変わっていない。デジタル時代になって生活や仕事のやり方が飛躍的に変化したにもかかわらず、学校の対応は後手に回ってきたのだ。IITデザインスクールのプロジェクト・チームはある独立系財団の支援の下、デジタル・メディアによる破壊的影響に学校側がどう対応できるかという課題に取り組んだ。

　チームは、現状の課題を見直すために専門家インタビューを行い、組織変革、破壊的技術、教育の分野の文献も調査した。その分野に明るい企業幹部、講師、先駆者にインタビューした結果、学校側が対応しきれない社会経済面の変化、学校関係者の文化や経験の変化、知識や学習環境の変化、学内にはびこる官僚組織化という、4カテゴリーについて多数のインサイトが得られた。

　一部のインタビュー対象者を交えてワークショップを行い、調査から得られたアイデアをコンセプトにまとめたところ、その多くが、柔軟な対応がしやすいソーシャル・ネットワークとデジタル技術に集中していた。また、物理的な施設やコンピュータ・ネットワークなど設備投資や長期的要素にかかわるものもあった。

WHAT IT DOES　　　　　　内容

専門家インタビューは、関心のある領域を素早くキャッチアップするためのメソッドだ。当該分野の専門家と話をすると、一般的な理解が進み、最先端の動向を把握でき、追加情報がどこで入手できそうかも見えてくる。フレームワークを参考にしながら会話を進めていくと非常に効果的だ。たとえば、時間に関するフレームワークを使い、過去（どのようにして現在に至ったか）、現在（いま何が起こっているか）、未来（どこに向かっているか）について話してもらう。その専門家独自の見解をもとにテーマを理解してみるのもよい。会話を誘導しながら、基本的な情報、事実、専門家の意見、興味深いインサイトを収集し共有する。

HOW IT WORKS　　　　　　進め方

○**ステップ 1：テーマの設定**
　情報のタイプによって、適切な専門家の探し方が決まる。経済学のように幅広いテーマであれば、ミクロ経済学、マクロ経済学、行動経済学など適切な分野を規定する。

○**ステップ 2：専門家の特定**
　インターネット調査、同僚との会話、文献調査などを組み合わせて、そのテーマの専門家のリストを作る。専門家が推薦した関連分野の人々にも当たる。領域ごとになるべく複数の専門家にインタビューする。数人の専門家の意見を比較してコンテクストの全体像をつかみ、追加調査すべき調整点や差異を明らかにする。

○**ステップ 3：インタビューの準備**
　専門家が書いた記事や書籍に目を通す。インタビュー中に答えてもらいたい質問を準備する。

○**ステップ 4：インタビューの実施**
　インタビューとは、相手の限られた時間を最大限に使い、将来的に活用できるリソースのネットワークを構築する作業だ。用意した質問に沿って、会話を誘導する。必要に応じて基本的な情報、事実、専門家の意見に焦点を当てる。

○**ステップ 5：傾聴、把握、フォローアップ**
　インタビューには傾聴が必要だ。許可が得られれば、会話を録音する。会話は発展するので、大量のメモをとり、後から確認したい疑問点を押さえながら、経過を追う。

○**ステップ 6：要約の作成**
　録音した会話を文字に起こし、重要なフレーズや興味深いインサイトを抽出し、要約してチームで共有する。

Interest Groups Discussion

利益団体とのディスカッション

あるテーマで議論
されていることを学ぶために
利益団体に参加する

BENEFITS
- 新しい視点が得られる
- 最新情報が把握できる
- 迅速かつ早期に発見しやすくなる
- パターンが明らかになる

INPUT
- 自分のプロジェクトにおいて関心のあるテーマに関する利益団体のリストと連絡のとり方

OUTPUT
- 最新の開発、多様な考え方、トレンドを理解

EXAMPLE PROJECT

▷ピーポッドラボ（2010年）

　IITデザインスクールの3人の学生（元エンジニア）がシカゴで起業したピーポッドラボは、親と子どもの魅力的な共同学習プロセスを創出することをミッションとし、子どもが楽しみながら学べる学習アプリを開発している。

　子どもと親にターゲットを絞り込んでいる同社は、自社アプリに対する意見、考え方、感想を分析するために、「マム・ウィズ・アプリ」といった利益団体とのディスカッションを行った。「マム・ウィズ・アプリ」は、子どもや家族向けの良質なアプリの販促に努める開発業者のオンライン・フォーラムで、他の開発者のアプローチを学び合うほか、副次的権利、ライセンス契約、製品の発売戦略などのベストプラクティス情報が入手できる。自作アプリをフォーラムにアップロードすると、フィードバックがもらえるので、認知度や集客効果が得られる場にもなっている。この掲示板の共有情報を活用すれば、ピーポッドラボは、自社アプリや自社の力をより高められるだろう。

WHAT IT DOES　　　　　内容

特定のテーマに関心を持った人が集まると、グループ（団体）が結成される。専門組織と提携したグループ、非公式の集まりなど形態は様々だが、共通の関心があるので、コンテクストの周囲で起こっていることについて活発な議論が展開される。最新事情を知りたいときには、時間を作ってオンライン・フォーラムや会合に参加するとよい。利益団体の議論から最大の効果を引き出すカギは、会話の積極的な聞き手やフォーラムの活発なフォロワーになることだ。参加者の議論を追っていけば、話題、見解、新しい出来事、次に起こる変化、エクストリーム・ユーザーの振る舞いなどの豊富なコンテンツをわかりやすく学べ、チーム・メンバーとも共有できる。

HOW IT WORKS　　　　　進め方

◯ステップ1：フォーラムの調査

オンライン検索で専門団体のウェブサイトを探し、調べたいテーマに取り組んでいる利益団体のソーシャル・ネットワークにおおまかに目を通す。その団体はいつ、どこで集まるか。フォーラムはどのように組織されているか。今後扱うテーマは何か。

◯ステップ2：内容の把握

フォーラムのディレクトリに目を通し、議論されているテーマを調べれば、集まった人々がどんなことに関心を持っているかを幅広く把握できる。

◯ステップ3：フォーラムへの参加

オンライン・フォーラムに参加する場合は、最近の投稿を読んで、みんなの議論を把握する。さらに遡って読んでいくと、議論がどう変化していったかがわかる。自分でも質問やコメントを投稿する。

◯ステップ4：内容の整理

フォーラムで議論されている内容を簡潔な文書に整理する。自分にとって価値のあるテーマ、最新情報、トレンド、極端なコンテクストや振る舞いなどに関する様々な意見を記録し、他の人と共有できる形でまとめる。

◯ステップ5：要約の作成

調査結果を見直し、より大きなテーマやパターンが新たに見出せないか調べる。こうしたテーマが出てきた要因を特定すれば、追加調査の機会につながることもある。要約を作成する。

◯ステップ6：情報共有とディスカッション

要約した文書をステークホルダーや専門家と共有し、意見をもらう。

mode3

KNOW PEOPLE

人々を知る

「ユーザー中心」や「人間中心」のデザイン・コンセプトは必ずしも新しいものではない。実際、ほとんどのデザインの定義には、人が使うものを作ることについて何らかの言及がある。しかし、全員に同じワンサイズを当てはめた19〜20世紀の大量生産時代のデザインに対抗するものとして、ユーザー中心のデザイン・プロセスが再び強調されるようになってきた。良いデザインとは、人々のニーズや行動パターンに配慮したデザインだ。共感、観察、個人的関わり、問題解決に焦点を当てるモード3は、デザイン・プロセスに欠かせないステップである。

KNOW PEOPLE
mindsets

人々を知る　マインドセット編

「人々を知る」とは、傾聴、観察、交流、分析を通じて、人々の考え、感情、ニーズを、共感を持って理解することだ。人々の日常生活に入り込み、相手の話に熱心に耳を傾ければ、思いがけないこと、不明瞭なことも含めて貴重なインサイトが明らかになる。それには、人々がやること、言うこと、考えることのすべてに集中しなくてはならない。製品開発プロジェクトで自社製品を研究するのと同じように、人々の活動、ニーズ、モチベーション、全体的な経験を深く理解するマインドセットが求められるのだ。人々が直面する問題、回避策、克服すべき課題、口にしたりしなかったりするニーズに目を光らせ、人々をよく知れば、ニーズや願望に根本的に対処し、意味のある新しい価値を生み出し、模倣しにくい新規の製品、サービス、事業戦略につながる可能性がある。

mindsets

あらゆることを観察する　Observing Everything

共感を持つ　Building Empathy

日常生活に入り込む　Immersing in Daily Life

オープンに話を聞く　Listening Openly

問題とニーズを探る　Looking for Problems and Needs

94　101 Design Methods

インド自動車市場の調査で意外な事実が判明した。アメリカ人とは違って、車内で飲食するインド人はわずか10％。ダッシュボードに宗教的シンボルを飾っている人は80％。自動車は結婚祝いとして一般的。──いずれも「インド人の車の購入方法」という調査テーマの周辺部の事象だが、同市場向けの自動車設計には非常に有益な情報だった。

mindset　　あらゆることを観察する

人々や製品の使用状況だけでなく、コンテクスト内のあらゆることを観察する。場所、他の人々、言動の不一致に注目し、こうした外部要因に取り組むイノベーションを検討する。さらに重要なのが、その場にいない人や物に目を向けることだ。使っていない、参加していないのは誰か。どこか。どうしてなのか。

ジャンプ・アソシエーツのイノベーション・チームは、メルセデス・ベンツの経営幹部にある課題を与えた。新規に開拓したい若者層の候補者たちとしばらく会話を交わした後で、彼らへのプレゼントを買いに行くというものだ。どんなプレゼントなら喜んでもらえるか。ジャンプによると、最高のイノベーションは親しい友人からのプレゼントのように感じるという。

mindset　　共感を持つ

人々の経験や感情をただ知るだけでなく、実際に分かち合えるだろうか。家族の世話に追われる多忙な母親と一緒に1日を過ごし、日々の経験、欲求不満、困難な課題を共有し特定する。深い実感とともにエンドユーザーのニーズと直接つながりを持てば、顧客にあったアイデアを生み出すうえで、はるかに有利な立場に立てる。

mindset　　　　　日常生活に入り込む

　人々の日常生活に入り込んで一緒に過ごせば、目を見張るだろう。民族誌学者（エスノグラファー）のアプローチを使って、検討中のツール、加工品、メッセージ、サービスを人々が利用するコンテクストを形づくる、振る舞い、実践、モチベーションについて体験・学習してみよう。対象者の暮らしを1日体験すれば、多くのことがわかる。買い物に同行すれば、どこに行くか、何を買うか、どう計画するか、他の活動とどう調整するか、荷物や交通の足をどうするかなど、意思決定の方法が学べる。そのコンテクストに身を置くことで、人々とそのニーズ、未充足ニーズに対する重要な気づきが得られるのだ。まずは自分の業界で、消費者の生活パターンの変化や今後の状況を深く入り込んで理解すれば、大きな成果につながるかもしれない。

現場に入り込むエスノグラフィー調査は、新しい製品やサービスの開発を目指す消費財メーカーがよく用いる手法だ。顧客の日常生活に入り込んで初めて、その振る舞いや価値観が理解できる。この手法を発案したのは、アメリカの文化人類学者マーガレット・ミードだ。彼女はサモア人の小集団を研究する中で、9～20歳の女性68人と知り合い、一緒に暮らし、観察し、インタビューすることで、幼児期から成人期への移行期の振る舞いについて有名な示唆深いインサイトを生み出した。

mindset　　　　　オープンに話を聞く

　調査対象者との対話は、台本通りに進めればいいというものではない。対象者が重視することに沿って議論を導くが、我々は教師ではなく、教えを請う立場にある。仮説や前から持っていた考えを検証する目的で現場に行くのは考えもので、人々の振る舞いやモチベーションの良し悪しを判断すべきではない。オープン・クエスチョン（自由回答式）を考え、解決策の選択肢を提示し、実際に話を聞いていない競合他社にはできないやり方で、問題へのアプローチを再構成するためのヒントを聞こうとする姿勢を持とう。

フィアット・ブラジルは、専用ウェブサイトで「フィアット・ミオ FCC III」のデザインをオープンソース方式で開発した。160カ国 200万人が閲覧するコミュニティの参加者約1万7000人から、1万件に及ぶアイデアや提案が同サイトに寄せられた。同社にとって大規模な「傾聴」を用いたこのアプローチはチャレンジだったが、様々な部門とオンライン・コミュニティの間で、リアルとバーチャルの両方のコラボレーションが実現した。

ミニブログの投稿は 140 字以内がいいと、わざわざ頼んだ人はどれくらいいただろうか。おそらくゼロだろう。しかし 2011 年現在で、ツイッターのユーザー数は 3 億人以上。検索件数は毎日 16 億件以上にのぼる。ツイッターは、友人や見知らぬ人と 140 字でやりとりするという、誰も口にしなかったニーズに応えたのだ。

mindset　　　　　　　　　　　　　問題とニーズを探る

　現状でうまくいかないことは何か。なぜそうなのか。日常生活の中でどう課題に直面し、対処しているか。それとも、ニーズを満たすものはないと、あきらめているのか。これらは、新しい製品やサービスの機会を見出すための重要な問いだ。ただし、何が問題かと聞きさえすれば、みんなから答えを得られると期待してはいけない。ヘンリー・フォードは、「もし私が人々に何がほしいかと尋ねていたなら、みんなもっと速い馬がほしいと答えていただろう」と語ったという。問題を探すだけでなく、言及されないニーズも見抜くために、どこまで自分の思考を広げられるだろうか。

KNOW PEOPLE
methods

人々を知る　メソッド編

28. Research Participant Map　調査対象者マップ　100

29. Research Planning Survey　予備調査　102

30. User Research Plan　ユーザー調査計画　104

31. Five Human Factors　5つのヒューマンファクター　106

32. POEMS　POEMS　108

33. Field Visit　フィールドビジット　110

34. Video Ethnography　ビデオ・エスノグラフィー　112

35. Ethnographic Interview　エスノグラフィー・インタビュー　114

36. User Pictures Interview　ユーザー・フォト・インタビュー　116

37. Cultural Artifacts　文化的アーティファクト　118

38. Image Sorting　イメージ・ソーティング　120

39. Experience Simulation　体験シミュレーション　124

40. Field Activity　フィールド活動　126

41. Remote Resarch　リモート調査　128

42. User Observations Database　ユーザー観察データベース　130

98　101 Design Methods

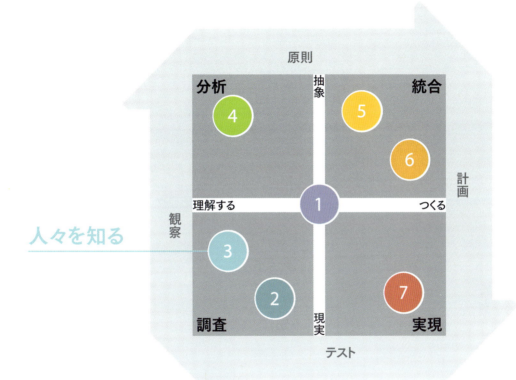

Research Participant Map

調査対象者マップ

プロジェクト・テーマに
関係する人々を洗い出し、
調査対象とする候補者を選ぶ

BENEFITS	■ 包括性が増す
	■ 比較できる
	■ 議論を促す
	■ 選択肢が選びやすくなる
	■ 既存の知識が体系化される
INPUT	■ プロジェクトの調査領域
	■ 参加が見込めそうな候補者リスト
OUTPUT	■ プロジェクト領域の全カバレッジから参加者を選定

EXAMPLE PROJECT

▷ モバイル・コンピューティング（1995年）

　ダブリン社はモバイル・コンピューティングの調査プロジェクトの中で、職業横断的な観点でモバイル機器の機会や要件を探った。

　チームは初期段階で、調査対象者マップを活用。ブレーンストーミングで、弁護士から畜産農家まで、モバイル機器を使う幅広い職業を挙げた。生活、学習、仕事、遊びを分ける規定レベルと、各職業を取り巻く環境に関する2つの重要な特徴（形態と拠点数）を使ってマップを作成し、職業を配置。さらに調査するため、様々なニーズをより完全な形で把握できるよう各象限から少なくとも1つの職業を選定した。これは、幅広い視点やインサイトを見つけ出すのに重要だった。

　最初に調査対象者マップを作ったことで、職業全般をカバーしつつ、冗長性を極力抑えて、調査対象者（弁護士、医者、看護師、学生、造園家）を素早く絞り込むことができ、その後の調査にも弾みがついた。チームはその後、数カ月かけて、該当する職業の人々について包括的なエスノグラフィー調査（面談やシャドーウィングなど）を実施した。

28

WHAT IT DOES　　　内容

調査対象者マップは、役割や活動によってプロジェクトの全関係者を概観するためのものだ。それによって、プロジェクトの目的にふさわしい対象かどうかを確認できる。このマップの作成は、調査対象者のタイプや、日常生活の側面や活動を検討するところから始まる。広範な関係者を理解するために重要な属性を少なくとも2つ考え、シンプルな2軸マップを使って多様な人々を配置する。こうして完成したマップは、調査対象者のタイプや相互関係の違いなどを概観でき、調査活動の焦点の決定に役立つ。

HOW IT WORKS　　　進め方

○ステップ1：調査対象者の特定
ブレーンストーミングを行い、前モードで設定したイノベーションのテーマに関する調査対象者候補を、整理しないまま幅広く挙げる。

○ステップ2：マップの作成
イノベーション目的に基づいて、プロジェクトにとって重要な属性を複数特定し、2軸マップの尺度とする。調査対象者の範囲を規定するマップを作成する。

○ステップ3：マップ上に対象者を配置
ステップ1で作成したリストを用いて、マップ上に配置する。この作業を始めるコツは、マップの両極端に来る人々（グループ）を特定することだ。こうした「アンカー」と比較しながら、他の人々を配置する。

○ステップ4：マップの分析
マップ上で、理想的な対象者に最も近いグループを特定し、連絡がとれるか、参加してもらえそうかを評価する。テーマに沿ったカバレッジ（カバーする範囲）となるよう、マップの4象限からそれぞれ対象者グループを少なくとも1つ選ぶことが多い。

○ステップ5：情報共有とディスカッション
チームで共有できるように短い要約をまとめ、なぜ他の人ではなくその対象者を選んだのか、それがプロジェクトにどう役立つかを説明する。

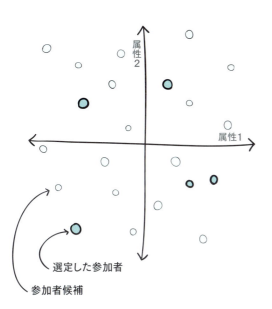

Research Planning Survey

予備調査

候補者の選定や、
追加調査する分野の特定
のために事前調査を行う

BENEFITS	迅速かつ早期に発見しやすくなる
	証拠が得られる
	パターンが明らかになる
	意思決定の裏付けとなる
INPUT	プロジェクトのテーマ領域とイノベーションの目的
OUTPUT	今後の調査の参考になる参加者の振る舞いや興味深いパターンの理解
	今後の調査でも連絡のとれる参加者の特定

EXAMPLE PROJECT

▷ Y世代と未来の小売業（2007年）

買い物の未来は多くの企業が関心を抱いているテーマだ。デザイン・チームは大手ディスカウント・チェーンと一緒に、アメリカのY世代（1975〜1989年生まれ）と小売業の未来の関係について調査した。

チームは「Y世代との関係は今後どうなるか」「関係維持に自社は何をすべきか」という包括的論点に沿って32個のクローズド・クエスチョン（選択式）とオープン・クエスチョン（自由回答式）を用意し、予備調査を行った。顧客の人口動態、買い物の好み、購買行動、トレンドの情報源であるサーベイ・モンキー（オンラインアンケートのソフトウェア）を使って、50人以上のY世代にアンケート用紙を送付。年齢、場所、買い物の好み、平均支出額などを尋ねた。回答を分析すると、コア・ユーザーと2つのエクストリーム・ユーザーが特定された。この3つのグループは詳細調査の対象として適切な組み合わせだった。チームは予備調査の回答とユーザー・グループに基づいて、12人の1次調査対象者を選定することができた。

102　101 Design Methods

29

WHAT IT DOES　　　　　内容

　伝統的な市場調査と異なり、予備調査はあまり厳密な形をとらずに素早く行う短いアンケートだ。プロジェクトの初期段階に特定テーマに関する人々の活動、振る舞い、態度を知るために用いられる。テーマの概要を素早くつかみ、興味深いトレンドのパターンを確認し、どこを中心に詳細調査をすべきかを判断するのに役立つ。後から行うエスノグラフィー調査の対象者のスクリーニングや選定にも利用できる。予備調査の結果が予想と大幅に異なるときには、調査計画を修正することもある。

HOW IT WORKS　　　　　進め方

○ステップ 1：質問の設計
　イノベーション目的に基づいて、幅広い行動パターン、価値観、ニーズを確認するための質問を設計する。小売り分野のイノベーションであれば、「買い物をするときに、どのようなリソースを使いますか」「たくさん買い物をするのは実店舗ですか、オンラインですか」などの質問が考えられる。

○ステップ 2：調査の手配
　最近では、グーグル・ドックスやサーベイ・モンキーなどのツールを使って、手軽にオンライン調査を手配できる。しかし複雑なプロジェクトの場合、リサーチ会社を使うこともある。

○ステップ 3：アンケート用紙の配布
　個人的ルートやリサーチ会社を通じて対象者を特定し、電子メール、掲示板、ウェブなどを用いてアンケート用紙（調査票）を送付。必ず締め切り日を設定する。

○ステップ 4：パターンの特定
　結果を分析し、一般的な行動パターンと、極端な行動や「周辺的な」行動を把握する。たとえば、ほとんどの人々が買い物の際に多様なリソースや意思決定ツールを駆使していることや、店頭で携帯電話を使って価格を比べるのは少数派であることがわかるかもしれない。

○ステップ 5：詳細調査の計画策定
　興味深いパターンが見られた対象層への詳細調査を計画する。今後の調査に向けて、多数派のコア・ユーザー、エクストリーム・ユーザー、ノン・ユーザーなど、候補者のパターンによって適切な組み合わせを判断する。

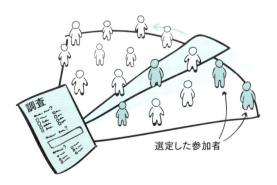
選定した参加者

User Research Plan

ユーザー調査計画

調査対象者のタイプ、
調査のタイミング、
調査方法を具体化する

BENEFITS	■ 方向性が定まる
	■ リソースを管理できる
	■ 共通理解が進む
	■ 移行をサポートする
INPUT	■ プロジェクト・テーマとイノベーションの目的
	■ 時間とリソースの制約
OUTPUT	■ 調査のスケジュール、方法、参加者を定めた詳細な計画

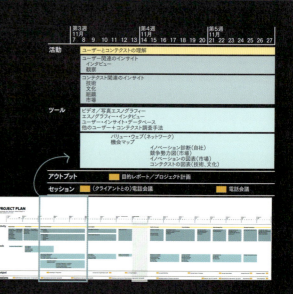

EXAMPLE PROJECT

▷居住・商業施設のリノベーション（2010年）

デザイン・チームは、3Dデザイン、エンジニアリング、エンタテインメント・ソフトウェア会社の人々と共同で、居住・商業施設のリノベーション・プロジェクトを行った。様々なデザインメソッドを駆使しながら、製品やサービスを探し、選び、推奨する「顧客関与経験」用にユーザー中心のフレームワークを開発。特に重要だったのは、早い段階に、3タイプ（建築家、消費者、メーカー）のユーザーの概要説明や具体的手順を明らかにするユーザー調査計画を入念に立てたことだ。

調査スケジュールでは、ユーザータイプと人数、チームの活動、使用するツール、アウトプット（各段階で作成する報告書）、顧客との協働セッションなどの情報を具体的に記載。調査活動には、トレンド調査だけでなく、ユーザー関連のインサイトを得るための観察や面談も組み込んだ。時間やリソースに制約があったので、3つのサブ・チームに分かれて、各タイプ向けのユーザー調査を同時並行で進めることにした。このユーザー調査計画のおかげで、チームは秩序を保って集中して取り組めただけでなく、限られたリソースを使いながら短期間でインサイトやコンセプトの方向性をつかむことができた。

WHAT IT DOES　　　　　　　　　内容

ユーザー調査計画は、プロジェクトの調査部分を組み立て、やるべき作業の全側面を規定する規律的なアプローチだ。調査目標の説明から始まり、調査対象者のタイプ、望ましい人数、学習したいこと、対象者とのやりとりの手順、情報の収集方法の説明、各段階のアウトプット、ワーク・セッション、スケジュール、予算などが盛り込まれる。

選定した参加者

選抜方法

時間とリソースの配分

HOW IT WORKS　　　　　　　　　進め方

○ステップ 1：対象者タイプの選定

プロジェクトの性質を踏まえて、いくつかのタイプ（コア・ユーザー、エクストリーム・ユーザー、エキスパート、ノン・ユーザーなど）に調査対象を絞り込む。多数派のコア・ユーザー以外にも、エクストリーム・ユーザーやノン・ユーザーを含めれば、斬新なインサイトが得られるかもしれない。

○ステップ 2：対象者のスクリーニング

対象者の選定基準を説明する。その対象者のどの特性を調べるのか。最も価値のある情報を提供できるのはどの対象者か。

○ステップ 3：調査方法の決定

時間や利用できるリソースに基づいて、達成目標に最も適した調査方法を選ぶ。たとえば、ビデオ・エスノグラフィー（112 頁）は豊富なデータが得られるが、時間・リソース集約型のやり方だ。フィールドを訪問してノートをとるのは、データの豊富さで劣るが、迅速かつ安価に実施できる。どれを採用するかは、予算や時間以外にも、観察対象者、コンテクスト、利用可能性、プライバシーへの配慮などに左右される。対象者とのやりとりの手順を記載する。

○ステップ 4：予算の策定

計画に基づいて実施にかかる費用を判断する。予算を立て、クライアントや組織内で共有し、見積もりの妥当性を説明できるようにする。

○ステップ 5：スケジュールの作成

ガントチャート、スプレッドシートなど一般的なプロジェクト計画ツールを使って活動内容を示し、課題完了までの所要時間を見積もり、目標達成に向けて課題を順番に並べる。

○ステップ 6：情報共有とディスカッション

チームやステークホルダー（クライアントや調査会社など）と調査計画を共有し、次のステップについて話し合う。

Five Human Factors

5つのヒューマンファクター

全体的なユーザー経験を動かす物理的、認知的、社会的、文化的、感情的な要因を調べる

BENEFITS	■ マインドセットが広がる
	■ 包括性が増す
	■ 詳細を重視している
	■ 経験を重視している　■ プロセスに焦点が当たる
INPUT	■ プロジェクトの調査領域
	■ ユーザー観察の対象とする状況
OUTPUT	■ ユーザーの振る舞いを引き出す
	5つの要因で体系的な観察記録

EXAMPLE PROJECT

▷ 自宅でのエンタテインメント（2005 年）

　ある家庭用品のトップ企業がデザイン・チームと共同で、コアビジネス活動にデザイン思考のプロセスを導入する方法について調査した。コアビジネスと間接的に関連する分野である「自宅でのエンタテインメント」を調査範囲に設定。既存製品のターゲット分野ではなく、類似の活動に焦点を当てることにした。プロジェクトのコンテンツよりもデザイン・プロセスに同社の注意を向けさせるためだ。

　デザイン・チームは1次調査として、5世帯の参加家族を募集し、それぞれパーティーを開き、前後や途中の様子を写真に撮ってもらった。その後、フィールド・ノートで写真を整理し、フォローアップ・インタビューを実施。ノートには、包括的かつ体系的に観察内容を捉えられるよう、5つのヒューマンファクター（物理的、認知的、社会的、文化的、感情的）の項目が設けられていた。これは、チームがフレームワークに沿って問題を探したり、インタビュー時に隠れたインサイトを検証したりするのに役立った。

　観察で明らかになったのは、冷蔵庫で残り物を入れる場所を探すときのイライラ感、社会的環境で食事を用意する楽しさという社会的側面、片付けを好むかどうかに関する個人差などだ。すべての観察結果はユーザー観察データベースにアップロードされ、後から分析できるように、写真にラベルを付け、データを整理し、おおまかにグループ分けがされた。

WHAT IT DOES　　　　内容

　5つのヒューマンファクター（人的要因）は、フィールド観察をサポートするメソッドだ。どの状況にも見られる物理的、認知的、社会的、文化的、感情的な要素を調べ、人々の全体的な経験にどんな影響を与えているかを理解する。ある人の5つの要因を体系的に把握し、総合的に考えれば、その人の経験をより詳しく深く理解できる。つまり、その人の経験を構成要素に分解して個別に調べた後で、その結果をもう一度整理して、そこからどう全体的な経験が形作られているかを理解するのだ。そうやって全体的に評価することで、コンセプトや解決策の開発の際に、様々な要素に目を向けることができる。

HOW IT WORKS　　　　進め方

◯ステップ1：フィールド調査の準備
　5つのヒューマンファクターに沿って観察内容を記録し分類できるように、テンプレートを作成する。ユーザー観察やインタビューに役立つツール（ノート、カメラ、ペン、レコーダーなど）を用意する。

◯ステップ2：フィールド調査の実施
　人々を観察し、会話に誘う。人々の活動、使用する物、環境、やりとりする情報などの側面について観察し尋ねる。観察内容や質問の答えをメモする。

◯ステップ3：ヒューマンファクターの観察
　物理的：物事や他の人と、どのような物理的な相互作用が見られるか（例：触る、押す、引く、開ける、閉める、持ち上げる、運ぶ、コントロールする……）。
　認知的：相互作用の対象に対して、どう意味づけしているか。様々な相互作用のうち、どれを考慮すべきか。何を読み、調査し、処理し、評価し、意思決定しているか。

　社会的：チームや社会的環境の中でどのように振る舞っているか。公式・非公式の相互作用、意思決定、行動調整、スケジュール作成、協働をどう行っているか。
　文化的：どのように共通する基準、習慣、価値を経験しているか。共通する価値観がある場合、どう見えるか。どのくらい明白か。
　感情的：どう感じ、考えているか。環境内のどの要因から、こうした感情が引き起こされたのか。悲しいのか、イライラしているのか、不満や幸せを感じているか。

◯ステップ4：全体的な経験を説明
　5つの要因について、問題点だけでなく、意外性のあるプラス面も探ってみる。観察した状況における人々の経験について、感じとったことを説明する。話し合い、記録する。

POEMS

POEMS
あるコンテクストにおける人、物、環境、メッセージ、サービスを調べる

BENEFITS	■ マインドセットが広がる
	■ 包括性が高まる
	■ プロセスに焦点が当たる
	■ コンテクストの理解に役立つ
	■ 詳細を重視している
INPUT	■ プロジェクトのテーマ
	■ ユーザー観察の対象とする状況
OUTPUT	■ コンテクストの諸側面に関する体系的な観察記録

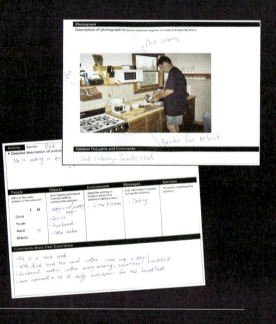

EXAMPLE PROJECT

▷ キッチン・デザイン (2005 年)

　ある大手オーディオシステム・メーカーはデザイン・チームと共同で、既製のシステムキッチンの購入、家のリフォーム、新築建設の際に、キッチンについてどのような物理的デザインや美的側面を考慮するかを調査した。

　デザイン・チームが対象としたのは、キッチンのリフォーム・プロセスの様々な段階（計画、実行、完成など）にあるシカゴの中流〜上流世帯の家族だ。フォト・エスノグラフィーを用いて、リフォームを決めたときに家の内外の写真を撮ってもらい、フォローアップ・インタビューも実施した。集めたデータはすべてフィールド調査ノートに記入したが、そこで用いたのが POEMS というフレームワークだ。POEMS によって、キッチン環境での活動データを体系的に整理できたうえ、参加者のモチベーションやニーズ、不満、カスタマイズ希望箇所、有効期間や予算の重要性などのデータ収集にも役立った。チームはこの調査結果を踏まえて、大家族、週に数回料理でもてなすエクストリーム・ユーザー、専門スキルを持つ調理師などにターゲットを絞り込むことを提案した。

108　101 Design Methods

WHAT IT DOES　　　　　　　　内容

　POEMS は、そのコンテクストに存在する要素を把握するための観察型調査フレームワークだ。人（People）、物（Objects）、環境（Environments）、メッセージ（Messages）、サービス（Services）の 5 つで構成される。各要素は単独で見るだけでなく、相互関係を持ったシステムとしても調べられる。たとえば、このメソッドを使って製品を調査する場合、物（製品）を超えて、その製品が使用されるより広いコンテクストにおけるサービス、メッセージ、環境、人々も見ていく。そうすると視野が広がり、関連要素のシステムとしてコンテクストが捉えられるようになるのだ。

HOW IT WORKS　　　　　　　　進め方

○ステップ 1：フィールド調査の準備
　POEMS に沿って観察内容を記録し分類できるように、テンプレートを作成する。ユーザー観察やインタビューに役立つツール（ノート、カメラ、ペン、レコーダーなど）を用意する。

○ステップ 2：フィールド調査の実施
　人々を観察し会話に誘う。人々の活動、使用する物、環境、やりとりする情報などを観察し質問する。自分が観察したことや人々の回答をメモする。

○ステップ 3：POEMS でコンテクストを記録
　人：そのコンテクストには、どんなタイプの人がいるか（母親、修理工、顧客など）。なぜそこにいるのか。その場にいる多様な人々をできる限り把握する。
　物：そのコンテクストには、どんな物があるか（電話、食卓、新聞など）。幅広いカテゴリーで捉えるとどうか。それぞれの関係はどうか。
　環境：どのような活動の場があるか（キッチン、店舗、会議室など）。コンテクスト内の様々な環境を明らかにする。

　メッセージ：そのコンテクストでは、どんなメッセージが、どう伝えられているか（会話、パッケージのラベル、サインなど）。
　サービス：そのコンテクストでは、どんなサービスが提供されているか（清掃、デリバリー、メディアなど）。

○ステップ 4：全体的な経験を説明
　POEMS を通じて理解した全体的なコンテクストを説明する。メモをすべて集めて、観察したことをチーム・メンバーと共有する。

mode3 人々を知る　　109

Field Visit

フィールドビジット

現場に行って、
対象とする人、場所、物に
直接触れる

BENEFITS	■ 詳細を重視している
	■ 経験を重視している
	■ 証拠が得られる
	■ コンテクストの中で学習できる
INPUT	■ プロジェクトのテーマ
	■ そのテーマを理解するうえで重要な、あるいは関連性のある場所
OUTPUT	■ そのコンテクストにおけるユーザーの活動や振る舞いに対する深い観察データ

EXAMPLE PROJECT

▷ 遊びを通じた学習 (2009 年)

　デザイン・チームは、博物館と共同で「遊びを通じた学習」プロジェクトを行った。子どもたちを取り巻くコンテクストの中での学習、行為、遊びの分野を深掘りするために、親や子どもがよく訪れる児童向け博物館などへのフィールドビジットを検討。1 カ所に集中するのではなく、様々な博物館を組み合わせれば、様々な環境、人々、振る舞いを調べる機会となる。

　チームは調査計画を策定し、最も重要な場所を特定し、博物館のスタッフや訪問客への質問を用意した。完全に探索的なアプローチをとり、アーティファクト（人工物）、1 人で活動する子ども、友達や親と一緒に活動する子どもなど、興味を引いたことを写真やメモに記録し、その後の議論の材料とした。このフィールドビジットは、かくれんぼの振る舞いを対象にしたものや、制約のなさ、新しい輝き、神秘性などの感覚を呼び起こす観点など、コンセプト開発に向けたデザイン原則の策定に役立った。

WHAT IT DOES　　　　　　内容

　フィールドビジットは、人々に対する共感形成において最もダイレクトな手段だ。調査をする人々が実世界の活動に携わる人々と一緒に時間を過ごせば、直接関係のある振る舞いが理解しやすくなる。調査員が質問をしながら会話を導くアンケート調査やフォーカスグループと違って、フィールドビジットでは観察することやそこで質問することが重視される。特定の活動や使っているものについて語ってもらい、「どうやっているか教えてください」「もっとお話していただけますか」などのシンプルなオープン・クエスチョンで会話を導く。これは偏見なしに、ユーザーをよく知るためのメソッドであり、意外な振る舞いや未充足ニーズに関するインサイトが垣間見えることが多い。

HOW IT WORKS　　　　　　進め方

○ステップ1：調査手順の策定

　調査手順とは、訪問場所、観察する対象者、滞在期間、調査内容（一般的なテーマ、具体的な質問）、チームワークのとり方（ノートをとる係、会話をリードする係、写真、ビデオ、音声の記録をとる係など）をはじめとする詳細計画だ。

○ステップ2：リソースの用意

　ノート、カメラ、スケッチブック、音声レコーダー、フィールドから持ち返ったアーティファクトを入れるバッグや容器など、フィールドビジット・キットを作る。許可証や情報開示合意書など必要書類を準備する。

○ステップ3：フィールド調査の実施

　現地に到着したらすぐに、そこにいる人々と関係を築き、信頼を勝ち取る。調査に入る前に必要書類にサインしてもらい、緊張をほぐし、プロセスを説明し、質問を受け付ける。公式の面談ではなく、なるべく会話をしながら主題に触れることが大切だ。必ず「それについて説明してい

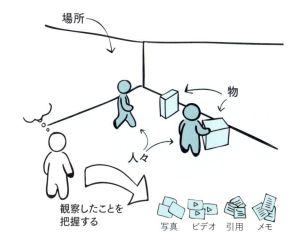

ただけますか」と質問し、聞きとったことを繰り返し、自分の観察内容と合っているかどうかを確かめる。人々の時間を尊重し、適切であれば謝礼をする。

○ステップ4：観察内容の把握

　一部のメンバーはフィールドビジットを通じて記録係に徹する。メモをとり、スケッチし、写真を撮り、音声やビデオを録画して会話を捉え、（許可を得てから）アーティファクトを集める。こうしたデータはできる限り今後の分析のために整理しておく。

○ステップ5：チームで情報共有

　訪問後、なるべく早くにメモを比較し、学習したこと、重要だったこと、さらに調査が必要なこと、調査方法について話し合う。

Video Ethnography

ビデオ・エスノグラフィー

コンテクストを含めて
対象者や活動をビデオで記録し、
インサイトを明らかにする

BENEFITS	■ 経時的に情報が把握できる
	■ ストーリーテリングがしやすくなる　■ 経験に注目している
	■ 証拠が得られる　■ 意外な事実がわかる
INPUT	■ プロジェクトのテーマ
	■ ビデオ・エスノグラフィーを行う場所
OUTPUT	■ 時間とともにユーザーのプロセスや
	振る舞いを示すビデオ映像
	■ ユーザーのプロセスや振る舞いに関する観察結果

EXAMPLE PROJECT

▷ 飛行機での旅行体験（1996年）

　ある航空会社は数年前、搭乗中だけでなく旅行全般を通じて乗客の経験をよりよいものにする機会を探していた。旅行経験を最初から最後まで十分に把握するには、自宅から、自家用車、空港、飛行機、レンタカー会社まで、途中のポイントをすべて調べなくてはならない。この航空会社とダブリン社は、こうした経験的データを把握する唯一の方法は、ビデオ・エスノグラフィーだと気づいた。

　そこでチームは、飛行機や空港ラウンジに固定カメラを設置。地上の交通手段で空港まで行き来する様子を撮影し、多数の人々を訪問し、家庭やホテルなどプライベート・エリアでのインタビューを記録した。これらの調査をイノベーション・プロセスに活かして、業界内で最もフレンドリーな航空会社になるために、予約時から、チェックイン、ゲート、手荷物のピックアップまでのすべてにわたって、より良い解決策を盛り込んだプランを完成させた。

WHAT IT DOES　　　　　　　内容

　ビデオ・エスノグラフィーは、映像人類学の分野から取り入れたメソッドで、人々の活動やある状況における出来事をビデオに撮って分析し、行動パターンやインサイトを見つけ出す。フォト・エスノグラフィーと似ているが、ビデオは全期間にわたって音声も記録できる。プロセス、公共の場やグループエリアなど動的状況の記録や、音声が重要性を持つ会話や経験に適している。ただしビデオの分析には、写真よりもはるかに時間がかかるというデメリットがある。最も効果的なのは、同時にまたは背後で様々な隣接する活動が行われている状況下で、期限を定めて活動を把握したい場合だ。調査員が撮影するのではなく、参加者自らが記録するセルフ・ドキュメンテーション方式でも構わない。撮影ガイドラインを決め、許可を得てから、ビデオを撮影し分析に活用する。

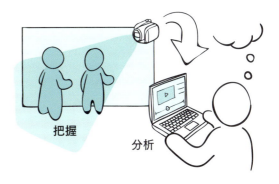

HOW IT WORKS　　　　　　　進め方

◯ステップ 1：撮影対象の決定
　プロジェクトに合わせて、「話し手の顔」が見えるインタビュー、活動記録、環境内の変化や一定期間の活動レベルの記録など対象を選ぶ。固定カメラを設置するか、ハンドカメラで撮影するかを決める。前者はインタビューをしたり、時間をかけてその環境を観察する場合、後者は複数の人が介在し、いろいろなことが起こる環境に適している。

◯ステップ 2：撮影者の決定
　調査員による撮影か、セルフ・ドキュメンテーションか、その両方を組み合わせるかを決める。

◯ステップ 3：許可の取得
　撮影やセルフ・ドキュメンテーションの映像の利用許可をとるための書類を用意する。その映像をどのように使い、誰が閲覧するかも、書類に明記しておく。

◯ステップ 4：ビデオ撮影
　調査員や参加者のために使いやすいカメラを用意する。開始前にカメラの使い方をよく理解してもらったうえで、調査員または参加者に、対象となる活動や関連要素を撮影してもらう。映像の回収時期について予定を組む。

◯ステップ 5：映像の回収・分析
　参加者が映像を見て、内容を振り返るための時間をとる。チームで映像を撮った場合は一緒に見直し、一度に少しずつ分析する。経験則では、1 時間の映像分析にはだいたい 3 時間かかる。観察内容の記録を残し、なるべく映像のどの部分でインサイトが見つかったかがわかるようにする。よく整理された記録は、以後のプロセスで参考資料として役立つ。

Ethnographic Interview

エスノグラフィー・インタビュー

それぞれの日常生活や
コンテクストについて
対象者と対話する

BENEFITS	■ 共感が持てる
	■ 経験を重視している
	■ コンテクストの中で学習できる
INPUT	■ プロジェクトのテーマ
	■ 参加者と会話を始めるための質問リスト
OUTPUT	■ ユーザーの観点で語られるユーザー経験の観察データ

EXAMPLE PROJECT

▷ インドでの自動車調査 (2008年)

　日本のコンサルティング会社の大伸社は、インド人の自動車の選び方、使い方、評価方法を把握するために、デザイン・チームと共同でプロジェクトを行い、市場進出のやり方に関する戦略提案をまとめた。

　予備調査と家族・友達ネットワークを通じて、年齢、性別、未婚・既婚、職歴など多様な参加者を選定。デザイン・チームの2人のメンバーは2週間かけて、ニューデリー、ムンバイ、バンガロールなどのインドの主要都市を含む6カ所を訪れた。9人の参加者の自宅で、詳細なエスノグラフィー・インタビューも実施。インタビュー手順は自由度や柔軟性が高く、調査員は家の中だけでなく、外で車を見たり、時には相手の車に同乗したりしながらインタビューをすることで、自動車に関する振る舞い、価値観、好みについて参加者のざっくばらんな意見を聞くことができた。

　こうした経験からの観察内容は興味深いインサイトにつながり、最終提案の下地となった。その1つが、家族の意見や使用にスポットを当てた自動車経験の構築だ。これは、新車購入は家族全員にとって記念すべき重要イベントであり、自動車経験は家族中心だとするインサイトから生まれた。

WHAT IT DOES 内容

エスノグラフィー・インタビューは、観察を行うフィールドビジットと同じく、対象者のいる場所に行って当事者の視点で活動や経験を理解する。その人のストーリーや言葉からその人のことを知るという、制約のない探索的な方法をとるので、事前に用意した質問を使うインタビューと比べて、先入観を持つリスクが軽減される。エスノグラフィー・インタビューは通常、その活動が行われる実際の場所やコンテクストで行われる。それによって会話が方向づけられ、抽象度が下がるので、参加者は活動について説明しやすく、それぞれの経験を調査員と共有できる。実際のコンテクストで話したほうが多くの場合、そのときの経験を思い出しやすい。また、フォーカスグループのように人工的で馴染みのない環境よりも、慣れ親しんだ環境のほうが気楽にいろいろな話ができる。

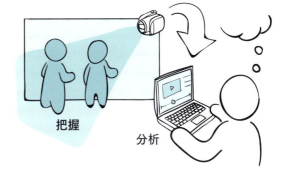

HOW IT WORKS 進め方

○ステップ1：インタビュー手順の策定

インタビュー手順とは、訪問先、話をする対象者、滞在期間、質問内容、チームの動き方などの詳細計画のことだ。チームの動き方とは、写真を撮る人、ノートをとる人、参加者と話す人といった役割分担を示す。

○ステップ2：リソースの用意

ノート、カメラ、スケッチブック、音声レコーダーなど、フィールドビジット・キットを作る。許可証や情報開示合意書など必要書類を準備する。

○ステップ3：フィールド調査の実施

現地に到着したらすぐに、そこにいる人々と関係を築き、信頼を得る。インタビューを始める前に必要書類にサインしてもらい、緊張をほぐし、プロセスを説明し、質問を受け付ける。参加者を対等に扱い、会話を交わし、なるべく参加者主導で議論することが大切だ。必ず「もっと説明していただけますか」と質問し、聞きとったことは繰り返して観察内容と合っているかどうかを確かめる。相手の時間を尊重し、適切であれば謝礼をする。

○ステップ4：会話の把握

一部のメンバーは記録係に徹する。ノートをとり、スケッチし、写真や短いビデオを撮り、会話を録音する。こうしたデータはできる限り今後の分析用に整理しておく。

○ステップ5：チームで情報共有

インタビューが終わり次第、チームで話し合ってノートを比較し、学習したこと、重要なこと、埋めるべき知識のギャップ、追加調査とその実施方法について決める。重要だったこと、さらに調査が必要なこと、調査方法について話し合う。

User Pictures Interview

ユーザー・フォト・インタビュー

参加者に自分の活動状況を
写真に撮ってもらい、
対話する

BENEFITS	■ 共感が持てる
	■ ユーザーの見解が把握できる
	■ アーティファクトに基づいた会話となる
	■ コンテクストの中で学習できる
	■ 意外な事実がわかる
INPUT	■ プロジェクトのテーマ
	■ 関連した活動、特に自然発生的で観察しにくい活動
OUTPUT	■ 参加者にとって重要な状況の写真と観察

EXAMPLE PROJECT

▷ 飲食行動に関する調査（2010年）

多忙なライフスタイルの今日、多くの人々が特に家庭内で利便性とスピードを求めている。大手消費財メーカー3社は、ユーザーの視点から出先での飲食状況について学びたいと思っていた。そこでデザイン・チームは、8人のエクストリーム・ユーザーを対象にユーザー・フォト・インタビューを実施。これはエスノグラフィー調査メソッドの1つで、参加者に写真を撮るよう依頼し、1〜2週間の飲食習慣をセルフ・ドキュメンテーションしてもらう。チームはPOEMSを用いて、参加者の飲食習慣に関わる人、物、環境、メッセージ、サービスの把握に努めた。たとえば、自動車や電車の中、歩きながら、子どもと遊びながら、買い物しながら、飲み食いが行われていた。2時間の対面インタビューではiPad用アプリケーションを使い、参加者の反応を見ながら、1枚1枚、写真を撮ったときの出来事を詳しく思い出してもらった。

このメソッドを使うと、参加者は個人的なストーリーを話しやすくなり、チームは貴重なインサイトを得ることができた。そこから、利便性、清潔で環境に優しい、健康、マイペース、効率性、社交、喜びというテーマを設定。また、速やかに健康的な選択肢に対処する、その人の食べ方に合わせたパーソナル・スペースを設ける、食品を購入・消費しつつ個人的な交流機会を生み出す、といったデザイン原則も定めた。チームはこの分析を踏まえて、次のステップでコンセプト開発に向けた有望な機会領域を明らかにした。

WHAT IT DOES　　　　　内容

　ユーザー・フォト・インタビューは、フォト・エスノグラフィーとエスノグラフィー・インタビューの要素を組み合わせたメソッドだ。参加者には一定期間、写真を使って特定の活動に携わったり経験したりする様子を記録してもらい、その後インタビューを行う。インタビューでは、参加者と一緒に写真を見ながら、オープン・クエスチョンを用いて写真の説明をしてもらい、参加者に関する情報を集める。聞き出した話は、ユーザー経験や未充足ニーズに関する豊富な情報やインサイトの源となる。

HOW IT WORKS　　　　　進め方

○ステップ1：調査手順の策定
　誰に、いつ、どこで、何枚、写真を撮影してもらうかを決め、ガイドとするフレームワーク（POEMSなど）を選ぶ。

○ステップ2：リソースの用意
　日記のテンプレート（紙や電子媒体）と説明シートを作成する。（利用する場合は）使い捨てカメラを用意し、デジタル写真共有サービスを立ち上げる。

○ステップ3：参加者への説明
　撮影対象（ある活動に関係するすべての人、物、環境、メッセージ、サービス）、撮影期間、提出手順（使い捨てカメラの返送先、デジタル写真のアップロード先）、芸術性にこだわらず手軽に自由に撮ることなどの撮影方法について説明する。（利用する場合は）使い捨てカメラと日記のテンプレートを渡す。

○ステップ4：中間フィードバック
　理想的には、最初に撮ってもらった写真を共有し、参加者と一緒に点検し、参加者へのフィードバックの機会とする。誤解している点があれば訂正し、参加者からの質問に答え、技術的な問題を取り除き、できるだけ新しいもの、異なるものに集中してもらう。

○ステップ5：インタビュー
　理想的には撮影した場所で、参加者にそれぞれの日記を振り返ってもらう。調査員は質問し、メモをとりながら、インタビューで語られた内容をすべて記録する。

○ステップ6：チームで情報共有
　インタビュー直後に、学習したことをチームに報告し、必要に応じて、フォローアップ計画を立て、参加者にさらに説明を求める。

Cultural Artifacts

文化的アーティファクト

社会文化集団の文化を汲んだアーティファクトを使って、参加者がどのように認識しているかを探る

BENEFITS	■ 共感が持てる ■ ユーザーの見解が把握できる
	■ アーティファクトに基づいた会話となる
	■ 遊び心を促進する ■ 意外な事実がわかる
INPUT	■ プロジェクトのテーマ
	■ 調査対象のユーザー・グループにとって関連する重要なアーティファクト
OUTPUT	■ ユーザーの活動と思考プロセスについての深い知識
	■ キットとユーザーが行った活動

EXAMPLE PROJECT

▷糖尿病コムニダード (2009年)

　糖尿病コムニダードは、文化的なレンズでコミュニティと健康を調査するプロジェクトだ。持続可能な福祉に向けて地域保健モデルを再考し、病気予防策を作り、患者を支援することを目指して、糖尿病患者率が高いシカゴのラテン系アメリカ人居住地区を中心に実施された。

　同コミュニティにおける食物とコミュニティに関わる健康意識を把握するために、チームが用いた調査手法の1つが文化的アーティファクトだ。参加者たちと強い文化的、感情的なつながりを持つために、伝統的なメキシコのビンゴゲーム「ロテリア・カード」を活用。9つの質問とともにカード入りのキットを配布し、参加者に自宅で空き時間を使って、楽しみながら、ストレスを感じることなく、探索的に取り組んでもらった。質問の回答は記述ではなく、カードのイメージを使って説明するやり方でもよい。2週間後にキットを回収。参加者の回答を分析し、より深い意味やインサイトを探った。回答の背後にあるストーリーを理解するために、フォローアップ・インタビューも実施した。

　文化的アーティファクトなどから得られた調査データは、プロジェクト後半での分析結果と統合できるように編集された。後半段階では、社会変革の実演モデルとして、同地域での糖尿病や肥満対策にどう貢献できるかに絞って検討した。

WHAT IT DOES　　　　　　　　内容

これは、感情の高まりや人々にとって文化的に意味のあるアーティファクト（人工物）を活用するメソッドだ。ここでいう「文化」とは、国籍や民族に限定されない。社会文化集団には、特有の習慣、振る舞い、伝統、考え方、日常生活での行為が存在する。つまり、どの集団にもそれぞれの文化があるのだ。文化的アーティファクトは、その文化の一定要素（有形物や、集団独特の信仰などの無形物）を、その集団に関連するアーティファクトに再適用し、他の調査メソッドでは見落とされてきた人々の認識に迫る。

HOW IT WORKS　　　　　　　　進め方

○ステップ１：キットの準備とタスクの設定

特に対象者グループの文化的側面を考慮しながら、使い捨てカメラ、記録用の日記、ボイスレコーダーやビデオレコーダー、文化的アーティファクトの入った調査キットを開発する。アーティファクトを用いて感情的な反応を引き出せば、伝統的なエスノグラフィー・インタビューでは不可能だった深いレベルの会話ができる。キットには、参加者のタスクに関する説明も入れる。たとえば、キット内のアーティファクトについて話したり解釈したりするための質問やリクエストを用意する。

○ステップ２：参加者への説明

参加者に、キット内のアーティファクトやタスクを説明する。参加者が問い合わせられるように、資料に使用説明書や連絡先をつける。

○ステップ３：実施期間の設定

参加者がストレスのない環境で、暇なときに取り組めるように、回答の時間は十分にとる。

○ステップ４：キットの回収

自分でキットの回収に行くか、着払い伝票で返送してもらう。

○ステップ５：情報の分析

回収したキットからの情報を分析し、参加者に感想を聞くためにインタビューの準備をする。

○ステップ６：インタビューの実施

このメソッドではインスピレーションが大事なので、半構造化インタビュー（事前に大まかな質問を設定しておき、回答者の反応を見ながら調整する）でフォローアップし、参加者の反応を見ながら深掘りする。

○ステップ７：インスピレーションの活用

参加者のインスピレーションをインサイトに組み込むと、ペルソナ（仮想ユーザー像）やシナリオが生み出しやすくなる。

Image Sorting

イメージ・ソーティング

対象者に象徴的なイメージを分類してもらい、特定のテーマに対する考え方や態度を探る

BENEFITS	■ ユーザーの見解が把握できる
	■ アーティファクトに基づいた会話となる
	■ 証拠が得られる
	■ 関係が明らかになる
INPUT	■ プロジェクトのテーマ
	■ ユーザーと抽象概念について話し合うのに役立つ包括的なイメージ
OUTPUT	■ あるテーマに対するユーザーの価値観と態度に関する観察結果

EXAMPLE PROJECT

▷ シーズファイア・シカゴ（2009 年）

シーズファイア・シカゴはデザイン・チームと共同で、行動変容を通じた暴力抑止策を検討していた。暴力というテーマについて人は感情的になりやすく、文化の違いがインタビューの障壁となりかねない。それを懸念したチームは、近所での暴力事件について個人的な話を聞き出すツールとして、物や場所の絵を描いたカードを設計し、イメージ・ソーティングを実施することにした。

チームは無作為に選んだ 5 枚のカードを使って、「このカップルがお互いに一番しなくてはならないことは何ですか。彼らの関係はどうなっていますか」というように質問した。カードが会話の糸口になり、その文化に浸透している信条、感情的・社会的つながりについて洞察に満ちた議論をすることができた。たとえば、コミュニティで暮らし、それほどリスクにさらされていない住人は、なるべく巻き込まれたくないが、家族や友人は守りたいと思っていたのだ。こうしたイメージから人種的なステレオタイプに陥らないよう、アウトリーチ・ワーカー（福祉や公共サービスなどで地域に出向いて支援する人々）の手を借りてカードを選定した。最終的に、台所からデイリープラザ（シカゴ中心部の広場）、教科書からロック音楽まで、近隣で経験する幅広い事象をカバーした 59 枚のカード・セットが完成した。

WHAT IT DOES　　　　内容

　イメージ・ソーティングは、人々が特定のテーマから連想したこと、知覚したことを知るためのメソッドだ。事前に用意したイメージを使って分類、議論、ストーリー作りなどをしてもらい、その人がある状況で他者、場所、対象物と関連づけながら抱く感情、関係、価値観に迫る。たとえばお金のイメージは、職探しのコンテクストでは成功や昇進などの感情を、犯罪のコンテクストでは脆弱さや腐敗を意味するかもしれない。これは、伝統的なエスノグラフィー・インタビューでは見落とされてきた抽象概念や感情について話し合うきっかけとなる。

　イメージ・ソーティングでは、一般的な対象物、人、場所のイメージを参加者に提示し、特定のテーマや基準に沿って分類してもらう。たとえば、社会的責任と個人的野心についてどう感じているかを調べるときは、コミュニティ対単独活動というテーマで分類してもらう。ソーティングは 1 対 1 でも、グループでも実施できる。パターンを見つけ一般化するには通常、様々な参加者とセッションを数回行う必要がある。参加者が多いほうが、特定テーマに対する共通の想いや相違点を理解するのに効果的だ。

HOW IT WORKS　　　　進め方

○ステップ 1：テーマの設定

　プロジェクトの目的を踏まえて、あるテーマに対する人々の考え方を理解するためには、どんな態度を調べればよいかを判断する。サービス・デザインであれば、良いサービス経験と悪いサービス経験の構成要素に対する態度や認識が調査対象となるかもしれない。

○ステップ 2：分類メソッドの選定

　調査内容にふさわしい分類メソッドを用いる。グルーピング・メソッドであれば、特定の基準に基づいてイメージを分類してもらう。たとえば環境意識を調べる場合、「歓迎される考え方」か「気の進まない考え方」かに基づいてイメージを分類し、トップ 10 方式で順位をつけ、個人的な価値観を明らかにする。あるいは、イメージを使って自分の認識や態度を表すストーリーを語るナレーティブ・メソッドも有効だ。

○ステップ 3：イメージの選定

　活動を分類するために用いるイメージを探す。包括的なフレームワークである POEMS（人、物、環境、メッセージ、サービス）を使えば、参加者は多角的に自分の価値観や態度を表現できる。

mode3　人々を知る　　121

○ステップ 4：参加者の募集

　ソーティング作業の参加者を募集する。いつ、どこで、何を、どのような理由で行うか、どのくらいの期間かを説明する。参加者が費やした時間に応じて謝礼を出すことが多い。

○ステップ 5：イメージ・ソーティングの実施

　毎回、最初に参加者に指示を出す。単独またはグループで作業するための時間をとる。最後に、ソーティングの結果を写真に撮る。

○ステップ 6：説明セッション

　参加者にそれぞれの分類の理由を説明してもらう。メンバーはノートをとり、許可を得たうえで音声やビデオで記録する。参加者の考え、イメージからの連想、日常生活との関連性などを幅広く話してもらうと、有益なインサイトにつながることが多い。

○ステップ 7：写真や回答を記録

　見直しや分析に使えるように、イメージ・ソーティングの写真とそれに対する参加者の説明を記録する。チームで参加者の態度や意識について議論し、インサイトを引き出す。

Experience Simulation

体験シミュレーション

擬似体験を通じて、
対象者が重視していることを
理解する

BENEFITS	■ 経時的に情報が把握できる
	■ 比較できる
	■ 経験に注目している
	■ アーティファクトに基づいた会話となる
INPUT	■ 振る舞いや活動についての調査課題
	■ シミュレーションの対象とする経験
OUTPUT	■ ユーザーがある状況でどのような振る舞いや反応を示すかの観察結果

EXAMPLE PROJECT

▷ 高速バスの運行 (2008 年)

　ある大都市の運輸当局は、車両交通量を削減し、公共交通機関の利用者を増やすために、新しい高速バス運行サービスを始めようと考えていた。それは、トレーラーバスを導入し、複数の入り口での運賃支払い、選りすぐりの乗り場サービス、優先信号システムなどの特徴を備えたサービスだ。

　車両の内装デザインを変えた場合に、乗客がどんな行動をとるのか。主な意思決定者が検討するきっかけになるよう、プロジェクト・チームは体験シミュレーションを実施。約 1 日半をかけて、椅子 61 脚、テープ 2 本、木質ボード 6 枚、発泡コアシート 9 枚、グラフィック印刷を用いて準備し、忠実な再現ではないが、実寸大で体験できるようにした。チームはこのシミュレーションを通じて、乗客の経験や運行業務を向上させることができた。これは「実践から学ぶ」アプローチとなり、運輸当局担当者とチーム間のコミュニケーションが促進され、情報に基づく迅速な意思決定へとつながった。

WHAT IT DOES　　　　　内容

　体験シミュレーションは、特定の状況における人々の振る舞いや反応を理解するためのメソッドだ。新しいサービス、環境、インタラクションなど経験を伴うイノベーションに取り組むときに役立つ。たとえば、栄養関連情報をラベル、表記、対面指導で提供すると、どのように食品の選択や購入に影響を及ぼすかを調べる場合、フード・スタンドを用意して様々な伝達方法を体験してみる。このメソッドは、ユーザーが最も重視することについても調査できる。ある環境を作って参加者をそこに呼び、一定時間、特定の活動に従事してもらい、参加者がどう反応するかを観察するのだ。また、フォローアップ・インタビューでユーザー経験の詳細や全体像を理解する。

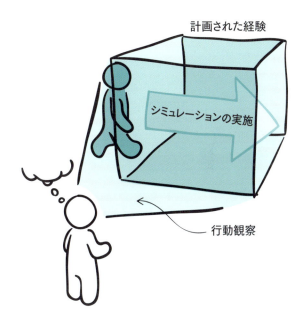

HOW IT WORKS　　　　　進め方

◯ステップ1：調査対象の明確化

　調査対象とする振る舞いや活動を決める。たとえば、消費者はスーパーでどのように自然食品を選ぶか。親はどうすればブロック遊びを通じて子どもに物理を教えられるか。

◯ステップ2：シミュレーション対象の選定

　どの側面をリアルに再現する必要があるか、どの側面がシミュレーションできるかを判断する。たとえば、実際にスーパーマーケットに行くことが必要か、会議室に架設の店を作れば間に合うか。

◯ステップ3：シミュレーションのデザイン

　環境を用意し、必要な物をつくり、メッセージとサービスを用意し、シミュレーションする担当者を決める。参加者を募る（事前に行う場合も、現場や街頭で声をかける場合もある）。

◯ステップ4：シミュレーションの実施

　実施期間は数時間、あるいは数週間、時にはテスト店舗のように半永久的な場合もある。シミュレーションの尺度と期間が違えば、必要な計画、要員、リソースのレベルも変わってくる。

◯ステップ5：振る舞いやインサイトを把握

　観察担当者はノート、ビデオ、音声、写真を使って、修正可能なプロセス上のギャップや問題点を特定する。気づいたことは文書にまとめる。フィードバックを多く集めるために、チームや参加者と一緒に気づいた点を話し合う。

mode3 人々を知る　　125

Field Activity

フィールド活動

対象者が実際に現場で
活動する様子を観察した後、
インタビューを行う

BENEFITS	■ 共感が持てる
	■ 経験に注目している
	■ アーティファクトに基づいた会話となる
	■ コンテクストの中で学習できる
INPUT	■ 調査対象とする振る舞いと活動
OUTPUT	■ 実際の状況で観察されたユーザーの振る舞い方

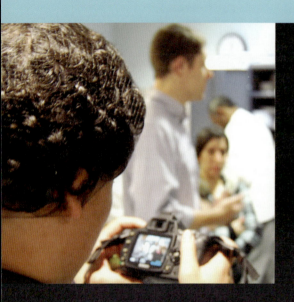

EXAMPLE PROJECT

▷ 高校中退者のキャリア機会（2008年）

アメリカの16～24歳の若者のうち400万人が高校を中退し、卒業資格の取得にも前向きではない。こうした高校中退者の若者たちは、やりがいのある就職先を見つけられず、生活苦に陥っていることが多い。デザイン・チームはNPOと共同で、彼らが職場に定着し満足のいくキャリアを積めるよう取り組んできた。

チームは調査の一環としてフィールド活動を行い、高校中退者が様々な企業や職業と接する機会を創出。フィールド活動には企業4社と6人の若者が参加し、シカゴ内の広告代理店、不動産会社、写真撮影スタジオ、劇場などで2日間かけて行われた。チームの目的は、実際の様子を見せて、高校中退者がどれくらい興味を示すかを把握すること。また、興味を活かせばその人の強みが明らかになる、実際に仕事を任されれば前向きな反応を示す、という前提を検証することだ。高校中退者と企業側からの報告によると、若者たちは実際に接した仕事に関連性や将来の可能性を見出していた。全体的な経験を通して、若者たちはつながりを深め、参加姿勢や意欲を高めていたのだ。

WHAT IT DOES　　　内容

　フィールド活動は、調査対象者に実際の状況に関与してもらい、それにどう反応するかを理解するためのメソッドだ。まずユーザーを現場に連れていき、特定の状況で一定の活動に従事してもらい、その行動を観察する。その後、フォローアップ・インタビューを行い、そこでの体験を語ってもらう。集めた声を見直しながら、ユーザーの振る舞いに関する前提を評価し、満たされていないニーズを特定し、追加調査を行う。

HOW IT WORKS　　　進め方

○ステップ1：調査対象の明確化
　イノベーション目的に基づいて、実際の状況で調べたい振る舞いを特定する。その主な目的は、ユーザーの振る舞いについて前提を検証し、未充足ニーズを発見することにある。

○ステップ2：対象者の明確化
　現場に連れていくユーザー像を明らかにしてから、募集をかける。フィールド調査の学習目的について説明する。

○ステップ3：活動の決定
　一定の活動に従事してもらう手配をする。たとえば、オフィスに参加者を連れていき、現場の作業に携わってもらい、そこでどんな反応を示すかを調べる。具体的な活動を見るのか、全体的な経験を見るのかも決めておく。

○ステップ4：フィールドに集合
　オリエンテーション資料を作成し、参加者にフィールドで何をやってもらうかを説明する。そのフィールド環境では、どのくらい参加者の活動を受け入れられるかを判断する。活動を進めながら、参加者にガイダンスを行う。

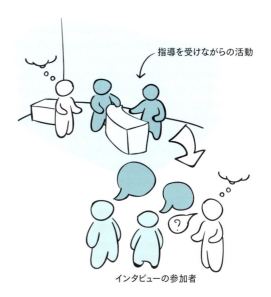

指導を受けながらの活動

インタビューの参加者

○ステップ5：フィールド活動の観察
　ビデオ、写真、フィールド・ノートなど観察事項を記録する方法を決めておく。フィールドにいる全員に、調査目的で観察や記録が行われていることを周知徹底する。

○ステップ6：インタビューの実施
　フィールド活動の終了後、参加者と対話して、反応、意見、視点を学ぶ。質問しながら、観察したこと、学んだことを明確にする。インタビューの結果は書き留めておく。

○ステップ7：調査結果の整理とディスカッション
　観察とインタビューの両方の結果をまとめる。メンバーや他のステークホルダーと共有し、今後の分析に活用する。

mode3 人々を知る　　127

Remote Resarch

リモート調査

オンライン調査ツールを使って、
ユーザーのセルフ・
ドキュメンテーションを調べる

BENEFITS	■ リーチしにくいユーザー・グループにアクセスする
	■ 共感が持てる
	■ 経時的に情報を把握する
	■ ユーザーの見解が把握できる
	■ すぐ利用できるように情報が整理される
INPUT	参加者の内省的な反応が役立つテーマ
OUTPUT	あるテーマをめぐる、態度、モチベーション、思考プロセス、関係するストーリーに関するユーザー・ドキュメント

EXAMPLE PROJECT

▷インドでの自動車調査（2008年）

　大伸社はデザイン・チームと共同で、インド市場に入り込み、インド人の自動車の選び方、使い方、評価方法に関するインサイトを発掘し、戦略提案をまとめることにした。デザイン・チームは定性調査の一環としてリモート調査を実施。ユーザーの自動車選び、購買、資金調達、利用、維持、処分などの活動を探った。これは、インド各地の家族を対象とした1週間のエスノグラフィー調査を補完する目的で行われた。

　リモート調査の参加者には、日常生活の中で自動車を使う様子を写真に撮ってもらうよう依頼。写真共有コミュニティサイト「フリッカー」に短い説明をつけて写真をアッ

査員はスカイプを使ってフォローアップ・インタビューを行い、その写真を撮った理由や背後にある意味について話し合った。

　このリモート調査によってインサイトが追加されただけでなく、これまでの観察結果を検証でき、新たな観察にもつながった。自動車経験は家族中心である、男性優位の活動だが女性の意見も反映される、文化的要因のためにカスタマイズや人間工学が必要、といったインサイトをもとに、「自動車の調査と購入」「自動車のスペック」「自動車の利用と活動」という3テーマを設定。ここからインド市場向けの実用的なデザイン基準

WHAT IT DOES　　　　　内容

リモート調査は、ウェブ・ツールを使ってユーザーにセルフ・ドキュメンテーションしてもらうメソッドだ。調査員がフィールドに行かなくても、インターネットを使って世界中の複数拠点を同時に調査できる。オンライン・ツールにアクセスするためのログオン情報を参加者に送り、調査の説明や内容を連絡。その後、参加者が活動について書き込み、写真や動画をアップロード。調査員とオンラインで直接やりとりする。ユーザーのアップロード情報を調査資料にまとめれば、引き続き見直しや分析ができる。この継続的なモニタリング機能のおかげで、調査員はリアルタイムで結果を追跡し、ユーザーとコミュニケーションをとることができる。そこから新たな調査課題の発見にもつながる。

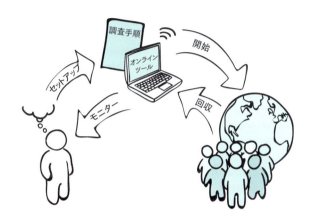

HOW IT WORKS　　　　　進め方

○ステップ 1：調査対象の明確化

　イノベーション目的に基づいて、調査したい具体的な活動を明らかにし、調査範囲を決める。調べる対象は、ユーザーの具体的な活動や反応か、全体的なユーザー経験か。

○ステップ 2：対象者の明確化

　調査対象者を手配する際には、選定理由、調べたい内容を記載する。参加者との連絡のとり方や募集方法を決める。

○ステップ 3：調査手順のアップロード

　参加者に期待すること、調査の実施期間、謝礼について知らせる。参加者がいつデータをアップロードし、オンライン・インタビューに参加し、オンライン参加者フォーラムに出席するかを示した細かなスケジュールを提供する。

○ステップ 4：オンライン・ツールの選定

　利用可能なオンライン調査ツールを調べ、最適なものを選ぶ。写真や動画の共有サイトを使って、リモート調査を実施できる。こうしたサイトを使う場合、部外者がアクセスできないように、パスワードで保護された仕組みを用意する。

○ステップ 5：調査のモニター

　参加者に写真とその活動の説明をアップロードしてもらい、そのときの態度、モチベーション、思考プロセス、関連するストーリーも表現してもらう。アップロード情報を見直し、情報が不完全だったり明確化が必要な場合は、オンライン・ツールを使ってコミュニケーションをとり、修正したり、参加者からの質問に対応したりする。

○ステップ 6：チームで情報共有

　オンライン・プラットフォームを使う場合、データを分析用レポートに集約できることもある。そのプロセスから学んだユーザーの態度、モチベーション、思考プロセス、関連するストーリーを書き出す。比較分析しやすいように、収集した情報は記録する。

User Observations Database

ユーザー観察データベース

様々なプロジェクトで得られた観察データとインサイトを整理して共有する

BENEFITS	☐ 知識ベースが構築される ☐ 体系的に分析できる
	☐ 大きなデータセットが扱える
	☐ 情報が整理される
	☐ パターンが明らかになる ☐ 移行をサポートする
INPUT	☐ これまでに行ったユーザー調査で得られた全データ（観察、写真、ビデオなど）
OUTPUT	☐ 体系化され検索可能なユーザー観察データのアーカイブ（保存記録）

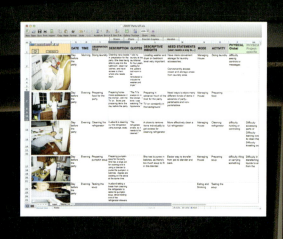

EXAMPLE PROJECT

▷ ホーム・エンタテインメント（2005 年）

　ある大手家庭用品メーカーは IIT デザインスクールのチームと共同で、自宅でのエンタテインメントというテーマに取り組んだ。シカゴ在住の 5 家族を対象に 1 次調査を実施。自宅でパーティーを開き、企画から始まる全プロセスを写真に撮ってもらった。終了後のインタビューでは、「POEMS」や「5 つのヒューマンファクター」などの記述的フレームワークを参考にして質問を設計した。

　ノートや写真などの観察記録はすべて、ユーザー観察データベースに収められた。これは、大量のデータを管理するための Excel を使った調査収集ツールで、最初の欄に写真を添付し、後はテンプレートに沿って情報を入力していく。スプレッドシートには観察データを様々な形で分類、集計、グループ化、分析できるという基本的な特徴があり、貴重なインサイトを素早く見つけ出せる。様々な目的でキッチン用品を使う長い調理プロセスも、複数段階に分けて管理できたのだ。このデータベースは、他の関連プロジェクトでも有益なツールやリソースとなった。

WHAT IT DOES　　　　　内容

ユーザー観察データベースは、ユーザーを観察しながら集めたデータを整理するメソッドだ。データの形態は、ビデオ、写真、フィールド・ノート、図表など多様だ。「POEMS」と「5つのヒューマンファクター」などのフレームワークを用いて、各データにラベルを付ければ、キーワード検索が容易になる。プロジェクトが完了するたびに収集データが増えるので、データベースは時間とともに拡充されていく。このデータベースは、特定の観察データの検索だけでなく、観察データの集合（クラスター）のパターン発見にも役立つ。最初はデータ入力に手間がかかるが、多数のプロジェクトで得られた大量の観察データを活用・分析できるので重宝する。

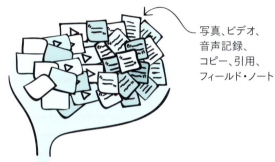

HOW IT WORKS　　　　　進め方

○ステップ1：入力データの特定

様々な調査方法から観察データを集め、入力しやすい統一の説明フォーマットで記入する。入力データは、ビデオ、写真、フィールド・ノート、図表、コピー、音声記録、他のメディアの場合がある。データはすべてデータベースにアップロードする。

○ステップ2：データの目録作成

アップロードしたデータセットごとに、プロジェクト名、調査員、日付、場所、タイトル、説明、引用、コメント、他の関連情報を加える。

○ステップ3：データラベルの付与

複数のフレームワーク（POEMS、5つのヒューマンファクターなど）を用いて、各データにラベルを付ける。一般的なラベル（キッチン、母親、料理本、テレビなど）や、プロジェクト特有のラベル（シカゴ、若い母親、マーサ・スチュワートなど）を用いる。

○ステップ4：キーワード検索の実施

キーワード検索機能を使って、今回の調査結果と、過去のプロジェクトの結果を比較する。調査結果の間でパターンを探し、新しいインサイトに目を光らせる。

○ステップ5：検索結果の整理

検索結果の概要を用意し、パターンの分析から得られたインサイトを説明する。コンセプト開発のために、注意すべき重要な振る舞いがあるか。同じく、過去のプロジェクト結果との違いにも注意する。メンバーと調査概要を共有し、フォローアップ調査や今後の分析について話し合う。

mode 4

FRAME INSIGHTS

インサイトをまとめる

　モード 2、3 では、イノベーション・プロジェクト
のコンテクストを理解する方法や人々の経験やニー
ズを見つける方法を紹介してきた。モード 4 では、
見つけたものを明確に理解する方法を扱う。収集し
たデータに分析フレームワークを適用することで、考
えを整理し、明確な視点を得ることができる。紹介
するメソッドやツールは、大量のデータから重要なイ
ンサイトを導き出し、簡潔で実行可能なイノベーショ
ン原則を策定するのに役立つ。

FRAME INSIGHTS
mindsets

インサイトをまとめる　マインドセット編

　このモードでは、コンテキストや人に焦点を当てた現実的な世界から、インサイト、原則、システム、アイデアという抽象的な世界へと移る。実世界で学んだことを解き明かし、大量の曖昧なデータセットから重要なインサイトを発掘するのだが、これは、産業デザイナーのジェイ・ダブリンの言葉を借りると「霧の中から立方体を切り出す」のに等しい。

　イノベーションの対象となる人々の行動や特徴は多岐にわたる。コンテキストも複雑で、相互に結び付いた密接なネットワークが張り巡らされている。こうした複雑なシステムを積極的に探り、厳密にデータ処理し、多様な視点や角度から調査結果を捉えていく。様々な不確実性と向き合い、曖昧な部分を考え抜くのだ。図表などでビジュアル化して自分の考えを明確にし、同僚と協力し合い、ステークホルダーとうまくコミュニケーションを図る。こうしてある程度の明確さを実現して、イノベーションの新しい機会を見極める。さらに、信頼できるガイドラインや原則も策定する。言い換えると、重要なイノベーションのコンセプトを統合するための強い基盤を固めることが、このモードのマインドセットなのだ。

mindsets

システムを探る　**Exploring Systems**

パターンを探す　**Looking for Patterns**

概要を作成する　**Constructing Overviews**

機会を特定する　**Identifying Opportunities**

指針を示す　**Developing Guiding Principles**

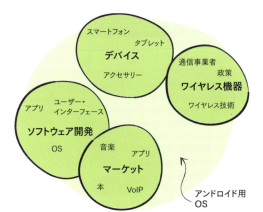

グーグルのアンドロイド携帯用OS「ハニーコム」は、幅広いユーザーに対応できるよう、重要な関係にある対象物が相互に複雑に結び付いたオープンモバイル・プラットフォームだ。ユーザー・インターフェース、OS、アプリ、アプリ・マーケット、音楽、本、VoIP（音声データを送受信する技術）、スマートフォン、タブレット、ワイヤレス技術、通信事業者、政策などの対象物はすべて複雑な階層システムで相互に結ばれ、調和・機能しながら魅力的なモバイル経験を生み出している。さらに、同システムのオープンな性質はアンドロイドの急成長に寄与している。

mindset　　　　　　　　　　　　　システムを探る

　成功するイノベーションのコア原則の1つは、システムの観点で考えることだ。この原則はイノベーション・プロセスの全モードにあてはまるが、最も顕著なのがこの「インサイトをまとめる」モードにおいてである。ここでは、イノベーションの課題の複雑さに迫るが、それには自分なりのシステムの観点を生み出さなくてはならない。複雑な実世界のシステムに適した、絶好のチャンスだと言えるコンセプトを創り出すときなのだ。システムの観点で考えれば、狭い視野で性急に選択肢を絞り込むという落とし穴を回避できる。

　システムとは、人々、製品・サービス、組織、市場などの対象物が集まったものだ。対象物の間には類似、付属、補完などの関係があり、金銭、財、情報の移動のようなフローも見られる。対象物やその関係は、デモグラフィック（人口動態）、価格、ブランドなどの属性を持っている。システム内の対象物は様々なレベルで構成され、階層がある。システム内には独自のダイナミクスが働き、時間とともに変化する。以上は単純化したシステムの定義だが、イノベーション課題を理解するための出発点には十分だ。

　このモードでは、ネットワーク図、ベン図、階層構造のツリー、2軸のポジション・マップなどで、システムをビジュアル化する。複数の視点からシステムを探れば、有益なパターンを特定し、重要なインサイトが得られる。

mindset　　　　　　　　　　パターンを探す

　人間中心の調査ではよくあることだが、複雑で曖昧な定性データを大量に扱う場合、人々やコンテクストの状態を細部まで完全に理解し表すことは総じて不可能だ。ノートも、ビデオも、微妙な意味合いもあまりにも膨大な量で、何もかも知ることは到底できない。幸い、ランドスケープ全体を完璧に理解することがイノベーションの成功に不可欠というわけではない。重要なのは、データ内の関連するパターンを理解し、アイディエーション（アイデアの発想・創造）に主眼を置いた一般原則を明らかにすることだ。

　パターンを見つけるためには、インタビューで頻出する用語集を作ったり、データを分布図にしたりする方法がある。観察結果にスコアを付け、分類し、集合を作ってみると、パターンがわかることもある。ビジュアル化されたパターンは分析やコミュニケーションの強力なツールとなる。

　パターンを見つけることの重要なメリットは、細かな「バラバラ」のデータから、一般化・抽象化しやすいモデルへと移行できることだ。コンテクストの仕組みを示すモデルがあれば、視点が定まり、インサイトを引き出し、イノベーション原則を策定しやすい。

共有可能なデータベースとビジュアル化テクニックの発展により、都市は行政サービス、施設、業績に関するデータを市民に公開できるようになった。ニューヨーク、サンフランシスコ、シカゴなどの都市はホームページで、予算、犯罪、住居、輸送、雇用の状況について、ビジュアル化やパターン発見に役立つ様々なツールを提供している。こうしたオープンソースの系統的なデータを使えば、パターンをビジュアル化し、速やかにインサイトを得るのに役立つ。

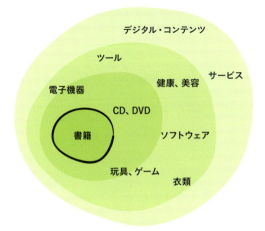

オンライン取引の初期に、アマゾンはオンライン小売り、顧客インタラクション、書籍販売ビジネスを十分に理解した上でイノベーションのフレームワークを構築した。強力な顧客インターフェース上に、本の閲覧、様々な選択肢、書評、他の人が買った類似書籍の情報、ワンクリックの注文プロセスなどをすべて備えたのだ。だがアマゾンは、他の製品やサービス（DVD、CD、MP3のダウンロード、ソフトウェア、ゲーム、電子機器、衣類、家具、食品、玩具）を扱えば、書籍販売のイノベーションをより大きな小売り分野に簡単に拡張でき、世界最大のオンライン小売業者になれるという、より大きな概要フレームワークを構想していた。

mindset　　　　　　　　　　　概要を作成する

データ内にパターンが見つかるとインサイトを引き出しやすいのと同様に、概要をまとめることもコンテクストを理解するのに効果的だ。難しいイノベーション・プロジェクトでは、調査を通じて大量のデータを入手する。調査手法を厳密に使えば、複雑なデータから体系的にインサイトを発掘できる。さらに、そのプロセスに没頭しながら明確な焦点を持つことが、豊富なインサイトを見つけるには欠かせない。だが難しいのは、パターンやインサイトの概要をビジュアル化し理解するという、より高度な包括的レベルにマインドセットを引き上げることだ。

良い概要は適切なマップのような働きをする。つまり、実態より省略されてはいるが、チームやステークホルダーが議論、アイディエーション、意思決定を行うのに十分な情報を提供する。また、チームが潜在的ユーザーについて幅広く理解・共感できる形で、実在する人々やその経験に関するストーリーを示し、多くの場合、プロセス、ジャーニー、状況などを説明する。

概要は包括的で、コンテクストの中心と周辺の両側面を示す必要がある。たとえば、ペットを飼うというコンテクストの概要には、ペットの入手方法やペット用品購入などの情報だけでなく、そもそもペットを飼う理由、飛行機に乗せるなどの特別な状況におけるペットの扱い方、可愛がっていたペットの死を思い出すプロセスなども含まれるはずだ。コンテクストの「尖った部分」でインサイトを得ることは、以後のモードでみんなが見逃していたコンセプト案を探していく際に非常に役立つ。

mindset　　　　　　　　　機会を特定する

　成功している起業家が新たな冒険の機会を果敢に探し続けるように、イノベーターも人々や組織に新しい価値をもたらす製品・サービスを見出す方法を追い求める。このモードでは、ニーズとコンテクストに基づいて最も有望な機会に目を光らせる。全体的なシステムとしてコンテクストを分析することは、優れた機会発見アプローチだ。

　たとえば、アメリカのヘルスケア業界のイノベーターは、患者や医者のための価値ある製品・サービスだけでなく、病院、薬局、保険会社、製薬会社など、巨大な経済的利害関係を持つ全プレーヤーへの価値創造の機会についても考える必要がある。システム内の全ステークホルダー間の価値フローをイメージするというシンプルなメンタルモデルでさえ、重要な機会領域を探るための良い診断ツールになり得る。

　見逃されていた機会は多くの場合、そのテーマの中心ではなく、周辺部や隣接領域に存在する。インスピレーションを得るには、そうした領域に注意を払うとよい。

インド最大級のコングロマリットのゴドレジ・グループは、エクセレンスを絶えず追求する中で、（ハーバード・ビジネススクールの）クレイトン・クリステンセン教授が提唱した「破壊的イノベーション」の機会を探り当てた。インドの農村部で暮らす膨大な数の人々に手頃な価格で使いやすい家庭用冷蔵庫を提供すれば、大きなチャンスになると気づいたのだ。ゴドレジのチームはこの機会を積極的に追求し、破壊的イノベーションとなる冷蔵庫「チョットクール」の開発に全力で挑んだ。

マハトマ・ガンジーは、普通の人々の暮らしの中で目にしたものをすべて強力な指針にまとめ、周囲の人々に影響を及ぼし、社会イノベーションを起こした人物だ。たとえば「非暴力主義」は、自由をめぐる闘争の常識とはかけ離れていたが、社会変革に強い影響を及ぼした。この指針を示すことで、ガンジーは貧困の緩和、女性の権利拡大、宗教的・民族的な結び付き、経済的自立、外国統治からの独立に向けた革新的取り組みに全力を投じることができた。

mindset 　　　　　　　　　指針を示す

　このモードの様々な活動から導き出した豊富なインサイトを何とか実行可能なものにすれば、強力な基盤に基づいてコンセプトを掘り下げることができる。何を創るか検討する際に、ガイドラインや原則を考えてみるとよい理由はここにある。イノベーション・プロセスを通じて学習したことから、注意深く原則を導き出さなくてはならない。メンタル・ツールを使って、インサイトや観察内容から意味のある集合を取り出し、イノベーションの取り組みを推進する指針へと転換させるのだ。このモードのメリットは、コンセプト開発に用いる創造的プロセスが、実生活の課題・機会に裏打ちされた一連の原則に基づいていると確信が持てることにある。

FRAME INSIGHTS
methods

インサイトをまとめる メソッド編

43. Observations to Insights 観察データ分析 **142**

44. Insights Sorting インサイト・ソーティング **144**

45. User Observation Database Queries ユーザー観察データベース・クエリ **146**

46. User Response Analysis ユーザー回答分析 **148**

47. ERAF Systems Diagram ERAF システム図 **150**

48. Descriptive Value Web 記述的バリュー・ウェブ **154**

49. Entities Position Map ポジション・マップ **156**

50. Venn Diagramming ベン図 **158**

51. Tree/Semi-Lattice Diagramming 樹形図・半束図 **160**

52. Symmetric Clustering Matrix 対称クラスター表 **162**

53. Asymmetric Clustering Matrix 非対称クラスター表 **166**

54. Activity Network 活動ネットワーク **170**

55. Insights Clustering Matrix インサイト・クラスター表 **174**

56. Semantic Profile 意味論的プロファイル **178**

57. User Groups Definition ユーザー・グループ定義 **180**

58. Compelling Experience Map 経験魅力度評価マップ **182**

59. User Journey Map ユーザー・ジャーニー・マップ **186**

60. Summary Framework 概要フレームワーク **188**

61. Design Principles Generation デザイン原則の策定 **190**

62. Analysis Workshop 分析ワークショップ **192**

140　101 Design Methods

インサイトを
まとめる

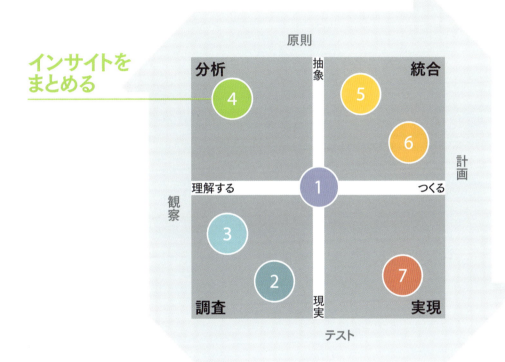

mode4 インサイトをまとめる

Observations to Insights

観察データ分析

表面化されていない意味を
明らかにしながら、
調査で観察したことから学ぶ

BENEFITS	■ 移行をサポートする
	■ 知識ベースが構築される
	■ 包括性が高まる　■ プロセスに透明性を持たせる
	■ 共通理解が進む
INPUT	■ 人々とコンテクストに関するモードで把握した全観察データ
OUTPUT	■ 対応する観察内容に遡ることのできる体系的なインサイト

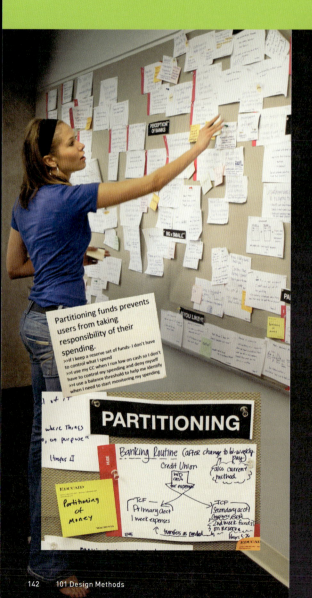

EXAMPLE PROJECT

▷ 未来の取引口座（2011 年）

　デビットカードの取扱手数料や大手銀行の口座手数料の値上げを制限する規制により、中小銀行と信用協同組合にとって新しいサービスの機会が生まれている。会計監査法人ベーカーティリーは、信用協同組合団体と IIT デザインスクールと共同で、次世代の取引口座について調査を実施。89 の銀行と信用協同組合の顧客を対象にオンライン調査を行い、競争状況、現状のサービス、トレンドを探った。事前スクリーニングと電話インタビューにより、取引件数が極端に多いか極端に少ない 18 〜 65 歳のエクストリーム・カスタマーを 7 人特定。デプス・インタビュー（1 対 1 の面談形式）により、各自の銀行との関係、テクノロジーの活用、節約術、報奨プログラムの利用状況を調べた。

　その後、フィールド・ノート、音声記録やビデオをもとに観察内容をホワイトボードに書き出し、全員の回答を比較・分析。顧客の振る舞いやモチベーションから、6 つの主要なインサイトを導き出した。それは、銀行取引や出費の習慣における家族の役割、製品・サービスの利用を増やすきっかけとなる知識、顧客の日課や振る舞いとの適応性、いつも同じ経験がしたいという願望などに関するものだ。特筆すべきは、回避、恐れ、不安、信用、責任、知識、意志の強さを測定するフレームワークを通して、チームがこうしたインサイトを整理できたことだ。

WHAT IT DOES　　　　　　　内容

　このメソッドは、調査時に観察したことをすべて体系的に考察し、価値あるインサイトを導き出す。一般的な定義によると、インサイトは、ある状況を「見抜く」、もしくは観察対象の「内的性質」を理解する行為だ。「なぜか」と問い、解釈を通じて、観察したことから学びを得る。客観的に理由付け可能で一般受けする解釈も含まれるが、最も有益なのは意外性のあるインサイトだ。たとえば、「椅子を2、3インチずつ動かしてから座る人が非常に多い」ことが観察された場合、そこから「人は物を手に入れる前に、自分のものだと宣言するために、自分がそれを支配していることを示す」というインサイトにつながる。

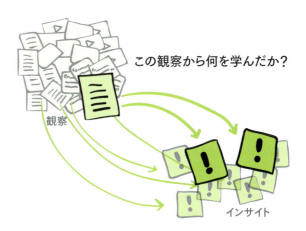

HOW IT WORKS　　　　　　　進め方

○ステップ1：データ整理
　フィールド・ノート、写真、ビデオや音声の記録、事実、他のメソッドの結果から、観察データが得られる。データに1件ずつ、何が起こっているかについて短い説明をつける。その際に、解釈や判断を交えないようにする。

○ステップ2：背後要因の考察
　その観察事項がなぜ起こっているかをグループで考え、人々の行動や振る舞いの背後にある理由を見つける。ある観点で捉えたり、きちんと解釈してみたりする。すべての「インサイト」を書き出し、最も納得できるものを選ぶ。

○ステップ3：インサイトの記述
　インサイトごとに簡潔かつ客観的な説明をつける。インサイトは、具体的な観察内容から導き出した上位レベルの学びなので、一般化して記載したほうがよい。たとえば、レジで支払いを終える前に、袋に入った商品を自分のほうに引き寄せることがある。この場合は、「人は物を手に入れる前に、自分のものだと宣言するために、自分がそれを支配していることを示す」と記述する。

○ステップ4：インサイトの整理
　スプレッドシートで観察内容と対応するインサイトを整理する。多数の観察から1つのインサイトが導かれたり、1つの観察から多数のインサイトが得られたりするので注意する。

○ステップ5：ディスカッションと精緻化
　インサイトについてグループで議論する。そのインサイトはどのくらい意外性があるか。テーマ全体をカバーできるだけの広がりがあるか。さらに調査や検証が必要か。

Insights Sorting

インサイト・ソーティング

集合と階層を探すために、調査で得られたインサイトを手作業で分類する

BENEFITS	■ パターンが明らかになる
	■ 関係が明らかになる
	■ 既存の知識が体系化される
	■ 議論を促す
INPUT	■ 人々とコンテクストに関するモードで把握した全観察データ
OUTPUT	■ パターンや関係を示すインサイトの集合

EXAMPLE PROJECT

▷住居と商業施設のリノベーション (2010 年)

　3Dデザインを手掛けるある企業がIITデザインスクールと共同で、住宅・商業施設の建築や、リノベーション案件の購買意思決定について調査を行った。「製品選択の有効性を確認するため、実際の利用例や信頼できる専門家にすぐアクセスできることが重要だ」「最終デザインの外観や雰囲気を体験すると、デザインの方向性について同意を得やすい」など、40 のインサイトが明らかになった。調査段階の最後に、同社の代表者をワークセッションに呼んで、一緒にインサイトを分析した。

　その際に使ったのが、インサイト・ソーティングだ。インサイト間の関係を確認しながら、集合を作って有益なパターンを探索。リノベーションの知識、期待される価値、プロジェクト期間、所有者、信用などの集合ができた。その後も分類を繰り返し、これらの集合を「価値創造」「役割と専門知識」「共通コンテクスト」「個人的関係」「プロジェクトの透明性」「実現」という 6 テーマに絞り込み、テーマごとに数個のデザイン原則を設定。たとえば「実現」のデザイン原則の 1 つは、「住宅保有者に空間や全般的な利用状況を理解してもらう」というものだ。こうした原則によって、コンセプト開発の方向性が明確になり、コンセプトを精緻化するための評価基準や、戦略計画の追加情報として役立った。

WHAT IT DOES　　　　　　内容

このメソッドは、調査から導き出したすべてのインサイトを集めるところから始まる。付箋にインサイトを書き出し、分類し、納得のいく分類ロジックを探す。その後、全インサイトを再分類し、集合のパターンを明らかにする。パターンを分析すれば、テーマに対する理解が深まるだけでなく、コンセプト開発の強力な基盤になる。このメソッドを最大限に活用するには、インサイトを管理可能な数に留めなくてはならない。小規模なプロジェクトであれば、10個以下にする。このメソッドは、スプレッドシート上のデジタルな分類作業を、アナログで素早くおおまかに行うものといえる。

HOW IT WORKS　　　　　　進め方

○ステップ１：インサイトの洗い出し
　調査から得られた全インサイトを集める。インサイトとは、人々やコンテクストについて観察したことの解釈であり、自明ではないこと、意外性のあること、プロジェクトにとって重要なことを明らかにする。インサイトは1、2文で記述する。

○ステップ２：分類ロジックの決定
　インサイトを書き出した付箋を壁やテーブルに張り出し、インサイト間の「類似性」など、集合を作るためのロジックを話し合い、調整を図る。

○ステップ３：集合の作成
　同意したロジックに基づいて集合を作る。全インサイトについて、なぜその集合に含めるかを議論し、共通認識を得る。必要があれば、安定したパターンに達するまで、分類する作業を繰り返す。

○ステップ４：集合の定義
　それぞれの集合を定義し、全体的な特徴を書き出し、短いタイトルをつける。

○ステップ５：ディスカッション
　集合のパターンを記述し、それが今後のプロセスにどれだけ重要かを議論する。プロジェクトに全体的に対応できる包括性があるか。対処が必要な明白なギャップはあるか。デザイン原則を導き出すのに十分な定義がされているか。コンセプトの評価や精緻化の基準として役立つか。

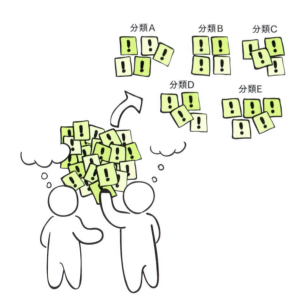

User Observation Database Queries

ユーザー観察データベース・クエリ

観察データのデータベースを使って検索リクエストを出し、回答を得る

BENEFITS	■ 体系的に分析できる　■ 包括性が高まる
	■ 大きなデータセットが扱える
	■ パターンが明らかになる
INPUT	■ ユーザー観察データベースと、調査データのクリティカルマス
	■ 推測されるユーザーの振る舞い
OUTPUT	■ ユーザーの行動パターンについてのインサイト
	■ 収集データの幅の理解

EXAMPLE PROJECT

▷ グローバル・クッキング・プラットフォーム（2007年）

世界の文化は多様だが、料理などの基本的活動には共通項がある。IITデザインスクールはグローバル・クッキング・プラットフォームの開発プロジェクトに着手。料理の文化横断的な共通項に注目しつつ、ローカルなニュアンスを活かすために柔軟性も備えたプラットフォームを目指した。

チームはプロジェクトを4カ月で終えるため、過去のプロジェクト・データが蓄積されたIITのユーザー観察データベースを使って、健康的な食事、キッチンでの活動、キッチンのデザインとリフォーム・プロセス、エンタテインメントなど、6つの調査を選定。シカゴの12家族、南アフリカのヨハネスバーグとケープタウンの20家族、インドのニューデリーとムンバイの6家族の調査データを分析用サンプルとした。

チームはこのデータベースで、異文化における料理活動の相違点を明らかにするクエリを使って検索。最も関連性のあるインサイトを選び、編集した。たとえば、社交の場や多様な作業に適した空間としてのキッチンをめぐるインサイトは、あらゆる文化に共通していた。一方、エネルギー源に対するニーズは、各文化独特の調理プロセスや家計上の制約によって大幅な違いがあった。そこから導き出したデザイン原則は、全文化に共通するものと各文化固有のものがあったが、いずれもプラットフォームのコンセプト開発に役立った。

WHAT IT DOES　　　　　　　内容

　観察データベース・クエリは、世界中の調査プロジェクトから集めたユーザー観察データとインサイトが随時更新されていく、検索可能なデータベースを使うメソッドだ。データベースは、写真、ビデオ、フィールド・ノート、説明、引用、活動、インサイトで構成されている。POEMS（人、物、環境、メッセージ、サービス）などのフレームワークを使ったキーワードも設定されている。

　クエリをかけるときは、こんな行動をとるのではないかと推測しながらデータベースを調べていく。たとえば、キッチンにテレビがあると調理作業に影響が及びそうなら、キーワードを設定し、「キッチンでテレビを見ながら料理する家族メンバー」に関する観察データを検索する。その結果を詳細に点検し、パターンを探し、仮説を検証し、価値あるインサイトにつなげる。

HOW IT WORKS　　　　　　　進め方

○ステップ 1：仮説の設定

　「人々を知る」「コンテクストを知る」モードで得られた調査結果を参考にしながら、起こりそうな行動を推測して書き出す。

○ステップ 2：キーワードの検討

　たとえば、朝食は学校や仕事に行く途中で食べると推測した場合、クエリには「朝食」「途中で食べる」「朝」「通勤、通学」などのキーワードを使うかもしれない。

○ステップ 3：クエリの実施

　ユーザー観察データベースを開き、検索用キーワードを組み合わせて、クエリを送信する。

○ステップ 4：結果の見直し

　写真、ビデオ、フィールド・ノート、説明、引用、活動、インサイト、ラベルなどの欄を設けた表に観察データを整理しながら、検索結果を見直す。観察データに見られるパターンを探し、それが自分の仮説と合っているかを確認する。インサイトを導き出す。

○ステップ 5：修正・再検索

　キーワードの組み合わせを変えながら、検索プロセスを繰り返し、インサイトを探す。別の仮説を立てて、新たなクエリも試す。

○ステップ 6：結果の整理とディスカッション

　クエリの結果と重要なインサイトの要約を記述する。メンバーと共有し、学んだことについて議論する。仮説は検証されたか。どのような行動パターンが見つかったか。データベースには、新しいインサイトを安定的に得られるだけの調査データが蓄積されているか。追加調査の必要があるか。

User Response Analysis

ユーザー回答分析

パターンを理解し
インサイトを引き出すために、
調査参加者の回答を分析する

BENEFITS
- 体系的に分析できる
- 大きなデータセットが扱える
- 調査に基づいている
- すぐ利用できるように情報が整理される
- パターンが明らかになる

INPUT　大量のユーザー回答のデータセット
OUTPUT　ユーザー回答パターンに関するインサイト

EXAMPLE PROJECT

▷女性のオンライン購買行動（2010年）

　オンライン・ユーザー調査プラットフォームの登場により、大量のデータに素早くアクセスできるようになったが、そのせいで複雑さも増している。IITデザインスクールはコミュニケーション・デザイン・ワークショップを通して、ビッグデータと調査結果を伝えるデザイン原則を、効果的・効率的に管理する分析手法を開発。学生チームは、大量の定性データを備えたオンライン調査プラットフォーム「レベレーション」を使って、働く女性が家事をする際のインターネット活用法を探った。

　チームはユーザー回答分析を行い、学生がそれぞれ自分の切り口で定性データを調査。ある学生は、オフラインやオンラインで誰が、何を、誰のために買っているかを調べた。この3つの問いをデータフィルタとして用い、「自分用」の買い物であれば緑、「家族用」であれば青というようにデータを色分けした。ここから、若い妻は自分と夫のために同じくらい時間をかけて買い物をする、子どものいる母親は柔軟性の高いオンライン・ショッピングを好む、年配女性は自分よりも他の人のために買ってあげようとするなど、様々なライフステージの女性に関するインサイトを導出。色分けによって、買い物行動をビジュアル的に詳しく把握できたのだ。それはさらに、この学生が考えた「自分用」購入者向けのデザイン・コンセプトの裏付けデータとなった。

WHAT IT DOES　　　内容

ユーザー回答分析では、ユーザー調査、アンケート、インタビュー、他のエスノグラフィー調査メソッドから収集した大量の定性データを分析するために、色やサイズなどビジュアル化テクニックを使う。まず、エスノグラフィー調査から定性的なテキストデータ（ユーザーの発言）を取り出し、キーワード・フィルタを使ってデータを処理するためにスプレッドシートに取り込む。表に整理して色分けし、ビジュアル化することで、パターンやユーザーの最重要事項に関するインサイトを見出しやすくなる。

HOW IT WORKS　　　進め方

○ステップ１：データ入力

アンケート、インタビュー記録などのユーザー調査データを集めて、スプレッドシートに入力する。

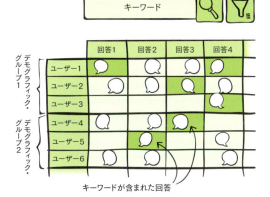

○ステップ２：データ整理

グループ全体、セグメント別（活動タイプ、年齢、性別、使用頻度などの切り口）、個人の回答など、分析対象を決める。比較のために、テーマを選定する。アンケートの質問やインタビューで使ったテーマを用いることがある。そのテーマを見出しとする表を作成する。

○ステップ３：検索方法の検討

キーワード検索は、幅広く行うか、絞り込むかを決める。たとえば、「買い物」というキーワードを使うと、かなり一般的な結果になる。「食料雑貨店」や「ハイエンド小売店」などのキーワードを追加すれば、分析対象にふさわしい結果が得られるかもしれない。

○ステップ４：ビジュアル化

色、形、大きさを変えて、パターンを目立たせるビジュアル化のテクニックを用いる。たとえば、ユーザーの回答を年齢、性別、内容の種類によって色分けする。ビジュアル記号を使うと、マクロの観点で集合を捉え、そこから新しい関係を把握することも可能だ。

○ステップ５：パターンとインサイトの分析

データ分布のばらつきなど、ビジュアル化した図表を分析し、相違点を探る。たとえば、様々な年齢層の女性のオンライン利用状況をビジュアル化して比較すると、20代、30代の女性よりも、40代の女性のほうが、オンライン・バンキングのサイト滞留時間が長いことがわかったりする。集合の相違点を調べ、それに影響を与えそうな事柄を徹底的に問い、インサイトを導き出す。

○ステップ６：インサイトの記録

自分の分析結果とインサイトをまとめ、メンバーと共有する。追加分析の必要性に関する情報も添える。

mode4　インサイトをまとめる　　149

ERAF Systems Diagram

ERAF システム図
対象物、関係、
属性、フローを
図解して分析する

BENEFITS	■ 現状を把握できる ■ 概要がわかる
	■ 共通理解が進む
	■ 関係が明らかになる
	■ 既存の知識が体系化される
	■ 情報がビジュアル化される
INPUT	■ コンテキストとユーザー調査のデータ
OUTPUT	■ 調べたコンテキストを図でビジュアル化

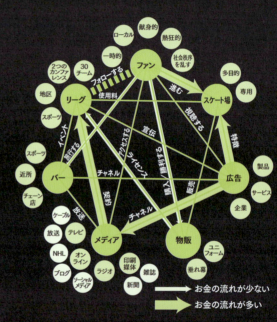

EXAMPLE PROJECT

▷ NHL ホッケー（2008 年）

　スポーツファンをスポーツファンたらしめているものは何か。どんな動機でプロ・スポーツを応援するのか。IIT デザインスクールの学生チームはこのような質問を使いながら、ホッケーファンを増やすための機会領域を特定した。

　チームは北米アイスホッケーリーグ（NHL）の現状を調べた後、ERAF システム図を用いて、NHL とファンの関係を評価。メディアや広告がファンの関与レベルに与える影響を整理した。ERAF システム図で明らかになったのは、ホッケーファン、リーグ、物理的環境、広告、メディア、物販が相互に関係し合った複雑なシステムだ。また、「メディア経由の間接的なインタラクションのせいで、NHL とファンの結び付きが弱い」といったインサイトも見つかり、人生のなるべく早い段階でファンになるよう啓蒙する、ホッケーならではのプラスの要素を目立たせて文化的な誤解を取り除く、という 2 つの主要なデザイン原則が策定された。

WHAT IT DOES　　　内容

　ERAF システム図は、調べるコンテクストのシステム全体を見通せるようにするメソッドだ。システムを構成する全要素や、要素間の相互作用の考察にも役立つ。どのようなシステムであれ、対象物（Entities）、関係（Relations）、属性（Attributes）、フロー（Flows）を調べれば、基本的な理解が得られる。

　「対象物」とは、システムの定義可能な部分であり、システム内に存在する「名詞」（人々、場所、物など）に相当する。学生、学校、本などの物理的な対象物だけでなく、プロジェクト、問題、ゴールなどの概念的な対象物もある。

　「関係」とは、対象物の相互の結び付きを表し、つながりの性質を説明する「動詞」に相当する。小売業界の場合、「ファッション・デザイナーはバイヤーの意欲を駆り立てる」というような関係の定義になるかもしれない。関係はそこに付加される価値で測定することができる。

　「属性」は、対象物や関係の特徴を指す。説明的なので、システム内で「形容詞」の役割をする。定性的属性として好ましい／好ましくない名前、ブランド、認識など。数値で測定できる定量的属性として年齢、サイズ、コスト、期間などが挙げられる。

　「フロー」は、対象物間の方向関係を示し、「○○から○○へ」「前と後」「中と外」というように「前置詞」的な役割をする。一時的フロー（連続性を示し、時間が関係する）と、プロセス・フロー（インプットとアウトプット、フィードバック・ループ、システム全体で物事がどう動くかを示す並行プロセスなど）の 2 形態がある。

　ERAF システム図は、収集した情報を 1 つのシステム図にまとめられる点で統合的だが、その図を調べると、既存の問題、新しい問題、潜在的問題、アンバランス、不足している対象物、その他のギャップが示されるという点で分析的でもある。

HOW IT WORKS　　　進め方

○ステップ 1：対象物の特定

　プロジェクトに重要な影響を及ぼす対象物だけを特定する。「名詞」に相当することを意識しながら、そのコンテクストを包括的にカバーする人、場所、物、組織などを挙げる。これらの対象物は円を描いて表し、名前をつける。

○ステップ 2：関係とフローの明確化

　図の中に、対象物間の関係を示す線とフローを示す矢印を描き込み、それぞれの説明を添える。

○ステップ 3：対象物の属性の明確化

　重要な属性を特定する。小さな円で属性を表し、説明を添える。詳細分析ができるように、属性によっては定量情報（収入、年齢など）もつける。

○ステップ 4：システム図の精緻化

　完成した全体図には対象物、関係、属性、フローが示され、コンテクストを表している。チームでこの図を見直し、すべての要素が網羅されているかどうかを確認する。

mode4 インサイトをまとめる　　151

○ステップ 5：システム図の分析
　コンテクストの現状を診断する。ギャップ、つながっていない部分、不足している対象物や関係、その他の問題点や問題となりそうな側面を探す。不足部分についてリストを作成する。

○ステップ 6：ディスカッションとインサイトの導出
　重大な食い違いがあるか。新しい対象物をつくる機会があるか。価値をさらに付加するために新しい関係を構築できるか。注意すべき弱い対象物はあるか。ビジュアル化した図やインサイトをメンバーで共有し、今後の行動計画を立てる。

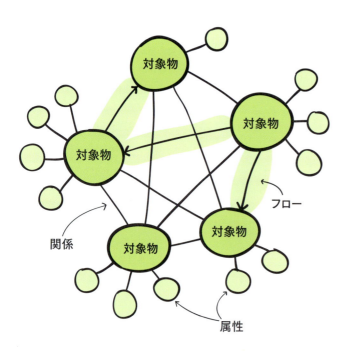

Descriptive Value Web

記述的バリュー・ウェブ

ネットワーク図を作成し、
コンテクストの中でいかに
価値が生み出され、
交換されるかを示す

BENEFITS	■ 現状を把握できる ■ プロセスに焦点が当たる
	■ 共通理解が進む ■ 関係が明らかになる
	■ 情報がビジュアル化される
INPUT	■ コンテクストとユーザー調査のデータ
	■ 現在のコンテクストにおける
	重要なステークホルダーのリスト
OUTPUT	■ 関連するステークホルダーや、その間での
	現状の価値交換を視覚的に表したネットワーク図

EXAMPLE PROJECT

▷ 文化遺産保全プロジェクト（2008 年）

カリフォルニアに拠点を置くあるNPOは、失われる恐れのある途上国の文化遺産の保全に取り組んでいる。ミッションを広げ、新しい訪問者を呼び込む戦略的機会を探ろうと、IITデザインスクールに調査を依頼した。

IITのチームは、そのNPOが多様なプレーヤーとのように結び付き、価値を共有・交換してきたかを知るために、記述的バリュー・ウェブを作成。価値の交換には、資金、製品・サービス、知識、物理的リソースなどの移転も含まれる。このバリュー・ウェブから、対象物がうまく連携されていることや、根底にあるモチベーションが明らかになった。さらに、出版社など潜在的なステークホルダーを探り、新しい価値と既存の対象物間のフローをビジュアル化。クライアントへのプレゼンテーションでも、ステークホルダー価値の関係を示し、新しい対象物に関する解決策をビジュアル化する目的で、バリュー・ウェブを中心的なツールとして活用した。そのおかげで、チームはステークホルダー間の複雑な関係を端的にわかりやすく伝えることができた。

154　101 Design Methods

WHAT IT DOES　　　　　　内容

　記述的バリュー・ウェブは、あるコンテクストにおけるステークホルダーの現在の関係をビジュアル化し、システムを通じて価値がどう交換され流れていくかを示す。最もよく用いられるのは、ステークホルダーをノード（結節点）で、ノード間の価値の流れをリンク（結び付き）で表したネットワーク図だ。そして、バリュー・フローはお金、情報、材料、サービスなどで表すことが多い。

　バリュー・ウェブは動的なシステムのスナップショットなので、新しい情報を入手したら、見直しをかけ、更新しなくてはならない。記述的バリュー・ウェブは現状把握のために分析段階で用いられるのに対し、規範的バリュー・ウェブ（258頁参照）は将来起こりそうな状況を説明する統合段階で作成される。

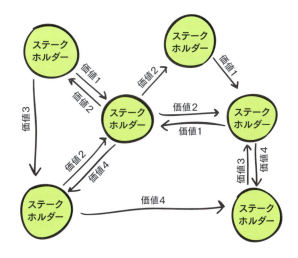

HOW IT WORKS　　　　　　進め方

○ステップ1：ステークホルダーの洗い出し
　競合組織、補完業者、サプライヤー、流通業者、顧客、関連する政府当局、現状によって価値を得ている対象者など、所定のコンテクストにおいて関係するステークホルダーを挙げていく。

○ステップ2：バリュー・フローの検討
　バリュー・フローの対象は必ずしもお金とは限らない。情報、材料、サービス、評判などの無形価値のフローも考慮する。たとえば、「ソーシャルグッド（社会的善）」を目指すプロジェクトには、機会、社会的サービスの活用、社会に希望をもたらす影響など様々な価値がある。

○ステップ3：バリュー・ウェブの作成
　現状を示す予備的なネットワーク図に、ステップ1と2で得られた情報を追加する。この最初のバリュー・ウェブは、議論や分析のための叩き台として用いる。ノードやリンクの項目名をはっきりと示し、交換される価値の性質がひと目で把握できるようにする。

○ステップ4：バリュー・ウェブの分析
　バリュー・ウェブのダイナミクスを理解するために、次のような論点を考えてみる。その価値は基本的にどこで生み出されているか。どのステークホルダーが優勢か。誰が顧客インターフェースを支配しているか。誰が知的所有権を支配しているか。システムのどの部分が非効率か。どこにギャップがあるか。不均衡なフローがあるか。チームで話し合い、インサイトを書き出す。

○ステップ5：バリュー・ウェブの精緻化
　メンバーや外部の専門家と議論し、現状が反映されているというコンセンサスが得られるまで、バリュー・ウェブを精緻化する。修正履歴を残し、後から議論に加わった人が経緯を把握できるようにする。状況は常に変わっていくので、追加情報に気がつくように、プロジェクト全般にわたって定期的にバリュー・ウェブを見直す。

mode4　インサイトをまとめる　　155

Entities Position Map

ポジション・マップ

対象物をマップ上に配置して、
分布状況やグループの
パターンを分析する

BENEFITS	■ 概要がわかる
	■ 比較できる
	■ 機会が特定される
	■ コミュニケーションが良くなる
	■ 情報がビジュアル化される
INPUT	■ 比較対象となる対象物のリスト
OUTPUT	■ インサイトと機会領域の発見に役立つ、2つの属性に基づくマップ

EXAMPLE PROJECT

▷ **インドの自動車購買行動（2008年）**

IITデザインスクールは、インドの人々が車を初めて買うときの動機を理解し、自動車購買プロセスを促進・向上させるプロジェクトに取り組んだ。チームはイノベーションの機会を評価するために、自動車のサイズ（大型、小型）とタイプ（実用性、趣味性）という軸でポジション・マップを作成。極端な軸を使って自動車を配置し、それぞれの車の関係を整理した。

その後、マッキンゼーの顧客グループ・モデルに沿って、分布とグループ・パターンを関連づけていった。インド市場の世帯収入をもとに、富裕者、上昇志向者、努力家、探求者という顧客グループを設定し、それぞれインサイトを導出。たとえば、努力家はサイズとタイプで限定して選び、コンパクトカーしか購入しないことがわかったが、これは、この層向けにより大型の実用的なセダンを投入する機会があることを意味する。趣味性の高いコンパクトカーに目ぼしいモデルがないことも判明。同カテゴリーの車が広く導入されれば、探求者、上昇志向者、富裕者が購入する可能性がある。チームはこうしたインサイトをもとに、焦点を絞り込んで繰り返し調査を行い、インドの自動車市場における購買動機、購買プロセスのフロー、イノベーションの機会領域を特定した。

WHAT IT DOES　　　　　内容

ポジション・マップは、2つの交差する属性の尺度を使って配置した対象物が、どのようにグループ化されるかを分析するためのメソッドだ。各対象物が各象限のどこに当てはまるかだけでなく、お互いの相対的なポジションも明らかになる。このマップを用いて、主に5タイプの分析ができる。

HOW IT WORKS　　　　　進め方

○ステップ1：比較対象の特定

最もよく分析対象となるのは、製品、サービス、技術、ユーザー、活動、場所、イノベーション事例、ブランド、組織だ。

○ステップ2：属性の選定

分析に最も役立ちそうな属性を2つ選ぶ。自動車の調査であれば、「サイズ」と「使い方」となるかもしれない。この属性を「小型」対「大型」、「実用性」対「趣味性」などの尺度に転換し、ポジション・マップを作成する。

○ステップ3：ポジション・マップの作成

まず、ポジション・マップの角に来る、最も極端な対象物を見つけて配置する。こうした対象物はコンテクストの境界線の条件を指し示す。残りの対象物を配置する。完成したマップは分析の基礎となる。

○ステップ4：ポジション・マップの分析

両極分析：マップの角に来る極端な属性を持った対象物を調べ、パターンやインサイトを探る。

グループ分析：マップ上の対象物のうち、共通性や類似性が見られる集まりがグループだ。円で囲んでグループを示し、インサイトを書き出す。

ギャップ分析：対象物が集中していない部分の分析も重要だ。ギャップは未充足ニーズや機会領域を示しているか。なぜギャップが生じているのか。

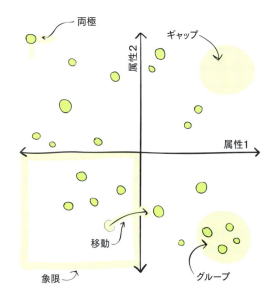

移動分析：時間とともに別の位置に移りそうな対象物を特定する。矢印を使って、マップ上で移動状況を示す。こうした移動は他の対象物やコンテクスト全体にどのような影響を及ぼすか。

象限別分析：各象限に入る対象物に共通する特徴は何か。他の象限の対象物とどこが違うか。対象物は尺度に用いた属性以外にその象限特有の性質を表していないか。

○ステップ5：インサイトの共有とディスカッション

インサイトを集め、概要を記述する。チーム・メンバーと共有し、議論する。

Venn Diagramming

ベン図

図解して、
重複する集合を
分析する

BENEFITS	■ 比較できる
	■ 機会が特定される
	■ コミュニケーションが良くなる
	■ 関係が明らかになる
	■ 情報がビジュアル化される
INPUT	■ 調査結果に基づく対象物のグループ
OUTPUT	■ 集合の重なりを表した図

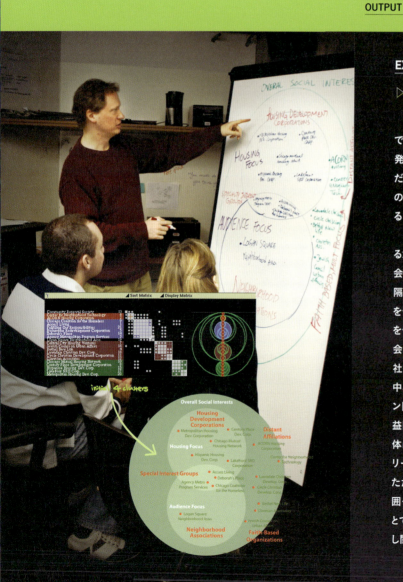

EXAMPLE PROJECT

▷ リハビリ・ネットワーク (2001 年)

　IIT デザインスクールの学生チームは、安全で手頃な価格の住宅を提供する地域密着型開発組織のデザイン分析プロジェクトに取り組んだ。プロジェクトの目的は、社会サービス団体の交流、構造、モチベーションを分析し理解することだ。

　チームは、構成する組織について理解を深めるためにメンバーシップ分析を行い、住宅開発会社、社会奉仕活動団体、特殊利益団体、遠隔連携という4つのグループを抽出。この集合を使って、協力関係にある組織についてベン図を作成した。作業を通して議論する中で、町内会が別の集合になることが判明。住宅開発会社は住宅を中心とするのに対し、町内会は住民中心だったのだ。住宅と住民に注目すると、ベン図の円には大きな重複部分ができ、特殊利益団体はそこに位置していた。社会奉仕活動団体は円の外だが、社会的利益というサブカテゴリーの範囲内にある。チームはこうした集合をただ円で表すだけでなく、それらを大きな円で囲った。このようにシンプルなベン図を用いることで、ビジュアル化しながら様々な組織を整理し関連づけることができた。

WHAT IT DOES　　　　　　　　内容

　集合の重複状況を分析するのに有効なベン図は、産業レベルの分析によく用いられるメソッドだ。たとえば、テレビゲーム産業のイノベーションを調べるときは、電子機器、エンタテインメント、コンピュータ産業における開発の重複状況を把握するとよい。ベン図は、重なり合う円を用いたビジュアル表現だ。対象物が円の中にあればその集合に含まれ、円の外にあれば含まれない。ベン図で用いる集合は通常3、4個だ。それ以上の数になると読み解きにくくなる。

HOW IT WORKS　　　　　　　　進め方

○ステップ1：対象物の特定
　プロジェクトによって対象物のタイプは異なるが、通常は製品、サービス、技術、場所、ブランド、組織について、集合や重複状況を見ていくと役立つ。

○ステップ2：ベン図の作成
　互いに関連性のある対象物を1つ1つ集合に分類し、周囲に円を描く。複数の集合にまたがるときは、円を重ね合わせ、交わる部分にその対象物を配置する。新しい対象物を追加するときは、相互関係に注意しながら、円の外側、内側、重複部分のどこに置くかを判断する。この要領で、集合のパターンと重複を明らかにする。

○ステップ3：集合と重複の分析
　クラスター分析：集合の中にある対象物を理解し、見出しをつける。
　重複分析：重複部分の対象物に着目し、その意味を理解する。
　外部分析：集合の外にあるバラバラの対象物の意味を理解する。

○ステップ4：インサイトの共有とディスカッション
　インサイトを集めて概要を記述し、メンバーと共有し、議論する。複数の集合への影響という点で、重複部分の対象物はどのくらい重要か。重複が増えたり、減ったりする機会はあるか。

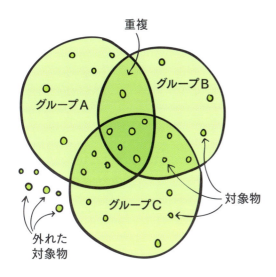

Tree/Semi-Lattice Diagramming

樹形図・半束図

図解して、
階層関係にある
対象物を分析する

BENEFITS
- 概要がわかる
- コミュニケーションが良くなる
- 関係が明らかになる
- 情報がビジュアル化される

INPUT
- 一連の対象物と、調査結果から明らかになった対象物の関係

OUTPUT
- 階層内における対象物の相互関係をビジュアル化

EXAMPLE PROJECT

▷未来の暮らし（2009年）

人口増加、気候変動、資源枯渇というトレンドが合わされば、私たちの生活習慣に間違いなく影響が及ぶ。IITデザインスクールの学生は、未来の自給自足型住居プロジェクトに取り組むことになった。

第1段階として、新しい住宅システムが対応する5つのセグメント（資源供給、環境管理、生物学的支援、自己啓発、社会発展）に着目。コンテクスト調査で各セグメントの重要課題を特定し、それぞれのユーザー、活動、機能を調査した。活動分析をすると、複数のモードとその下に様々な活動や機能が連なる構造が明らかになった。

その後、各チームは半束図を作成。社会発展チームは、家族の支援、地域参加、市民の参加という3つの主要モードを図解し、各モードの重要な社会発展活動を明らかにした。たとえば、家族の支援というモードで鍵となる活動は、養育、援助、娯楽だ。その後、対象物ごとに人々が果たす具体的機能を挙げた。養育活動の従事者は、育児支援、家族とのコミュニケーション、お年寄りの世話、個人的な励ましなどの機能を果たす。この5つのセグメントの機能構造は、第2段階で2つの専用コンピュータ・プログラムを駆使しながら活動や要素間の関係を整理する際の素材として用いられた。

WHAT IT DOES　　　　　　内容

　樹形図や半束図は、要素間の関係における階層的性質の分析に適している。樹形図は、1つの対象物は1つの対象物に由来し、明確に枝分かれする。半束図は、1つの対象物が2つの対象物に由来したり、枝が交差したりする。たとえば、会社の「組織図」は通常は樹形図で、CEO、役員、上級管理職、中間管理職などの役割構造を示すが、1人の中間管理職が2人以上の上司に報告する場合は半束図が使われる。こうした図の中では、対象物はノードや円で、対象物間の関係は線で表される。把握しやすいように、通常は多くても5階層に留める。このメソッドでは、レベル間の違いを理解することが、コンテクストに関するインサイトを引き出すうえで重要になる。

半束図　　　　　樹形図

対象物
レベル1

対象物
レベル2

対象物
レベル3

HOW IT WORKS　　　　　　進め方

○ステップ1：レベルごとに対象物を特定

　下位の対象物を挙げてみる。これらは、システム内で最も基本的な構成要素だ。たとえば購買行動を図示する場合、具体的な課題（買い物リストを作る）が最も下位レベルで、次に活動（支払いをする）が来て、モード（買い物）が上位レベルとなる。

○ステップ2：図を作成

　ボトムアップ（最下位レベルの対象物から始める）、あるいは、トップダウン（上位レベルから始める）で樹形図を作成する。対象物はノードか円で表し、親子関係を線で表す。

○ステップ3：図の分析

　樹形図や半束図の枝分かれのパターンや形状から、わかることは何か。枝分かれの多いもの、直線的な枝はあるか。バランスがとれた図になっているか。足りない対象物や関係はあるか。その対象物は階層内で十分に区別されているか。半束図の場合、交差の多い部分はあるか。それは何を意味するのか。コンテクストについて理解したことが図に反映されているか。図との関連でこうしたインサイトを把握する。

○ステップ4：インサイトの共有とディスカッション

　分析を通して学んだインサイトを記述する。メンバーで共有し、現状の階層がコンテクストに及ぼす影響や機会について話し合う。

mode4 インサイトをまとめる　　161

Symmetric Clustering Matrix

対称クラスター表
対象物の関係に基づいて集合を作る

BENEFITS	☐ 体系的に分析できる ☐ 包括性が増す
	☐ プロセスに焦点が当たる ☐ 大きなデータセットが扱える
	☐ プロセスに透明性を与える
	☐ パターンが明らかになる ☐ 関係が明らかになる
INPUT	☐ 調査結果に基づく一連の対象物
	☐ 採点や並べ替えのできる表作成ツール
OUTPUT	☐ 個々の関係の強さに基づく対象物の集合
	☐ 対象物の間のパターンに関するインサイト

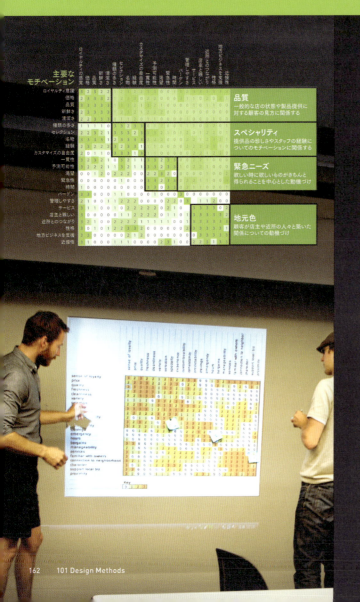

EXAMPLE PROJECT

▷ 都市部の店舗分析（2009 年）

　学生チームは、都市部の小規模な独立系コンビニエンス・ストアの分析に取り組んだ。目標は、顧客が店舗を選ぶ動機を理解し、顧客のニーズを満たし顧客ロイヤルティを向上させて、各店舗の売上を伸ばすことだ。

　チームはコンビニで買い物をする 100 人を調査し、別の店に行こうと考える主なモチベーションを 23 個抽出。これらのモチベーションが互いにどう関係し、全体的な動機づけを形成するかを探るために、対称クラスター表を作成した。この表では、モチベーション間の関係を 0（最も弱い）〜 3（最も強い）のスコアで評価した。たとえば、「ロイヤルティ意識」と「製品と店舗の品質」は、製品と店舗の品質が強いロイヤルティを育むので 3。「価格」と「カスタマイズ性」は店選びにおいて相互関係がなかったので 0 となった。各関係のスコアは表で整理し、モチベーションの集合をビジュアル化し、チームで話し合いながら集合を定義した。それぞれの共通項を使って、品質（店舗の状況と製品に対する認識）、スペシャリティ（製品・サービスの性質やスタッフの専門知識）、緊急ニーズ（必要なときに欲しいものが入手できる）、地元色（顧客と店主・隣人との関係）と命名した。このプロセスを通じてチームは理解を深め、これらのモチベーションをイノベーションの機会につなげる作業に着手することができた。

162　101 Design Methods

WHAT IT DOES　　　内容

このメソッドは、調査で収集した対象物を用い、それぞれの関係に基づいてグループ分けする。バラバラな対象物からグループ・パターンが見つかれば、全体的な順序が明らかになり、コンセプト調査を促進するフレームワークを開発しやすくなる。

たとえば、パーソナル・ファイナンス関連プロジェクトでは、まずお金に関わる活動に着目。調査を通して、各人のファイナンス目標（「退職プログラムに投資する」「家を買う」など）が異なることがわかった。問題は、こうした目標が互いにどう関係し、どれが有益な上位レベルのパターンになるかだ。それを理解するには、目標を互いに比較しながら集合を見つける必要がある。ここで役立つのが対称クラスター表であり、目標を比較し、類似性を評価できる。目標を集合に分けて、どのくらい似ているかを把握するのだ。これらの集合から、インサイトの発掘、明瞭化、機会発見に役立つ「パーソナル・ファイナンス」というより大きなフレームワークが導き出される。

HOW IT WORKS　　　進め方

○ステップ 1：対象物の洗い出し

集合のパターンを見つけるために、比較したい対象物のリストを作る。(1)「人々を知る」モードで得られた人々の活動、経験、役割、ニーズ、問題、課題、目標、モチベーションや、(2)「コンテクストを知る」モードで得られた製品、サービス、場所、機能、特徴、問題、課題などのコンテクスト要素が考えられる。

リストに挙げた対象物のレベルを揃える。たとえば、「退職計画に投資する」と「家を買う」は同じレベルでよいが、「本を買うために小切手を切る」は細かすぎるかもしれない。チームで全リストのレベルを調整し、リストが包括的か、全体のコンテクストを代表しているかについても確認する。

○ステップ 2：関係性を判断

最もよく用いられる関係は「類似性」で、リスト内の対象物が他の対象物とどのくらい似ているかを測定する。「補完」（ある対象物が他の対象物をどれだけ補完するか）、「支援」（ある対象物が他の対象物をどれだけ支えているか）、「頻度」（ある対象物が他の対象物と一緒に起こる頻度はどの程度か）なども考慮してみる。

○ステップ 3：測定基準の設定

最もよく用いられる尺度は 4 段階で、対象物間の関係が全くない場合は 0、小さいときは 1、中程度は 2、最大は 3 で表す。必要な精度に応じて、2 進法（0 または 1）や 9 段階（-4、-3、-2、-1、0、+ 1、+ 2、+ 3、+ 4）というように使い分ける。スコアが低いときは薄いグレー、高いときは濃いグレーというように、表を色分けするとよい。

mode4 インサイトをまとめる　163

○ステップ 4：表の作成
　スプレッドシート上に正方形の対称クラスター表を作成する。行と列の見出しに、同じ対象物を入力する。表中の各欄は 2 つの対応する対象物の関係を表す。

○ステップ 5：関係性の評価
　表の各欄に関係を示すスコアを入力する。偏らないようチームで評価し、できるだけ客観的なスコアにする。少なくとも最初の 1 時間はチームで評価を試してみて、メンバー全員で評価ロジックや範囲について共通認識を持つ。この試行を経てから、実際の評価を始める。スコアをつける際には時間がかかるので、大きな表の場合は分担作業が必要なこともある。

○ステップ 6：行列の並べ替え
　小さな表（30×30 まで）であれば、手動で行列の位置を並べ替え、似たスコアの行列が互いに隣り合うように配置する。いくつかの行列を移動させると、対象物の集合が見つかることもある。大きな表（30×30 超）の場合、統計的なアルゴリズムを使って並べ替えると効率が良い。

○ステップ 7：集合の明確化
　並べ替えた後、一歩下がって表全体を眺め、どのくらいの集合が視覚的に特定できるかを見る。対称クラスター表は斜線に沿って対称形になっているので、集合も斜線に沿って形成される。扱いやすく意味のある数の集合を特定する。100×100 の表の場合、10 〜 15 個くらいがよい。必要に応じて、3 〜 6 個の上位集合を設定する。

○ステップ 8：集合を定義
　なぜこの対象物がこの集合に含まれるのか。なぜこの集合は他の集合と異なるのか。チームで話し合い、対象物間の類似性に基づいて集合を定義し、適切な名前を付ける。

○ステップ 9：インサイトの導出とフレームワークの作成
　集合のパターンからインサイトを捉える。集合のサイズや密度は同じか。密度やサイズが大きく違う場合は何を意味するか。レベルの異なる集合からどんなことがわかるか。集合間の重複部分が大きい場合は何を意味するか。集合のパターンについて話し合い、コンセプト開発に役立つフレームワークとして精緻化する。

○ステップ 10：インサイトの共有とディスカッション
　調査結果をまとめて、メンバーやステークホルダーと共有する。フレームワークについて議論し、フィードバックをもとに分析を修正する。プロセスと結果を記録する。

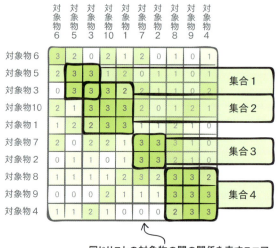

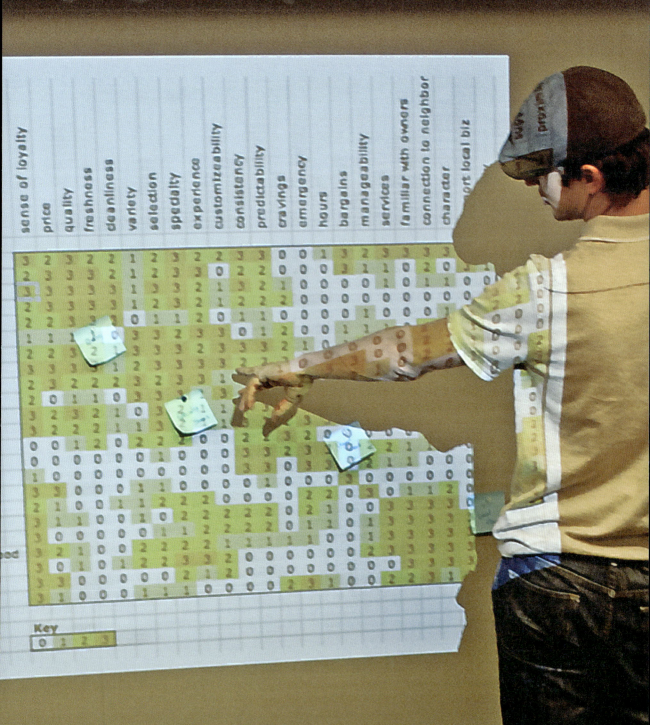

Asymmetric Clustering Matrix

非対称クラスター表
2セットの対象物リストを相互関係に基づきながら集合に分ける

BENEFITS	■ 体系的に分析できる ■ 包括性が増す ■ 比較できる ■ 大きなデータセットが扱える ■ プロセスに透明性を与える ■ パターンが明らかになる ■ 関係が明らかになる ■ 情報がビジュアル化される
INPUT	■ 対象物の関係の強さに基づく集合 ■ 採点や並べ替えのできる表作成ツール
OUTPUT	■ 個々の関係の強さに基づく対象物の集合 ■ 2セットの対象物の関係についてのインサイト

EXAMPLE PROJECT

▷「空の旅」のデザイン分析（2007年）

　IITデザインスクールのデザイン分析プロジェクトの一環として、学生チームは「空の旅」体験をテーマに、航空会社のサービスや様々な旅行者ニーズを調べた。1次調査と2次調査を通じて、航空会社のサービス（競争力のある価格設定、マイレージ・プログラム、セルフ・チェックインなど）と乗客の価値観（利便性、定時発着、快適さなど）のリストを作成。チームは非対称クラスター表を使って、サービスと価値観のリストを比較した。表を並べ替えて分析したところ、7つの集合に分かれ、さらに3つの上位集合も確認された。乗客はサービスを評価するときに、くつろぎ感、金銭的価値、効率性を重視していたのだ。

　チームは一歩下がって広い視野から、非対称表内のパターンを探り、インサイトについて議論した。たとえば、くつろぎ感という集合では「ぜいたくなフライトであればあるほど、家庭、食事、映画などのコンセプトと似ている」「乗客が評価するのは旅行経験を個人向けにアレンジする能力である」などのインサイトが見つかった。このように、非対称クラスター表は、旅行者とその価値観、航空会社のサービスについてインサイトを導き出す重要な分析ツールとなった。

166　101 Design Methods

WHAT IT DOES　　　　内容

　非対称クラスター表は対称クラスター表と似ているが、1セットの対象物の分析ではなく、2セットの比較を行う。このメソッドでは、2セットの対象物を取り出し、両者の関係に基づいて、集合に分けられるかどうかを見る。たとえば、人の「活動」とそれを行う「場所」の関係について理解を深めたければ、活動場所が似ているかどうかで活動の集合を作ったり、類似する活動から場所の集合を把握したりできる。バラバラな対象物から集合のパターンを見ていくと、高次の秩序が明らかになり、コンセプト探索を進めるためのフレームワークづくりに役立つ。

HOW IT WORKS　　　　進め方

○ステップ1：対象物の洗い出し

　集合のパターンを見つけるために、比較したい2種類の対象物リストを作る。経験、役割、ニーズ、問題、課題、達成目標、モチベーション、製品、サービス、場所、機能、特徴などのリストから、興味深い組み合わせを検討する。たとえば、場所リストを活動リストと比較すれば、共通の場所で行われる共通の活動の集合が明らかになる。

○ステップ2：関係性を判断

　比較対象とするリスト間の関係を決める。たとえば、活動と場所のリストの場合は「頻度」の関係（どのくらい頻繁にその活動がその場所で行われるか）、製品とモチベーションのリストの場合は「支援」関係（その製品はどのくらい人々の使用意向を下支えするか）となるかもしれない。

○ステップ3：測定基準の設定

　最もよく用いられる尺度は4段階で、対象物間の関係が全くない場合は0、小さいときは1、中程度は2、最大は3で表す。スコアが低いときは薄いグレー、高いときは濃いグレーというように表を色分けするとよい。

○ステップ4：表の作成

　スプレッドシート上に長方形の非対称の表を作成する。1つ目のリストは行、2つ目のリストは列の見出しとする。表中の各欄は2つの対応する対象物間の関係を表す。

mode4 インサイトをまとめる　167

○ステップ5：関係性の評価

　表の各欄に関係を示すスコアを入力する。偏らないようチームで評価し、できるだけ客観的なスコアにする。

○ステップ6：表の並べ替え

　小さな表（30×30まで）であれば、手動で行列を並べ替え、似たスコアの行列が互いに隣り合うように配置する。いくつかの行列を移動させると、対象物の集合が見つかることもある。大きな表（30×30超）の場合、統計的なアルゴリズムを使って並べ替えると効率が良い。

○ステップ7：集合の明確化

　並べ替えた後、一歩引いてどのくらいの集合が視覚的に特定できるかを見る。扱いやすく意味のある数の集合を特定する。

○ステップ8：集合の定義

　なぜこの対象物がこの集合に含まれるのか。なぜこの集合は他の集合と異なるのか。チームで話し合い、対象物間の類似性に基づいて集合を定義し、適切な名前を付ける。

○ステップ9：インサイトの導出とフレームワークの作成

　集合のパターンからインサイトを捉える。集合のサイズや密度は同じか。密度やサイズが大きく違う場合は、何を意味するか。レベルの異なる集合からどんなことがわかるか。集合間の重複部分が大きい場合は、何を意味するか。集合のパターンについて話し合い、コンセプト開発のためのフレームワークとして精緻化する。

○ステップ10：インサイトの共有とディスカッション

　調査結果をまとめて、メンバーやステークホルダーと共有する。インサイトとフレームワークについて議論し、フィードバックをもとに分析を修正する。プロセスと結果を記録する。

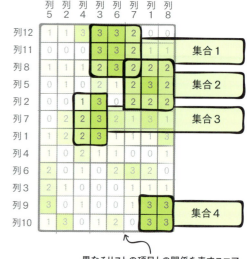

異なるリストの項目との関係を表すスコア

Activity Network

活動ネットワーク

ステークホルダーの
活動を整理し、
その相互関係を示す

BENEFITS	■ 体系的に分析できる ■ 包括性が増す
	■ 比較できる ■ 大きなデータセットが扱える
	■ プロセスに透明性を与える
	■ パターンが明らかになる
	■ 関係が明らかになる ■ 情報がビジュアル化される
INPUT	■ 調査環境内で行われている活動全般のリスト
OUTPUT	■ 活動間のつながりを示す中心的なネットワーク図
	■ 活動間のパターンについてのインサイト

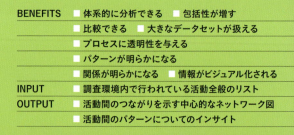

EXAMPLE PROJECT

▷ モバイル・コンピューティング（1995 年）

コンサルティング会社のダブリンは、職業別のモバイル機器の利用状況を調査した。2軸マップに調査対象者を配置し、そこから候補者を選定するメソッドを用いて、デプスリサーチ（1 対 1 の面談式インタビュー）の対象職業を医者、弁護士、学生、造園家に特定。各職業につき数人ずつエスノグラフィー調査を実施した。

チームは活動ネットワークを使って、ブレーンストーミングの内容から請求書の精算まで、各職業の通常業務のリストを作成。100件以上の活動が登録されたマスターリストに追加した。各活動を 23 の集合に振り分け、活動ネットワーク図に配置。4 つの職業のユーザーが最も頻繁に利用する活動を目立たせることで、職業間の比較がしやすくなり、相違点のパターンもすぐに見つかった。活動ネットワークは多様な職業の活動やニーズを調べる主要なツールとなり、チームはモバイル・コンピューティング活動をめぐって信頼性の高い結論に達することができた。

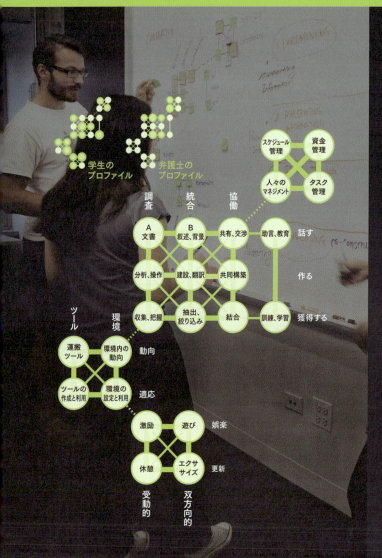

170 101 Design Methods

WHAT IT DOES　　　内容

　このメソッドでは、調査で集めた活動リストのそれぞれの関係に基づいて、どのようなグループに分けられるかを把握できる。対称クラスター表を使って、そのコンテクスト内の全ステークホルダー（ユーザー、プロバイダー、保持者など）の活動を関連づけ、集合を作る。それをネットワーク図にすれば、すべての活動がビジュアル化され、全体的な相互関係が表される。各活動がより大きな集合をどう構成し、どの上位レベルのパターンと結び付いているかが一目瞭然だ。特に効果的なのは、活動やニーズの全体像を組み立てる場合で、イノベーションの機会も見つけやすくなる。

　このメソッドで大切なのは、集合をおおまかに定義することだ。たとえば、組織の活動は「団結させる」「仕事を調整する」「議論をリードする」「サポートする」「プロジェクトをモニターする」という集合になるかもしれない。このプロセスを繰り返していくと、階層構造の上位集合ができることもある。たとえば「みんなの足並みを揃える」は、上位集合「人材マネジメント」の下に置かれる。

HOW IT WORKS　　　進め方

○ステップ1：活動の洗い出し
　これまでの調査結果から、比較し整理したいと思う活動を挙げる。ユーザー、プロバイダー、保持者など、調査した全ステークホルダーの活動が対象となる。

○ステップ2：関係性を判断
　ある活動が他の活動とどのくらい似ているかという「類似性」が最もよく使われる。

○ステップ3：測定基準の設定
　最もよく用いられる尺度は4段階で、対象物間の関係が全くない場合は0、小さいときは1、中程度は2、最大は3で表す。スコアが低いときは薄いグレー、高いときは濃いグレーというように、表を色分けするとよい。

○ステップ4：表の作成
　スプレッドシート上に正方形の対称表を作成する。行と列の両方に活動リストを入力する。表中の各欄は2つの対応する活動間の関係を表す。

○ステップ5：関係性の評価
　表の各欄に関係を示すスコアを入れる。偏らないようチームで評価し、できるだけ客観的なスコアにする。

○ステップ6：表の並べ替え
　小さな表（30×30まで）であれば、手動で行列を並べ替え、似たスコアの行列が互いに隣り合うようにする。いくつかの行列を移動させると、対象物の集合が見つかることもある。大きな表（30×30 超）の場合、統計的なアルゴリズムを使って並べ替えると効率が良い。

mode4 インサイトをまとめる　171

○ステップ7：集合の特定
　並べ替えた後、一歩引いてどのくらいの集合が視覚的に特定できるかを調べる。100×100の表の場合、集合は10〜15個くらいがよい。必要に応じて、3〜6個の上位集合を設定する。

○ステップ8：集合を定義
　なぜこの活動がこのグループに含まれるのか。なぜこの集合は他の集合と異なるのか。チームで話し合い、活動間の類似性に基づいて集合をそれぞれ定義し、適切な名前を付ける。

○ステップ9：ネットワーク図の作成
　集合をノードで表した活動ネットワーク図を作成する。関連するノードは線でつなぐ。ノードを並べ替えて最短の線で結び、なるべく交差させない。上位集合のノードがある場合は、はっきりとわかるようにする。完成した図は、関係や階層を含めた活動全体を表している。

○ステップ10：インサイトの導出とフレームワークの作成
　集合のパターンからインサイトを捉える。集合のサイズや密度は同じか。密度やサイズが大きく違う場合は、何を意味するか。レベルの異なる集合から、どんなことがわかるか。集合間の重複部分が大きい場合は、何を意味するか。集合のパターンについて話し合い、コンセプト開発のためのフレームワークとして精緻化する。

○ステップ11：インサイトの共有とディスカッション
　調査結果をまとめて、メンバーやステークホルダーと共有する。フレームワークについて議論し、フィードバックをもとに分析を修正する。プロセスと結果を記録する。

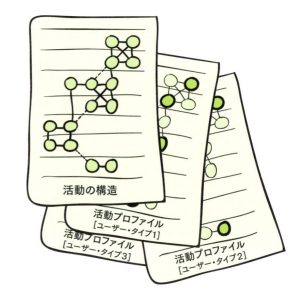

Insights Clustering Matrix

インサイト・クラスター表

インサイトを
集合に分け、
その関係や階層を示す

BENEFITS	■ 体系的に分析できる
	■ 包括性が増す
	■ 比較できる　■ 大きなデータセットが扱える
	■ プロセスに透明性を与える
	■ パターンが明らかになる
	■ 関係が明らかになる
INPUT	調査結果から得られたインサイト
OUTPUT	■ インサイトの相互関係や集合を示す中心的な図表

EXAMPLE PROJECT

▷ 家庭料理（2006 年）

　ある世界有数の大手食品メーカーは、イノベーションの機会領域を探っていた。デザイン・イノベーションのプロセスや原則を使って製品から活動へと焦点を移したが、それは通常の戦略的な取り組みから大きく外れるやり方だった。活動の範囲を広げたことで、革新的な解決策につながるチャンスの幅や深さが拡大。チームは製品ポートフォリオを分析し、自社製品が多く含まれる家庭料理に絞り込んだ。

　チームは1次調査でユーザーに写真を撮ってもらい、ユーザー観察データベースに観察コメントを入力。次に、家庭料理をめぐる参加者の生活や振る舞いに関する99個のインサイトを挙げ、インサイト・クラスター表で分析。表に各インサイトを入力し、相互の類似性の観点で0～3のスコアをつけた。最も類似性の低いものに注目して整理すると、上位レベルのパターンを見つけることができた。さらに集合を並べ替えてみると、それまで気づかなかった集合やパターンも明らかになり、社会的な支援、共通の経験、健康管理など9つの集合が特定された。

WHAT IT DOES　　　　　　内容

　このメソッドでは、人々やコンテクストの調査から得られた一連のインサイトを用い、関係に基づいてどうグループ分けされるかが把握できる。対称クラスター表でインサイトを関連づけ、それを図示して、集合のパターンや全体的な相互関係を表す。この図から、各インサイトがより大きな集合をどのように構成し、階層的なパターンの中で上位集合とどう結び付くのかがわかる。特に効果的なのは、人々の活動やニーズの全体像をつかむ場合で、コンセプト調査を進めるフレームワークの開発にも役立つ。

HOW IT WORKS　　　　　　進め方

○ステップ 1：対象物の洗い出し
　これまでの調査で得られたインサイトのうち、集合のパターンを見つけるために比較したいものを挙げる。

○ステップ 2：関係性を判断
　ある活動が他の活動とどのくらい似ているかという「類似性」が最もよく使われる。

○ステップ 3：測定基準の設定
　最もよく用いられる尺度は 4 段階で、対象物間の関係が全くない場合は 0、小さいときは 1、中程度は 2、最大は 3 です。スコアが低いときは薄いグレー、高いときは濃いグレーというように、表を色分けするとよい。

○ステップ 4：表の作成
　スプレッドシート上に正方形の対称表を作成する。行と列の両方の見出しにインサイトを入力する。表中の各欄は 2 つの対応するインサイトの関係を表す。

○ステップ 5：関係性の評価
　表の各欄に関係を示すスコアを入れる。偏らないようチームで評価し、できるだけ客観的なスコアにする。

○ステップ 6：表の並べ替え
　小さな表（30×30 まで）であれば、手動で行列の位置を並べ替え、似たスコアの行列が互いに隣り合うようにする。いくつかの行列を移動させると、対象物の集合が見つかる可能性がある。大きな表（30×30 超）の場合、統計的なアルゴリズムを使って並べ替えると効率が良い。

○ステップ7：集合の特定

並べ替えた後、一歩引いてどのくらい多くのインサイトのグループが特定され、定義できるかを見る。100×100の表の場合、集合は10〜15個くらいがよい。必要に応じて、3〜6個の上位集合を設定する。

○ステップ8：集合の定義

なぜその活動がそのグループに含まれるのか。なぜこの集合は他の集合と異なるのか。チームで話し合い、活動間の類似性に基づいて集合をそれぞれ定義し、適切な名前を付ける。

○ステップ9：インサイトの導出とフレームワークの作成

集合のパターンからインサイトを捉える。集合のサイズや密度は同じか。密度やサイズが大きく違う場合は、何を意味するか。レベルの異なる集合からどんなことがわかるか。集合間の重複部分が大きい場合は、何を意味するか。集合のパターンについて話し合い、コンセプト開発のためのフレームワークとして精緻化する。

○ステップ10：インサイトの共有とディスカッション

調査結果をまとめて、メンバーやステークホルダーと共有する。フレームワークについて議論し、フィードバックをもとに分析を修正する。プロセスと結果を記録する。

	対象物6	対象物5	対象物3	対象物10	対象物1	対象物7	対象物2	対象物8	対象物9	対象物4	
対象物6	3	2	0	2	1	2	0	1	0	1	
対象物5	2	3	3	1	2	0	1	1	0	1	集合1
対象物3	0	3	3	3	2	1	1	1	0	2	
対象物10	2	1	3	3	3	2	0	1	2	1	集合2
対象物1	1	2	2	3	3	1	1	2	1	0	
対象物7	2	0	2	2	1	3	3	1	1	1	集合3
対象物2	0	1	1	0	1	3	3	1	1	1	
対象物8	1	1	1	1	2	3	2	3	3	2	
対象物9	0	0	0	2	1	1	1	3	3	3	集合4
対象物4	1	1	2	1	0	0	0	2	3	3	

インサイトの相互関係を示すスコア

Semantic Profile

意味論的プロファイル

一連の意味論的な尺度に基づき、
対象物のプロファイルを作成し、
それぞれ比較する

BENEFITS	■ 比較できる ■ 議論を促す
	■ 機会が特定される ■ 情報がビジュアル化される
INPUT	■ 比較する対象物とそのグループ
	■ 興味のある属性の尺度
OUTPUT	■ 一連の対象物を、複数の属性の尺度に沿って視覚的に比較
	■ 異なるユーザーやユーザー・グループを、複数の属性の尺度に沿って視覚的に比較

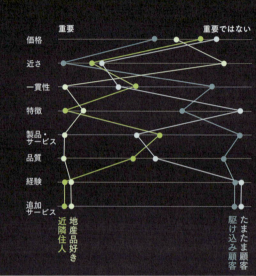

EXAMPLE PROJECT

▷ 都市部の店舗分析（2009年）

　IITデザインスクールのチームは都市部の独立系コンビニエンス・ストアの調査プロジェクトで、「なぜ街角の店舗にロイヤルティを持つのか」というテーマを設定した。顧客のニーズを満たし、ロイヤルティを向上させて、店舗の売上拡大を図るのがミッションだ。チームは、近隣住人、地産品好き、たまたま顧客、駆け込み顧客という4タイプに顧客を分類。特に近隣住人と地産品好きが常連化しており、ロイヤルティを持つ見込みが最も高いと考えた。

　チームは意味論的プロファイルを活用し、ロイヤルティの高い顧客と低い顧客の違いを説明する属性を挙げ、8つの異なる意味論的尺度（価格、近さ、一貫性、特徴、製品・サービス、品質、経験、追加サービス）を設定。ロイヤルティの高い近隣住人と地産品好きと、ロイヤルティの低いたまたま顧客と駆け込み顧客の態度について、各尺度を重視する度合を図示した。そこから導き出されたインサイトの1つは、ロイヤルティの高い顧客は店の特徴、経験（環境と店員とのやりとり）を好み、ユニークなサービスを非常に重視するというものだ。全体を通して、街角の店舗がロイヤルティの高い常連客を維持し増やすには、ローカル色を強く打ち出し、利便性、地産品、接点の統合などを組み合わせた経験を創り出す必要があることが明らかになった。

WHAT IT DOES　　　　　　　内容

意味論的プロファイルは、社会科学で用いられるオスグッドのSD法（意味差判別法）に基づいて、製品、サービス、経験、コンセプトなどの対象物に対する人々の態度を測定するメソッドだ。意味論的尺度として「単純な」対「複雑な」、「弱い」対「強い」など対立する形容表現が用いられる。尺度に沿って各対象物にスコアをつけ、プロファイルを作成する。そして、各プロファイルを比較しながら、集合のパターンやギャップを分析し、インサイトやイノベーションの機会を探る。調査参加者に自己評価してもらうことが多いが、調査チームが観察したときのユーザーの印象に基づいてスコアをつけることもある。このメソッドは、異なるユーザー・グループ間で対象物への考え方や感じ方を比較する際に用いられることが多い（例：モバイル機器に対する若者と老人の態度など）。

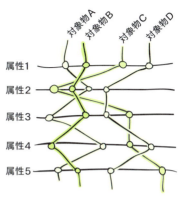

HOW IT WORKS　　　　　　　進め方

○ステップ1：対象物の洗い出し

最もよく用いられるのは、製品、サービス、活動、ブランド、ユーザー・グループなどの対象物だ。比較しやすいように、最も関連する対象物を10個に絞り込む。

○ステップ2：尺度とする属性の設定

選んだ対象物のプロファイルがなるべく全体的に定義されるように、最も関連性の高い属性を判断する。属性は通常、10個以下にする。

○ステップ3：図の作成

「安い」と「高い」などの形容表現を用いた属性を尺度として設定する。尺度はランダムに並べ、優先順位はつけない。反対語もランダムに並べ替え、肯定的や否定的な表記をあらかじめ決めて配置することは避ける。

○ステップ4：プロファイルの作成

意味論的尺度上にマークを入れて、各対象物にスコアをつける。マークを垂直につなぎ、ジグザクな線で各対象物のプロファイルを作成する。視覚的にわかりやすくなるよう色分けする。

○ステップ5：パターンの分析

対象物のプロファイルを比較し、同じグループに入りそうなものを探す。スコアが正反対のプロファイルはあるか。プロファイルの集合間にギャップはあるか。パターンにはどんな意味があるか。各プロファイルに関連がある場合は、それをつなげるために、肯定的・否定的両方の意味を踏まえて評価軸を入れ替える。プロファイルが一方向に偏る場合、何を意味するか。こうした分析を通してインサイトを見つけ出す。

○ステップ6：インサイトの共有

分析で得られたインサイトをすべて記載し、意味論的プロファイルに配置し、メンバーがすぐに目を通せるようにする。パターンやインサイトについて話し合う。並べ替えた後、一歩引いてどのくらい多くのインサイトのグループが特定され、定義できるかを見る。100×100の表の場合、集合は10～15個くらいがよい。必要に応じて、3～6個の上位集合を設定する。

User Groups Definition

ユーザー・グループ定義

あるコンテクストにおける様々なユーザーのタイプを明らかにする

BENEFITS
- より上位レベルのシステムが構築できる
- 比較できる
- 調査に基づいている
- 既存の知識が体系化される

INPUT
- 調査から得られた一連のユーザーの活動、振る舞い、記述

OUTPUT
- 調査に基づいた4つの異なるユーザー・グループ

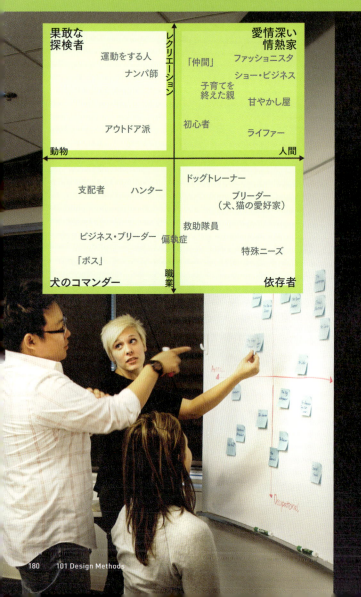

EXAMPLE PROJECT

▷ドッグ・オーナーシップ（2007年）

　ペットとその飼い主との関係は大きく変わった。ペットはもはや屋外の小屋や郊外に追いやられることはない。都市環境に欠かせない存在となり、飼い主との関係はより家族的で、仲間やパートナー、家族の一員とみなされている。

　IITデザインスクールのチームは、アメリカで犬を飼う世帯が増えているのを受けて、ユーザー・グループ定義を使って飼い主のタイプや、新たなトレンドによって生じた飼い主の特徴について理解を深めることにした。

　まず飼い主のタイプを特定し、生活における犬の役割を表す「レクリエーション」対「職業」という軸と、飼い主の犬に対する認識や扱い方を示す「動物」対「人間」という軸を使ってマップ上に配置。その後、ユーザー・グループ（果敢な探検者、愛情深い情熱家、犬のコマンダー、依存者）で4象限を定義。このうち「愛情深い情熱家」は、初心者、子育てを終えた親、甘やかし屋、ファッショニスタなどの飼い主タイプで構成されていた。このグループに共通する特徴は、動物を心から愛し、ペットを甘やかし世話するためにかなりの投資も辞さず、楽しくストレスの低い関係を望んでいることだ。さらに、市場の多数派を占めており、新製品やサービス、犬との関係を強化する経験に積極的にお金を出すことから、チームはこのグループをターゲットに選んだ。

WHAT IT DOES　　　　内容

ユーザー・グループ定義は、プロジェクトのテーマに関連した主な属性に沿って、異なるタイプのユーザーをマッピングするメソッドだ。2つの重要な属性を2軸にしてマップを作成し、相互の関係によってユーザーを位置づける。これは、マップ上の4象限で異なるタイプのユーザーを見つけ、グループとして定義するのに役立つ。次に、ユーザー・グループに共通する特徴を見極め、それに沿ったグループ名を決め、詳細説明をつける。これによってユーザーについてよりきめ細かな状況が概観できる。

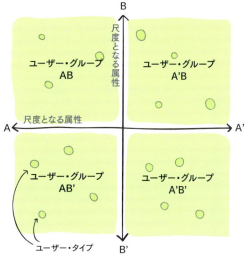

HOW IT WORKS　　　　進め方

○ステップ1：ユーザーの活動とタイプの洗い出し
　ユーザー調査の結果を見直し、類似した活動や振る舞いが見られたユーザー・タイプを抽出する。たとえば、読書習慣の調査であれば、普通の読者から、論文執筆中の学生、言語評論家まで、ユーザー・タイプは多岐にわたる。

○ステップ2：属性の特定
　各ユーザー・タイプにあてはまる属性のリストを作成する。このリストからテーマに最も関連する属性を選ぶ。たとえば、読書習慣を調べる場合、「読者の目的」と「読書の頻度」という2つの属性で、読者の違いを一般化できるかもしれない。あるいは、「レクリエーション」対「目的意識」、「定期刊行物」対「日刊紙」なども考えられる。複数の属性が等しく重要な場合は、複数のユーザー定義マップを作成する。

○ステップ3：マップの作成
　特定した属性を用いて2軸マップを作成し、特定したユーザー・タイプを配置する。メンバーと一緒にマップを精緻化する。

○ステップ4：ユーザー・グループの定義
　各象限のユーザー・タイプを調べる。その活動や特徴の共通性を見つけ、わかりやすい名前をつける。読書習慣の調査であれば、先端専門家、精神的探求者、独学者、能動的現実逃避者といったユーザー・グループ名になるかもしれない。

○ステップ5：共通する特徴を説明
　各ユーザー・グループを代表するユーザーを調べ、共通の特徴について説明する。

○ステップ6：ディスカッション
　このマップはコンセプト作りに向けて、コア・ユーザーのニーズの説明として役立つか。各ユーザー・グループは中心的な調査対象になり得るか。1つか2つのユーザー・グループに焦点を当て、コンセプトをさらに発展させることは可能か。

Compelling Experience Map

経験魅力度評価マップ

全体的なユーザー経験を
誘引、参加、関与、退出、延長
という5段階で表す

BENEFITS	■ マインドセットが広がる
	■ 経験に注目している
	■ 機会が特定される　■ 概要がわかる
	■ 包括性が増す
	■ アイディエーションのきっかけとなる
INPUT	■ コンテクストとユーザー調査から得られたデータ
OUTPUT	■ 製品・サービスと接する様々な段階での
	ユーザー経験に関する強みと弱みを理解

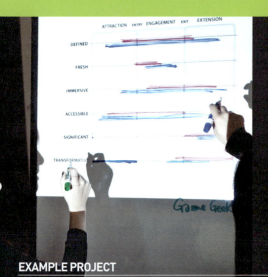

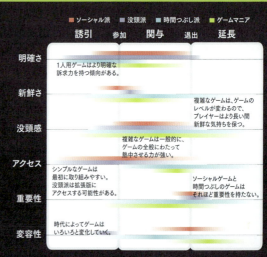

EXAMPLE PROJECT

▷ゲームの未来（2007年）

　ゲーム産業は過去50年、急速なイノベーションに遭遇してきた。デザイン・チームは「同産業の成長によって、ゲームや愛好家、ゲームの未来の意味合いはどう変わったか」というテーマで、愛好家タイプ、その活動、ゲーム機、コンピュータ、ボードゲーム、インターネット、カードゲームなどの調査を行った。

　チームはまず時代分析で、ゲームの進化と、業界トレンドが発展してきた経緯を把握した。その後、愛好家タイプのポジション・マップを作成。4つのゲーマー・プロファイルを抽出した後、ソーシャル派には「キャッチフレーズ」、没頭派には「ワールド・オブ・ウォークラフト」、時間つぶし派には「数独」、ゲームマニアには「フライト・シミュレーター」というように、それぞれに原型となるゲームを割り当てた。次に、

誘引、参加、関与、退出、延長という範囲に沿ってこれらのゲームを配置し、魅力的経験マップを作成。これを、明確さ、新鮮さ、没頭感、アクセス、重要性、変容性という6つの属性全体で行った。このビジュアル化により、4つのゲームタイプの概要や相違点が明確になった。

　この経験魅力度評価マップを使って、「ゲームマニアがよく遊ぶ複雑なゲームは、経験全体を通じて高いレベルで没頭するのに対し、ソーシャル派が好む単純なゲームは全体的にアクセスしやすい」など、重要なインサイトを導出。ユーザー・タイプ別の機会の手掛かりも得られた。チームが挙げたゲームの未来像は「より現実的なゲーム領域」「モバイル機器を用いたゲーム」「エクストリーム・ユーザー向けゲーム」だ。

WHAT IT DOES　　　内容

　魅力的経験マップはダブリン社が開発したフレームワークだ。包括的な観点でその経験の主要テーマを掘り下げ、過去、現在、未来に起こることを理解する。このフレームワークでは、あらゆる経験を誘引、参加、関与、退出、延長という5段階に分けて考える。ユーザーと接する前から始まり、ユーザーを引き付け、中心的な製品やサービスを経験し、関与したときに何が起こり、その経験はどのような結果となり、その後どうなるかまで、直線的に経験の全体像を把握するのだ。このように幅広い見方をすれば、デザイン可能な接点の数が広がる。ある経験に対するユーザーの全体的な認識に影響を及ぼし、最高の結果につながる可能性もある。ダブリン社によると、このマップにはあらゆる経験を魅力的なものにする6つの属性があるという。

明確さ：説明できるか。境界線があるか。
新鮮さ：新規性があるか。驚き、楽しさ、驚嘆を伴うか。
没頭感：感じるものがあるか。我を忘れることがあるか。
アクセス：試せるか。入手できるか。
重要性：理にかなっているか。覚えたり、関連づけたり、考えたり、成長したりするか。
変容性：別人のような気持ちになれるか。努力の結果として得られるものがあるか。

　フレームワークの各段階を属性ごとに測定すると、その経験の魅力度を評価できる。

HOW IT WORKS　　　進め方

○ステップ1：ワークシートの作成
　ワークシートに、誘引、参加、関与、退出、延長の5つの見出しを作成する。チームで分析や議論の対象としたい経験を特定する。

○ステップ2：誘引段階の記述
　興味を持ち始める前の、すべての接点を考えてみる。最新映画の予告編、印刷広告、ビルボード、オンラインでの議論、ブログなどのコミュニケーションはすべて、製品・サービスにユーザーを引き付ける仕組みとなり得る。ワークシートに現在行われている活動をすべて記録する。

○ステップ3：参加段階の記述
　ユーザーがその経験をすると、どうなるかを考えてみる。どうすればユーザーにその経験をしてもらえるか。あるイベントでチケット購入の列が乱れていれば、その経験の全体的な印象に影響を及ぼすかもしれない。

○ステップ4：関与段階の記述
　これは提供する製品・サービスの中心となるものだ。パーソナル・バンクであれば、従業員と顧客間のやりとり、取引のしやすさ、情報提供などが該当する。

○ステップ5：退出段階の記述
　これは参加段階と同じように、ユーザーがその経験から離れようとするときにどうなるかを示す。たとえば、食料品店のレジの列、オンラインショップでの支払いプロセスなどが挙げられる。

mode4 インサイトをまとめる　183

○ステップ 6：延長段階の記述

これは誘引段階と似ているが、その経験の後に起こることや、ユーザーの関与を維持することまで言及する。たとえば、アマゾンのオンライン・レコメンデーションの仕組みは延長段階の戦略を活用して、購入品と何らかの関係がある書籍や商品を提案する。

○ステップ 7：全段階で 6 つの属性を評価

経験の各段階で、6 つの属性（明確さ、新鮮さ、没頭感、アクセス、重要性、変容性）を測定する。属性は水平の線で表し、関連する段階については、線の太さや色を変えることが多い。

○ステップ 8：経験マップの分析

マップを見直し、各段階がなぜ現状のようになっているかを考える。すべての段階でその経験は魅力的か。どの属性がどこで最も強いのか。より良い経験にする機会はどこにあるか。分析結果を書き出し、メンバーで共有する。

User Journey Map

ユーザー・ジャーニー・マップ

あるコンテクストにおける
ユーザーの
ジャーニーを表す

BENEFITS	■ 経験を重視している　■ 関係が明らかになる
	■ 既存の知識が体系化される　■ 情報がビジュアル化される
INPUT	■ 特定のコンテクストで起こっている すべてのユーザー活動のリスト
OUTPUT	■ 特定のプロセスや経験におけるユーザーのジャーニーを 構成する活動の集合を時系列でビジュアル化
	■ ユーザー・ジャーニーに沿った ペインポイント（悩みの種）、インサイト、機会

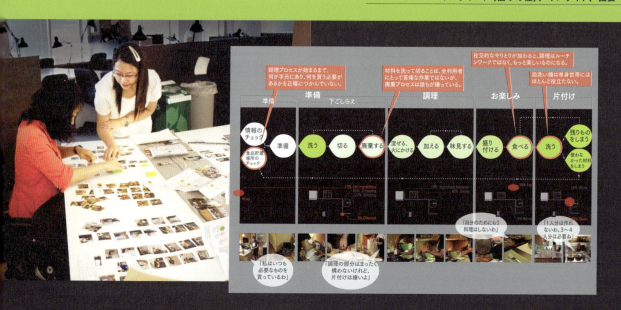

EXAMPLE PROJECT

▷ソーシャル・キッチン（2010 年）

　現代のアメリカ人は、食事の半分以上が外食だ。みんな時間に追われ、このトレンドは衰えそうもない。若者や都会で働く人々が、自宅のキッチンでの料理経験についてどんなモチベーションや制約条件を持っているかを探るために、デザイン・チームはエスノグラフィー調査を行った。

　チームは家庭を観察した後に、時間と空間の観点から、参加者のキッチンでの活動を集合に分類。全員共通の料理経験である、準備、調理、お楽しみ、片付けという 4 段階に分けてパターンを探し始めた。その後、各参加者の家庭料理プロセスを順番にユーザー・ジャーニー・マップに入力。ジャーニーの途中で出てくる「料理を始める前に、自宅にある食材や買うべきものを把握していない」などのコメントは、その段階におけるペインポイント（悩みの種）を指していた。チームはこのマップを使って全段階を概観し、全体的な料理経験に関するインサイトを導き出した。これは問題や機会領域を見極める糸口となり、キッチンの社会的性質を中心とした解決策のデザインにつながった。

WHAT IT DOES　　　内容

ユーザー・ジャーニー・マップは、経験全般を通してユーザーの歩みを追うフロー・マップだ。ユーザーのジャーニー（一連の経験）を構成要素に分解し、現状やイノベーションの機会になりそうな問題を見抜く。ユーザーの活動（洗う、混ぜる、火を使う、食卓に出す）はマップ上でノード（結節点）として表される。これらの活動は、上位レベルの活動（準備、調理、片付け）としてグループ化できる。問題点やインサイトはマップ上で吹き出しなどをつけて表し、注意すべき場所や機会のある場所を目立たせる。

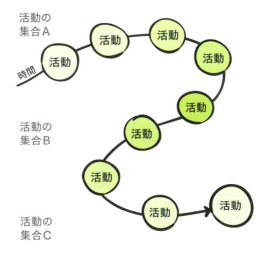

HOW IT WORKS　　　進め方

○ステップ 1：活動の洗い出し
　経験を通して起こる具体的な活動をすべて特定する（料理経験であれば、洗う、切る、廃棄するなど）。

○ステップ 2：集合に分類
　関連性のある具体的な活動を上位レベルの活動の集合に分ける（洗う、切る、廃棄するは、上位レベルの活動「料理の準備」に含まれる）。

○ステップ 3：時系列に整理
　上位レベルの活動をノードで表し、フロー・チャートとして時間の流れに沿って配置する。各ノードの下に、関連する具体的な活動を挙げる。フローの方向を示す矢印でノードをつなぐ。必要に応じて、フィードバック・ループを示す矢印も入れる。

○ステップ 4：問題点やペインポイントの特定
　プロセス中に行われる活動のペインポイントを特定する。問題点やペインポイントは、適切なノードや矢印に吹き出しなどをつけて強調する。

○ステップ 5：マップの拡充
　ユーザー活動のビデオ・クリップ、プロセスの途中で出てきたコメントの引用、活動場所を示すレイアウト図など、追加情報でジャーニー・マップを拡充する。

○ステップ 6：インサイトの考察
　チームとしてマップ全体を調べ、各メンバーの調査結果を提示し、議論しながら、インサイトを探す。たとえば「準備段階で材料を洗ったり切ったりするのは楽しいが、生ゴミの処理は不快だと思っている」ことに気づくかもしれない。

○ステップ 7：調査結果の整理・共有
　こうしたインサイトをマップ上に示し、強調する。ユーザーにとって魅力的で楽しいジャーニーにする最も大きな機会は何か話し合う。

Summary Framework

概要フレームワーク

フレームワークを作成し、
分析から導き出した
主要なインサイトをまとめる

BENEFITS	■ コミュニケーションが良くなる
	■ 調査に基づいている
	■ プロセスに透明性を持たせる
	■ 移行をサポートする
INPUT	■ これまでに入手したすべての調査や分析データ
OUTPUT	■ 主要な結果、インサイト、原則を整理した表
	■ 前進させるべき重要なアイデアが記載された概要フレームワーク

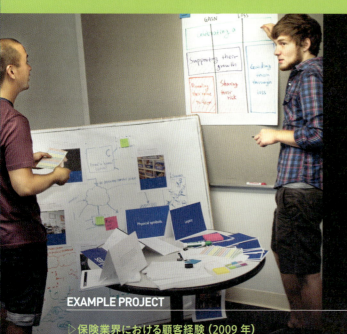

EXAMPLE PROJECT

▷ 保険業界における顧客経験 (2009 年)

　無形資産に対する価値観が劇的に変わっている中、この新たな動きに保険会社はどう対応すべきか。これは大手保険会社にポジション変更を提案するために、デザイン・チームが設定した問いだ。チームは業界での経験を変え、あらゆる顧客経験を向上させる方法を探った。

　チームは調査によって得られた重要な発見、インサイト、デザイン原則をもとに概要フレームワークを作成。価値の理解、成長支援、価値の尊重、リスク共有、事故対応を 5 つの柱とする、この概要フレームワークは、保険をかけた商品について、購入前から損害事故後までの全ライフスパンを網羅していた。顧客経験を最初から最後まで見通すことで、追加調査すべき機会領域を発見。それぞれ顧客経験を改善するためのコンセプトが作成された。たとえばリスク共有の領域では、保険会社とユーザー本人が 1 つずつ仮想「キー」を保有することで個人情報を保護することを提言した。チームは様々なコンセプトを作成し、保険加入者のジャーニーの各段階でカスタマイズ化されたサービスを提供することで他社との差別化を図ることにした。

WHAT IT DOES　　　内容

　概要フレームワークは、主な結果、インサイト、デザイン原則を1つにまとめるために分析の最後に用いる構造化のメソッドだ。このフレームワークを使えば、活動の簡潔な要約、各人のインサイト、未来の機会への示唆が得られる。また、コンセプト開発のガイドとなるデザイン原則が、どのように人やコンテクストに関するインサイトから導出されるかもわかる。概要フレームワークは、人々やコンテクストの十分な理解から、人々に役立つ製品・サービスの探求へと、分析上の重要な移行を促し、ある意味で、デザイン・チームの見解の根拠となる。

　どのフレームワークも、次の性格を持っている。
　▷あるテーマを完全かつ包括的に表している。
　▷詳細は割愛し、全体レベルの情報のみを示した概略である。
　▷あるテーマの要素間の関係を示す構造を表す。
　▷通常は図表を使って、1つの形状で表される。
　▷会話に役立つ共有可能な説明である。

HOW IT WORKS　　　進め方

○ステップ1：結果のレビュー
　プロジェクトの中で用いた様々なメソッドから導き出された結果を見直す。最初の所見として、主な結果を簡潔に記載する。プロジェクトの初期仮説と、調査や分析の実施方法を説明する。

○ステップ2：一覧表の作成
　これまでの作業をまとめるために表を作成する。「メソッド」「結果」「インサイト」「デザイン原則」という見出しをつけ、内容説明、そのメソッドを用いた理由、主な結果やインサイト、デザイン原則を記入する。表を見直す。概要は包括的だが、簡潔でなければならない。つまり、関連する調査をすべて網羅しつつ、なるべく短い言葉でまとめ、実施内容、学習、今後のステップがすぐに読みとれるようにする。

○ステップ3：概要フレームワークの作成
　概要フレームワークを作成する際に、インサイトやデザイン原則の集合が用いられることが多い。チームで集合を見直し、相互関係を示すネットワーク図、階層で表した樹形図、集合の分布を示すポジション・マップなどの形で、概要フレームワークを作成する。これをチームの見解とすり合わせ、イノベーション目的に沿ったものとする。

○ステップ4：概要フレームワークの説明
　概要フレームワークから導き出される主要なアイデアを盛り込んだ短い記述、説明、ストーリーを作成する。

○ステップ5：結果の共有とディスカッション
　メンバーや主要ステークホルダーと一緒にフレームワークを見直し、さらに発展させる方法を話し合う。コンセプト作りのガイドとして十分に包括的か。チームの見解を踏まえているか。現状を十分に再構成しているか。イノベーションを成功に導くフレームワークとして有望か。

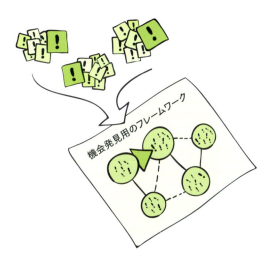

mode4　インサイトをまとめる

Design Principles Generation

デザイン原則の策定

調査から得られたインサイトを
アイディエーションへと導く
実行可能で未来志向の
記述に転換させる

BENEFITS	■ コミュニケーションが良くなる
	■ 調査に基づいている
	■ プロセスに透明性を与える
	■ 移行をサポートする
INPUT	■ これまでに得られたすべての調査や分析データ
OUTPUT	■ 主な結果、インサイト、原則をまとめた表
	■ 前進させるべき主なアイデアの概要説明

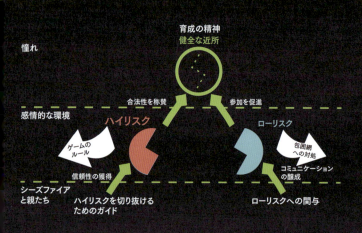

EXAMPLE PROJECT

▷ シーズファイア・シカゴ（2009年）

暴力撲滅プログラム「シーズファイア・シカゴ」はデザイン・チームと共同で、シカゴの最も荒れた地区で深刻化する銃による暴力事件を食い止めようと、コミュニケーション・キャンペーンに取り組んだ。1次調査では、近隣住人の信条、価値観、振る舞いを理解するため会話やインタビューを実施。コミュニティ内で暴力に囲まれていると感じているローリスクの人々と、際限ない暴力ゲームに関与するハイリスクの人々の間の感情的な断絶の理解に努めた。

会話で得られたインサイトからデザイン原則を作ることは重要だが時間もかかる。チーム全員で十分に時間をかけて活発に議論し、一部のメンバーは各インサイトに疑問を呈する「デビルズ・アドボケート（悪魔の使徒）」の役割を担当した。インサイトを徹底的に調査し、理解し、実行可能なデザイン原則に分類するのが目的だ。最終的に、チームは次の4つのデザイン原則を策定した。

（1）とげとげしい情緒的環境を緩和し、健全な近所づきあいに向けて前進し、士気を高める。（2）ハイリスクの人々のゲームのルールを変え、ローリスクの人々がさらされている状況を打破することで、悪習を一掃する。（3）信頼関係を確立し、合法的なやり方を称賛することでハイリスクの人々を動かす。（4）注意を喚起するためにコミュニケーションを促進し、コミュニティへの関与を奨励することで、ローリスクの人々を巻き込む。

WHAT IT DOES　　　　　　　内容

　大部分のイノベーション・プロジェクトでは、ニーズを理解するところから、そのニーズを満たす解決策を考え出すまでには、直感力を働かせた「魔法」のジャンプが求められる。デザイン原則は、この「直感力のギャップ」を埋めるものだ。規律あるやり方で導き出したインサイトから、コンセプト調査へと意図的に移行する。そうすれば、コンセプトは主観的な仮定に偏ることなく、客観的な調査データに基づいたものとなる。また、記述的なインサイトを、実行可能で未来志向の規範的文章にまとめることができる。デザイン原則は、チーム間の調整に役立つだけでなく、アイディエーション・プロセスへの移行の足がかりにもなるのだ。

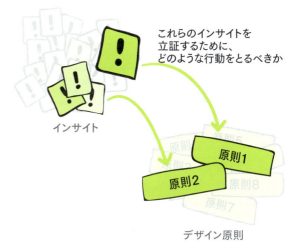

HOW IT WORKS　　　　　　　進め方

○ステップ 1：インサイトの集合を収集

　特に「インサイトをまとめる」モードで用いた手法を見直し、特定の観察に関わる細かなものも含めてすべてのインサイトを集める。

○ステップ 2：インサイトの標準化

　集めたインサイトを見直し、重複を取り除き、似たものを組み合わせる。冗長にならないようにする。細かすぎる場合は、上位レベルのインサイトに含める。メンバー間で共通理解を図るために、各インサイトに短い説明をつける。

○ステップ 3：デザイン原則の策定

　インサイトを参考に、メンバーでブレインストーミングを行い、デザイン原則を策定する。実行可能で、未来志向の規範的記述としてデザイン原則を記述する際には、動詞を用いる（例：感情的な環境を緩和させ、健全な近所へ前進することで士気を高める）。コンセプト作りに役立つものでなければならない。

○ステップ 4：上位レベルの原則の考察

　ボトムアップ的なやり方でデザイン原則を多数作成した場合は、集合に分けて、3〜10 個の上位レベルのデザイン原則に絞り込む。

○ステップ 5：デザイン原則の要約

　グループで、すべてのデザイン原則を眺め、どうすればそれらを精緻化してコンセプト探求の出発点とできるかを話し合う。デザイン原則をそれぞれ説明し、関連するインサイトを挙げていくと、各デザイン原則がどのニーズを裏付けているかを遡って理解できる。

Analysis Workshop

分析ワークショップ

インサイトを理解し、
パターンを見つけ、アイディエーション
のフレームワークを作るために、
セッションを行う

BENEFITS	☐ 新しい視点が得られる
	☐ より上位レベルのシステムが構築できる
	☐ 議論を促す ☐ 機会が特定される
	☐ 協力を促す ☐ パターンが明らかになる
INPUT	☐ 重要な調査結果とインサイト
	☐ 参加者候補のリスト
OUTPUT	☐ 主要なインサイトとその上位集合を特定
	☐ そのコンテクストに関する指摘を理解

EXAMPLE PROJECT

▷ 患者の経験改善（2011 年）

がん治療センターはデザイン・チームと共同で、骨髄移植患者の術後経験の向上に向けた環境づくりに取り組んだ。1次調査と2次調査では段階ごとに、業界やステークホルダー（臨床医、患者、患者の家族、非臨床介護者など）の経験について調査。さらに4週間、現場に張り付いてデプスリサーチを実施。その後、収集データを分析するために、関係者を集めて分析ワークショップを開いた。ワークショップでは、同センターとデザイン・チームの代表者などで3グループを形成。グループごとに一連のインタビュー・ビデオを視聴し、参加者のコメントが記載された基礎資料を調べ、パターンや初期のインサイトを特定した。ユーザー経験の観察内容を整理する際に、インサイトを引き出しやすくするため、文章フォーマット（○○が必要である、○○したい）を使った。

各グループは経験マップを作成し、リハビリ前、リハビリ中、退院後という3つの基本段階を設定。前段階は準備とトレーニング、途中段階はプライベート空間、リハビリ後は患者とセラピストの支援に関する初期インサイトが含まれており、それらを精緻化していった。

WHAT IT DOES　　　　　　内容

　分析ワークショップは、あるコンテクストで起きていることの共通理解を図り、コンセプト作りに役立つ分析的フレームワークを構築するメソッドだ。チームを編成し、観察内容やインサイトを使いながら、新しいパターンへと調整を図る。その後、そのパターンを概念フレームワークに変換し、後でコンセプト作りに活用できるようにする。ワークショップは議論を通じて新しいインサイトを生み出す場にもなる。

　分析ワークショップは、表やマップを使ってパターンを見つけるメソッドと似ており、相補的でもある。ただし、みんなで集まって議論し、分類や集合の作成作業に参加しながらパターンを見つけるので、複数の人々が必要だ。異なる見解を持ったメンバー間で会話することもインサイトの源泉となる。アイデアや様々な意見を自由に交換すれば、分析に深みが出て、上位レベルのインサイトを導き出せることもある。さらに、そのインサイトを使って、後に行うアイディエーション・セッションのガイドとなるデザイン原則を策定できるかもしれない。

HOW IT WORKS　　　　　　進め方

○ステップ1：ワークショップを計画

　ワークショップの目的と概要を示す文書を作成する。これまでに得られたインサイトを理解する初期の統合段階と、インサイトの中からパターンを見つける分析段階に分けて、ワークショップのスケジュールを組む。参加規則を説明したガイドラインも作成する。様々な専門知識を持った参加者を選ぶ。

○ステップ2：インサイトの収集

　これまでに作成した調査書類を見直し、このモードの様々なメソッドを使って導き出したインサイトをすべて集める。各インサイトの説明を記述し、参加者と共有し、ワークショップ・セッションの基礎として用いる。

○ステップ3：ワークショップを実施

　インサイトを幅広く共有し、会話しやすい環境を整備する。3、4チームが快適に作業できる場所を用意し、付箋、ペン、紙などの基本的な備品や軽食を揃える。インサイトを把握し、各自の作業を整理できるように、グラフィック・オーガナイザーやワークシートも用意する。分類や集合の作成などの作業用に、十分な広さの作業スペースを提供する。参加規則、チームとの連絡のとり方、時間配分、課題のまとめ方を説明したガイドラインを提供する。

○ステップ4：インサイトのレビュー

　ワークショップの冒頭部分を使って、これまでに導き出したインサイトをすべて見直し、全参加者の共通理解を図る。さらにインサイトを見出したり、既存のインサイトを修正したりできるよう、短い時間をとる。時間は短く区切ったほうが、効率が良くなる。新しいインサイトはすべて記録する。批判的な目でインサイトを見直し、ニーズを反映しているかという観点で順位をつける。

mode4 インサイトをまとめる　　193

○ステップ5：インサイトの分類
　補完的なインサイトを特定し、組み合わせて集合を作る。集合の主な特徴について短い説明をつける。なぜその集合か、なぜそのインサイトが含まれるかを説明する。ワークシートを用いて、その集合をよく表すタイトル、説明、集合を説明した図表、対応するユーザー・ニーズ、対応するコンテクスト上のニーズ、その他の有用なタグ情報を入力する。

○ステップ6：分析フレームワークで整理
　チームで、インサイトの集合を見直し、相互関係を踏まえて整理する。ネットワーク図、樹形図のような階層レベル、あるいは、ポジション・マップ内の相対的な位置づけとしてまとめられるかもしれない。

○ステップ7：成果の共有とディスカッション
　ワークショップの結論を報告する。他のチームの調査結果を互いに共有する。議論を通して上位レベルのインサイトが導出されることもあるので、そのための時間をとる。書き出した内容は報告書にまとめ、ステークホルダーで共有する。集合をさらに精緻化し評価する方法や、フレームワークを使ってデザイン原則やコンセプトを作る方法について話し合う。

R

Janet was a caregiver for 3 years. Her mother was sick with breast cancer, had surgery twice, chemotherapy and radiation treatment.

Janet started out as a part-time caregiver for her mother and became the full-time caregiver during the 6 months before her mother passed away.

"Basically talking was a good point for her and showing her that when she was sick people would come and visit her. And that's a very helpful thing at this point because they don't seem to be all alone."

ooth so her desires were to eat some cake or some
things so we would go buy them and bring them
uld eat it. Even though she couldn't but that's
ou have to sometimes take—not take the orders
them to you so they can feel better."

weeks, she would bring her mom to the complete a
atment. There was nothing special about the facility,
a TV, but I would bring my book sometimes."

ps and hints and she told us even try to
ut it on her before and after the radiation
smooth and all that stuff. My experience
that due to the fact of that nurse, it was

arched information and I had a friend that her mother
r and she had explained some times to me but it's not
hing as they explain as when you see it in person."

"My little girl was three years old then and she was my mother's light. She would keep motivated my mother and myself. Because afterwards taking care of my mother then I would take care of her, my baby. So you keep on going and you try and do your best."

ital or somwhere, would have a
alk and give feedback or give—like
minar or whatever to let the caregiver

mode 5

EXPLORE CONCEPTS
コンセプトを探求する

　調査から探索へ、未来の可能性に向けてジャンプするときが来た。関係者全員が豊かになる未来の可能性をどう思い描けばいいのか。どうすれば今日の前提に疑問を投げかけ、明日に向けて再構成できるか。未来をつくるアイデアにつながる道はどこにあるのか。

　新領域に足を踏み入れ探索するときには、オープンな姿勢、冒険心、創造の精神が大切だ。ただし道を見失わないよう、焦点と方向感覚を保たなくてはならない。また、厳密なプロセスと体系的なメソッドも欠かせない。

　最初の活動は、前モードまでに得られたパターンとインサイトが基礎となる。ユーザーやコンテクスト上のニーズを満たすイノベーションがどのように作られるか、しっかりした視点を得ているはずだ。新たなコンセプトを探求することは本質的に、ブレーンストーミング、スケッチ、プロトタイピング、ストーリーテリングを通して「未来を描く」ことになる。価値ある解決策や戦略が生み出されるまで、非線形の反復サイクルの中で探索を続けよう。

EXPLORE CONCEPTS
mindsets

コンセプトを探求する マインドセット編

　コンセプトを探求するためのマインドセットは、創造的で、新しいものや急進的なアイデア、考え方にも前向きだ。しかし同時に、人間中心でコンテクスト主導の成功原則を見失ってはいけない。解決策のコンセプトを見出す場所に関する支配的な前提に疑問を投げかけ、境界線を引き直すのだ。インサイトに最も関連するアイデアを求めながら、周辺部にも注意を払い、明確な価値を持ったコンセプトを考え出す。そして、効果的なストーリーテリングを通じて、継続的に探索状況を内外に伝える。

mindsets

前提を疑う　Challenging Assumptions

未来に立って考える　Standing in the Future

周辺部でコンセプトを探る　Exploring Concepts at the Fringes

付加価値を明らかにする　Seeking Clearly Added Value

未来のストーリーを語る　Narrating Stories about the Future

組織	前提から	新しいやり方へ
アマゾン	マスマーケットの書籍	ナビゲーション履歴に基づいてカスタマイズされた書籍レコメンデーション
アップル	MP3プレーヤー	個人的なミュージック・コレクションを管理
ネットフリックス	店舗型の1日単位の映画レンタル	会員制のオンライン上のライブラリと宅配サービス（DVDでの配送、あるいはストリーミング）
ナイキ	シューズ	目標達成に向けてランナーを支援

破壊的イノベーションで成功している組織は多くの場合、伝統的なモデルを捨て、新しい考え方を採用するというマインドセットを体現している先駆者だ。この表は、時機をとらえて前提を疑い、解決策の範囲を再構成し、製品やサービスの新しい機会を飛躍的に広げた組織の例だ。

mindset 前提を疑う

イノベーション・チームはこのモードに入ったとたん、直感に従ってアイデア出しを始めようとするものだ。ここで見落としやすいのが、プロジェクトに何らかの形で害を及ぼす、組織や業界の隠れた前提や通説を明らかにすることだ。おそらくは解決策と思われる領域について、現在の「枠組み」を再構成する必要があるだろう。最初に自問すべきは「自分たちは正しい解決策を考え出しているか」である。

組織にとって、業界内で長年確立されてきた規範に従うのは当たり前だ。しかし、その規範を前提と捉え、この変化の激しい時代にも通用するかどうかを見抜けるか。たとえ業界の慣行を崩すことになっても、別の方法で新しいものを打ち出せないだろうか。人々のニーズを満たし、コンテクストに合わせるという基本目標を見失わずに、そうすることは可能か。

mindset　　　　未来に立って考える

次のキャリア計画を立てるときに、「いま何が得意か。次に何ができるか」と自問することが多い。だが往々にして「10年後どこにいるか。そこに行くにはどうすればいいか」と問いかけたほうがうまくいく。

未来に対する考え方は2つある。1つは、現在の立ち位置から望ましい将来を見通し、そこに到達するステップを計画する方法だ。これはごく一般的な方法で、漸進的なイノベーションにつながる。もう1つは、自分たちのイノベーションが既に根付いている未来の状況を想像し、どうやってそこに辿りついたかを振り返る方法だ。これは、現在に着想を得て未来のファンタジーを創作するSF作家のアプローチに近く、ブレークスルーや破壊的イノベーションが生まれる可能性が高い。

オフィス家具メーカーのスチールケースは、今から100年後の世界を探求する「100の夢、100の心、100の年」という100周年記念プロジェクトを立ち上げた。この風変わりな共同プロジェクトでは、みんなが描く未来の夢を集め、分析し、パターンを導出し、共有する。そして、未来の立場で考え、世界を想像した後、自分たちを導く方法としてそのビジョンを活用する。これは、子どもたちが直観的にそうやって未来を思い描いているという考えにも触発されている。

mindset　　　　周辺部でコンセプトを探る

未来の立場で急進的なアイデアを探すときでさえ、通常のドメイン（領域）の隣接部分や外部にあるアイデアを探すことを忘れてはいけない。こうした周辺部にこそ、見逃されがちなコア・コンセプト、システム、市場でのポジションを強化する新製品・サービスの機会が潜んでいる。破壊的イノベーションや競争優位につながる未開拓の機会は、その性質上、業界の概念の端で見つかることが多いのだ。

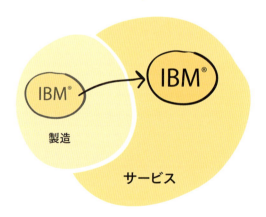

周辺領域の探索で有名なのがIBMだ。同社はルー・ガースナー体制下の2000年初め、技術製品の販売から、高付加価値のサービスやビジネス技術サポートへと全社戦略を転換。デルやHPなどとの競争が激化するコンピュータ「製造」セクターから、IBMの規模や幅広い経験が有利になる利益率の高い「サービス」セクターへと移行した。このように（可能であれば別セクターへジャンプして）イノベーションを周辺的に考えることは、新しいフロンティアの開拓に求められる大胆なマインドセットだ。

ブレーンストーミングといえば、デザイン・コンサルティングファームのIDEOだ。同社のアイディエーションは、『ビジネスウィーク』誌や『ファスト・カンパニー』誌、ABCのニュース番組「ナイトライン」などでも取り上げられ、数々の象徴的製品の投入に役立ってきた。なかでも有名なのは、同社が部門横断型チームで取り組むことだ。多様な分野のエキスパートがいれば、全ステークホルダーにとって最も価値あるコンセプトを生み出し、見分けることができる。

mindset　　　　　　　付加価値を明らかにする

ブレーンストーミングの経験者であれば、魅力的だが欠点のあるアイデアを発案者に諦めてもらうことがいかに難しいかがわかるはずだ。そこで展開される議論は、コンセプトの検証というよりも、意志の検証となることが多い。特に、部門横断型チームのブレーンストーミングでは、各部門の偏見や好みが成果物に強く反映されることもある。技術者は最新機器に基づくアイデアを好み、マーケターは説明や販売がしやすいアイデアを追いたがるが、この種の「お気に入り」のコンセプトは得てして一部のステークホルダー（発案者）にしか価値がない。

新しいコンセプトを探索するときは常に、ユーザー、事業、経済、社会、環境、あるいはその組み合わせに対して、価値創造や付加価値を伴ったアイデアを追求しなくてはならない。このマインドセットでは、誰よりも包括的な価値を届けるコンセプトを客観的に特定・探索しようと絶えず気を配る。そのほうが、手当たり次第にブレーンストーミングするよりも、焦点が絞られ、コンテクストに即したコンセプトになる割合が高まるのだ。

あるコンセプトがどれだけ重要であるかは、部門横断型チームによる探索セッションが頻繁に奨励されているかどうかでよくわかる。その価値をめぐって様々な見方が出され、みんなで最重要コンセプトを見極められるようになる。

キックスターターは、創造的プロジェクトを考えている個人を支援する資金調達プラットフォームだ。キックスターターのウェブ上で選りすぐりのプロジェクトを公開し、閲覧者に（投資家としての）資金提供を呼びかけて、資金集めを支援する。資金集めの成否を決める要因の1つは、プロジェクト発起人が短い動画で、いかにうまくそのイノベーションに関するストーリーを語れるかどうかだ。

mindset　　　　　　　未来のストーリーを語る

頭の中にどれほど素晴らしいアイデアがあったとしても、最終プレゼンテーションや報告書などの最終局面で伝えるだけでは意味がない。イノベーション・プロセスのあらゆる段階で効果的に伝えて、初めてそのアイデアは役立つのだ。ストーリーテリングは、過去にはなかったアイデアや、抽象的なアイデアを表現する効果的な方法だ。特にコンセプトを探索している中で未来のストーリーを語れば、さらにコンセプトが思い浮かんだり、未来のシナリオの中でそのコンセプトがどれだけ重要かを推測しやすくなったりする。同じく大切なのが、重要なストーリーにこだわるマインドセットだ。語るべきは、人々やコンテクストに関する分析と理解に基づくストーリーであり、チーム・メンバー、ユーザー、顧客にとってわかりやすく魅力的なコンセプトだ。

EXPLORE CONCEPTS
methods

コンセプトを探求する メソッド編

63. Principles to Opportunities 原則を用いた機会発見 **204**

64. Opportunity Mind Map 機会のマインドマップ **206**

65. Value Hypothesis 価値仮説 **208**

66. Persona Definition ペルソナの定義 **210**

67. Ideation Session アイディエーション・セッション **212**

68. Concept-Generating Matrix コンセプト作成表 **216**

69. Concept Metaphors and Analogies 比喩と類推 **218**

70. Role-Play Ideation ロールプレイ・アイディエーション **222**

71. Ideation Game アイディエーション・ゲーム **224**

72. Puppet Scenario パペット・シナリオ **228**

73. Behavioral Prototype 行動プロトタイプ **232**

74. Concept Prototype コンセプト・プロトタイプ **234**

75. Concept Sketch コンセプト・スケッチ **236**

76. Concept Scenarios コンセプト・シナリオ **238**

77. Concept Sorting コンセプト・ソーティング **240**

78. Concept Grouping Matrix コンセプト・グルーピング表 **242**

79. Concept Catalog コンセプト・カタログ **244**

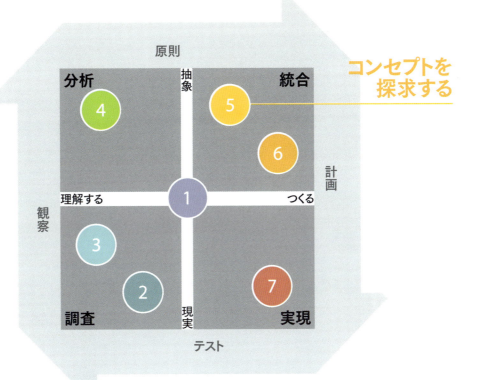

Principles to Opportunities

原則を用いた機会発見

分析から統合へと移り、
定義したデザイン原則に
基づいて機会を探る

BENEFITS	■ マインドセットが広がる
	■ 機会が特定される
	■ アイディエーションの枠組みとなる
	■ 移行をサポートする
INPUT	■ 調査と分析から得られたインサイトとデザイン原則
OUTPUT	■ 個々の製品・サービス、システム、戦略的レベルにおける潜在的な機会

EXAMPLE PROJECT

▷ 住居と商業施設のリノベーション (2010 年)

ある大手建設会社は、住宅所有者、専門家、メーカーとの住居・商業施設の建設およびリノベーション・プロジェクトの中で、商品選択について理解を深めようと、デザイン・チームと共同で取り組んだ。エスノグラフィー調査と 2 次調査の後、観察結果を外的影響、マインドセット、インタラクション、プロセスという 4 カテゴリーに分類。そこから主要なインサイトを導出し、重要なステークホルダーのニーズや課題を踏まえて、コンセプト開発のガイドとなるデザイン原則を策定した。

原則を用いた機会発見というメソッドを使うために、まずデザイン原則を分類し、6 つの上位レベルの原則を抽出。たとえば「実世界を反映したツールで発見や意思決定をサポートする」というデザイン原則は、上位原則「実現」の下に来る。チームでディスカッションし、スケッチや説明文を使いながら、各デザイン原則に対応する隠れた機会を考察した。「実現」と「プロジェクトの透明性」という原則から、「実験室や討議プラットフォームとして利用できる物理的なカフェを作り、建築家と顧客のリノベーション・プロジェクトをめぐるコミュニケーションの場とする」などの機会が見つかった。

204　101 Design Methods

WHAT IT DOES　　　　　内容

デザイン原則は「直感のギャップ」を埋め、ニーズの理解から、原則の設定、機会の探索、コンセプト作りへと進むための良いフレームワークとなる。このメソッドは、「インサイトをまとめる」から「コンセプトを探求する」モードへと、規律を持って意図的に移行する方法だ。主観的な前提による偏見ではなく、客観的な調査データに基づいてコンセプトを作成できる。コンセプト開発に飛び込む前に機会を調べてみることは、別の有望な分野を特定するための重要なステップとなる。また、チームでデザイン原則を用いれば、プロセスの焦点が定まり、誤解や非生産的な議論が避けられる。

HOW IT WORKS　　　　　進め方

○ステップ1：表の作成

これまでに導き出したインサイトと原則をすべて集める。表を作成し、インサイト、デザイン原則、製品・サービスの機会、システムの機会、戦略上の機会などの欄を設ける。

○ステップ2：製品・サービスにおける機会の創出

各デザイン原則を中心にして、製品、サービス、プロセス、メッセージなどの形で、機会についてできるだけ多く考え、該当欄に記入する。わかりやすくするため、必要に応じてスケッチを添える。この段階では、機会は「コンセプト」とよく似ている。主な違いは詳細さのレベルで、機会はそれほど具体的ではなく、コンセプト領域の可能性をただ示唆するだけだ。

○ステップ3：システムにおける機会の創出

同じやり方で、各デザイン原則についてシステムを考え、該当欄に記入する。システムの機会は、人々、物、環境など共通目的のために連動して作用する構成要素の可能性を示す。

○ステップ4：戦略上の機会の創出

同じく戦略上の機会について考え、該当欄に記入する。プロセスの最初に戦略上の機会を考えておくと、メンバー間でより幅広い会話ができる。

○ステップ5：インサイトの考察

表全体を考察し、製品・サービス、システム、戦略上の機会を見比べながら、それぞれの機会について話し合う。これらの機会をどう活用できるか。さらなる発展の可能性はあるか。明らかに有望な機会はあるか。

Opportunity Mind Map

機会のマインドマップ

プロジェクトの諸側面を整理し、
イノベーションの
機会領域を図解する

BENEFITS	■ 概要がわかる
	■ 機会が特定される
	■ 関係が明らかになる
	■ 既存の知識が体系化される
INPUT	■ 関心のあるテーマの属性
OUTPUT	■ 共通の属性で整理したコンセプトや機会

EXAMPLE PROJECT

▷ 国立公園システム（2005 年）

　アメリカの国立公園システム（NPS）は人気の過熱により、人手不足、生態系への負荷、予算削減などの問題を抱えている。デザイン・チームは NPS の改善の機会や方法を調査した。

　チームは、個人利用者の経験について、機会のマインドマップを作成した。公園内での経験、支援者向けグッズ、公園内の活動、NPS の管理機能という4つの側面を設け、それまでに得られたインサイトや原則と関連づけながら、マップ上でアイデアを考察。たとえば活動については、トイレの場所が遠い、クイック充電ステーション、初心者用トレーニング・エリアなど。グッズは、NPS ツアーが当たるくじ引き、植樹イベント、ペットの同伴許可、善きサマリア人賞などだ。4つの側面に関連する機会はすべて、その関連性の度合いに応じてレベルを分けてマインドマップ上に配置された。機会のマインドマップのおかげで、チームは2つの主要な問い——このマップをもとにコンセプトをどう統合すれば、補完的なアイデアのシステムを生み出せるか。まだ明らかになっていない素晴らしいコンセプト・システムはないか——を用いて、NPS の改善や保護のための取り組みを絞り込むことができた。

WHAT IT DOES　　　　　　内容

このメソッドは、コンセプトの探求の初期に用いる。概要フレームワークやデザイン原則の開発などのフレームワークを使って、イノベーション機会が見つかりそうな場所をビジュアル化する。中心テーマを基点に周辺へと広げながら、有望な機会について考え、プロジェクトの様々な側面に関連づけてマップに配置するのだ。関係やレベル感を示したこのマップは、解決策の開発に向けて興味深い論点を話し合うツールとなる。また、その後の調査やコンセプト開発のガイドにもなる。

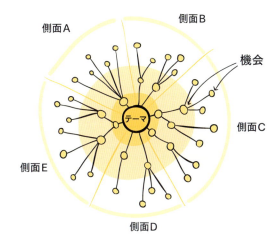

HOW IT WORKS　　　　　　進め方

◯ステップ1：テーマと関連する側面を定義

　前モードで開発したインサイトやフレームワークを見ながら、機会探索において最も興味深い中心テーマを定義し、それに関連する主要な側面を確認する。たとえば、中心テーマ「健康的な生活」の関連する側面は「健康製品・サービス」「食品選び」「教育」かもしれない。

◯ステップ2：マップの作成

　マインドマップの基本構造を作る。中心テーマを中央に置き、基準を決めて同心円でテーマとの関係レベルを示す。テーマごとに領域を区分し、主要な側面を配置する。厳密な調査や分析を行う場合は、フレームワークのカテゴリーを用いる。

◯ステップ3：機会の探索

　前モードで開発したインサイトと原則に基づいて、マップ上の各側面について機会を探る。見つけた機会は、諸側面との関係に沿ってマップ上に配置する。チームで話し合い、他の人のアイデアを発展させる。

◯ステップ4：属性に沿ってマップを精緻化

　調査の初期段階で追跡する重要な属性について話し合う。たとえば、「中心テーマとの関連性」を見ていくと有益だ。その場合、最も関連性のある機会は中央付近に、最も関連性の低い機会は端の方に配置する。

◯ステップ5：マップの分析とディスカッション

　マップ上の機会を分析し、評価する。どの領域が最も興味深く、さらに発展させるかを話し合い、見極める。

Value Hypothesis

価値仮説

ユーザーとプロバイダーに
その解決策がどのような価値を
もたらすかを明らかにする

BENEFITS	■ 中心的な価値観が明らかになる
	■ 方向性が定まる
	■ 共通理解が進む
	■ 移行をサポートする
INPUT	■ 調査や分析から得られたインサイト、機会、原則
OUTPUT	■ プロジェクトを進めていく場所について「エレベーター・ピッチ」の説明文

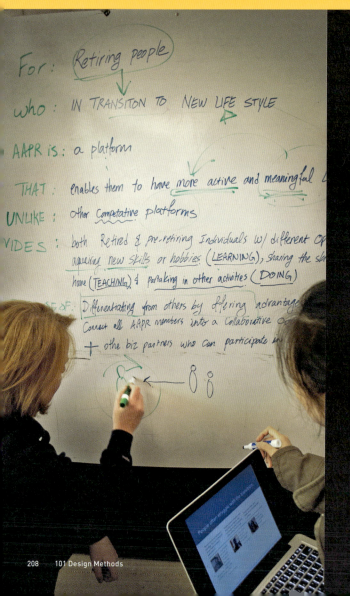

EXAMPLE PROJECT

▷引退プラン（2010年）

　デザイン・チームは大手非営利団体（NPO）の依頼により、引退に関する一連の調査を行い、コンセプトを開発。同NPOの戦略上の強みであるウェブサイトを活用し、引退の受け止め方に影響を及ぼそうとした。調査結果から、高齢者層は活躍を続けたいと思っていること、その多くは引退についてじっくり考えたことがないこと、退職プロセスを通してメンバーを支援するプラットフォームとして同組織の既存インフラが活用できることが判明した。

　チームはこの結果に基づいて、価値仮説を立てた。引退のための手助けが必要な退職者やその予備軍が、活躍を続けて有意義な生活を送ることをサポートする新サービス「ピアー」である。対象者たちがリアルとバーチャルにおいてつながりの強い共同コミュニティで、新しいスキルを身につけたり、新しい趣味を持ったり、既存のスキルを共有したりすることが考えられた。この価値仮説はコンセプトの特徴や属性のガイドとなり、イノベーション目的との調整を図るのに役立った。

WHAT IT DOES　　　　　　　　内容

　価値仮説は、新しい製品・サービスで目指す価値の定義であり、開発初期に調査領域の枠組みを決めるために用いられる。エレベーターに乗り合わせた重役に短時間で簡潔に説明する「エレベーター・ピッチ」のように、製品・サービスの価値を簡潔に記述するものだ。調査結果やインサイトの厳密な分析やデザイン原則に基づいて徹底調査した後で作成する。その際には、デザイン原則や目の前の機会についてチームの見解を統合させる必要がある。

　価値仮説の説明方法には特に制約はない。よく用いられる構造は、ジェフリー・ムーアの価値提案ステートメントと似ており、次の5つで構成される。

　1. ターゲット・ユーザーは誰か。
　2. 彼らの十分に満たされていないニーズは何か。
　3. 新しい製品・サービスはどのようなものか。
　4. ユーザーにとってのメリットは何か。
　5. ユーザーはなぜ競合他社の製品・サービスよりも、それを選ぶのか。

　プロジェクト全般にわたって常に価値仮説に立ち返り、中心的な価値観から外れていないことを確認する。新しい機会が見つかったときは、いつでも価値仮説の修正や更新をして構わない。

HOW IT WORKS　　　　　　　　進め方

○ステップ1：調査結果の検討
　これまでに見つけたインサイト、機会、原則に特に注目する。チームで議論し、優先順位を決め、仮説構築のために共通認識を持つように努める。

○ステップ2：価値仮説の構成を調整
　価値仮説の作成方法は無数にある。上述の5つで構成されたモデルは一般的で包括的なものだ。プロジェクトのコンテクストを踏まえて、コンセプト開発で重視すべき主な要素を特定する。

○ステップ3：選択肢の洗い出し
　調査とインサイトに基づいて、仮説の構成要素について、なるべく多くの選択肢を挙げる。構成要素の組み合わせ方を何度も試し、フォローする価値仮説のリストを作る。

○ステップ4：選択肢の評価と価値仮説の構築
　組み合わせ方をチームで話し合い、どれが顧客やユーザーに最大の価値を届けられるかを評価する。組み合わせを1つ選び、一貫性のある明快な文書を作成し、チームが届けたい価値を表す。この文書は重要なステークホルダーと共有する。

どの組み合わせが、顧客とユーザーに最大の価値をもたらすか。

Persona Definition

ペルソナの定義

詳細なユーザー像を定義し、それに沿ってコンセプトを探る

BENEFITS	■ マインドセットが広がる　■ 共感が持てる
	■ 方向性が定まる　■ ストーリーを語りやすい
	■ アイディエーションのきっかけになる
	■ 既存の知識が体系化される
INPUT	エスノグラフィー調査の結果
	潜在的ユーザーとその特性のリスト
OUTPUT	コンセプト開発の情報となる異なる
	ユーザー特性に基づく一連のペルソナ

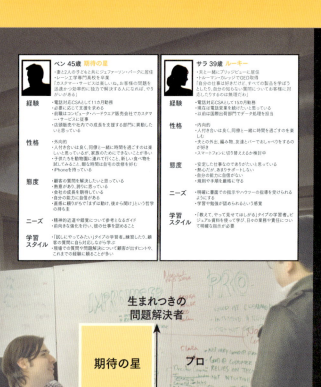

EXAMPLE PROJECT

▷ カスタマー・サポート・エージェント（2011年）

　消費者にとって、カスタマー・サポートでのやりとりは、その製品・サービス経験の良否を決定づけることが多い。デザイン・チームは、製造、修理、運用を手掛けるある企業と共同で、カスタマー・サポート・エージェント（CSA）の役割を評価。彼らが直面する問題の理解に努めた。現場に近い環境を再現したインコンテクスト・インタビュー、顧客対応中の行動観察、店内顧客のヒアリングを実施した。そこから得られたインサイトに基づいて、属性（生まれつきの問題解決者、後天的な問題解決者、新人CSA、ベテランCSA）を抽出。一般的な性格を分類し、いくつかのペルソナを設定した。

　その後、ペルソナの定義というメソッドで、4つの異なるタイプを「期待の星」「ルーキー」「プロ」「オフィス・アシスタント」と命名。経験、性格、態度、ニーズ、学習スタイルなどの属性をもとにそれぞれ定義し、そのペルソナを代表する名前、年齢、セリフの引用、短い描写説明も追加した。チームは、CSAの最大のペインポイント（悩みの種）に対処する解決策から最もメリットを得る「期待の星」と「ルーキー」に着目して、顧客ニーズへの対応力を高める問題診断ツールを開発した。

WHAT IT DOES　　　　　　　　内容

このメソッドではまず、イノベーション目的に関連したペルソナ（ユーザー像）を定義し記載する。潜在的なユーザー・タイプを分析し、そのペルソナを規定する共通の属性で整理していく。ペルソナは性格タイプとして考えてみると役立つ。一定数のペルソナを作って、ターゲット・ユーザーの代表とみなすのだ。一連のペルソナは機会領域を構成するので、そこに焦点を当ててコンセプト開発ができる。ペルソナのニーズや取り巻く状況に合わせて、コンセプトを構築する。

インサイトと調査データ

HOW IT WORKS　　　　　　　　進め方

○ステップ 1：潜在的なユーザーの洗い出し

対象となる潜在的ユーザーのリストを作成する。これは、インサイト、デザイン原則、価値仮説、エスノグラフィー調査、意味論的プロファイル、ユーザー・グループ定義など他のメソッドの結果に基づいて行う。

○ステップ 2：属性の洗い出し

関連するユーザー属性について、包括的なリストを作成する。デモグラフィック（年齢、性別、職業、家の所有状況）、心理（価値観、態度、関心、ライフスタイル）、振る舞い（モチベーション、知性、感情）などがよく用いられる。

○ステップ 3：ユーザー・タイプを定義

共通する属性に基づいてユーザーを集合に分ける。共通の属性を把握していない場合は、非対称クラスター表でユーザー・グループを探すとよい。各グループにそのユーザー・タイプを代表する名前をつける。焦点を絞って、効果的にコミュニケーションがとれるよう、管理しやすい数（3〜10）にする。

○ステップ 4：ペルソナの設定

ユーザー・タイプごとに、属性を組み合わせながら、具体的なペルソナ（性格）を設定する。ペルソナは調査結果と一致させる。共感しやすく覚えやすいタイトルをつける（例：ジェーンは都市に住む園芸家、28歳、弁護士、芸術をこよなく愛する）。できれば、セリフの引用やエピソードを入れて、ペルソナのプロファイルを補足する。

○ステップ 5：プロファイルのビジュアル化

ペルソナをビジュアル化し、それぞれの属性、引用、エピソードを整理する標準フォーマットを決める。説明文書はビジュアル的で、内容を十分に伝え、手軽に読めるものとする。チーム・メンバーで共有し、コンセプトの探索に役立てる。

mode5 コンセプトを探求する　　211

Ideation Session

アイディエーション・セッション

インサイトと原則に基づいて
コンセプトを開発するために
体系化されたセッションを行う

BENEFITS	■ 新しい視点が得られる
	■ 協力を促す
	■ アイディエーションの枠組みとなる
INPUT	■ インサイト、デザイン原則、機会のフレームワーク
OUTPUT	■ （調査結果に関する）多数のコンセプト

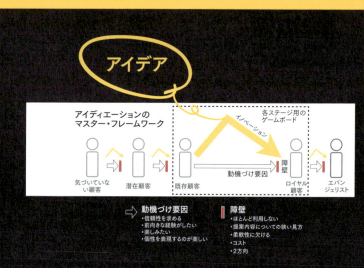

EXAMPLE PROJECT

▷カーシェアリング・サービス (2010 年)

デザイン・チームはユーザーと共にアイディエーション・セッションを実施した。アイディエーション・セッションでは、参加者たちが感じていること、考えていること、行っていることを引き出す体験ができる。セッションでは、カーシェアリング・サービスにおける顧客との関係強化についてアイデアを交換。カーシェアリングという選択肢を知らない顧客から、潜在顧客、既存顧客、ロイヤル顧客を経て、同サービスをみんなに広めて大きな影響力を持つエバンジェリストの段階へと進化する様子を、5 段階のフレームワークで表現した。

顧客が次の段階へ移行する主なモチベーションと、移行を妨げる障壁について、チームは参加者と議論。実用面（移動手段が必要）から感情面（かっこいい車を運転したい）まで幅広いモチベーションと、高コストや利便性の不足などの障壁が明らかになった。障壁に対処するコンセプトとして、顧客が所定の駐車場に返却せずに次の利用者に車を引き渡せる交換サービスや、安価で自分の車を貸し出せるマイカー・レンタルサービスなど、約 100 案を作成した。参加者はセッションを通じて、企業が顧客と様々な関係を持ち、各段階の特徴を理解して支援す

WHAT IT DOES　　　　　　　内容

　従来の自由形式のブレーンストーミングと比べて、アイディエーション・セッションはより体系化されている。既に開発してきたインサイト、原則、フレームワークを再構成しながらコンセプトを作っていくが、その際には良し悪しの判断抜きで、短時間にできるだけ多くのコンセプトを考え出す。アイディエーション・セッションでは、様々な分野のバックグラウンドを持つ人々を集め、それぞれアイデアを出してもらう。

　セッションを生産的にするためのいくつかの手順についてチームで合意をとっておく。率先して「大胆な」アイデアを出し、「いいね。それで？」と言いながら、お互いのアイデアを発展させる。他の人のアイデアを認め、さらに価値を付加するのだ。また、セッションを通じて、テーマから脱線しないように気をつける。このセッションでは、どのアイデアも間違いではないので、すべてを受け入れ、評価は後で行う。

HOW IT WORKS　　　　　　進め方

○ステップ１：セッションの企画

　セッションを通じて、何を達成するか、どのくらいの数のコンセプトが出せるか、時間内にどのくらいコンセプトの整理や精緻化ができるかを判断する。チームのインタラクション、スケジュールの組み方、課題のやり方など、参加ルールを説明したガイドラインを用意する。目的、簡潔なスケジュール、発想を促すスペース、多分野にまたがる参加者について計画を立てる。

○ステップ２：参加者の選定

　セッションには、職種、熟練度、観点、経験、年齢の異なる人々や、参加に意欲的な人々など、適切な組み合わせの人々に参加してもらう。

○ステップ３：インサイト、原則、フレームワークを整理

　過去のモードで開発したインサイト、原則、フレームワークをすべて集める。コンセプト作りの間、それらをどう提示し、利用するかを決め、セッションの参考資料として整理する。デザイン原則を直接コンセプト開発に用いることも多い。その場合は、セッションですべての原則を検討するか、一部でよいかを決めておく。

mode5 コンセプトを探求する　　213

○ステップ 4：快適な環境の整備

　創造力を発揮しやすい環境を作る。3、4 チームが快適に作業できる場所を用意し、付箋、ペン、紙などの基本的な備品や軽食を揃える。インサイトを把握し、各自の作業を整理できるように、グラフィック・オーガナイザーやワークシートも用意する。

○ステップ 5：セッションの開始

　セッションにおけるファシリテーターの役割は次の通りだ。常に全員を参加させる。参加者をアイディエーションに集中させる。明確な会話を促す。場を盛り上げ、その状態を維持する。おとなしい参加者には参加を促す。楽しさやユーモアを交える。質問して意見を引き出す。場が停滞してきたら、呼び水となるアイデアを紹介する。

○ステップ 6：コンセプトの作成

　重視するのは、できるだけ多くのコンセプトを作ることだ。時間制限があったほうが効率的なので、アイディエーションの時間は 45 分〜 2 時間とする。個人で考える時間と、他者のアイデアを発展させるグループ・ディスカッションの時間を設ける。「どのように○○する可能性があるか」「もしも○○なら」など制約なしで考えるためのテンプレートや、コンセプトを整理するワークシートを用意する。煮詰まったときには休憩をとる。選別や編集、長すぎる話し合い、コメントの無理強い、良し悪しの判断、批判、称賛、専門的な評価は避ける。

○ステップ 7：成果の把握と整理

　それぞれのコンセプトを把握し、説明、スケッチ、ユーザー価値、プロバイダー価値、コンセプト戦略、組織能力、パートナー、リスクなど他の関連した側面とともに、1 ページに整理する。全コンセプトを文章化し、メンバー間や、セッションの場にいなかったステークホルダーと共有する。コンセプトをさらに精緻化し評価する方法や、どれをプロトタイプ用に発展させるかを話し合う。

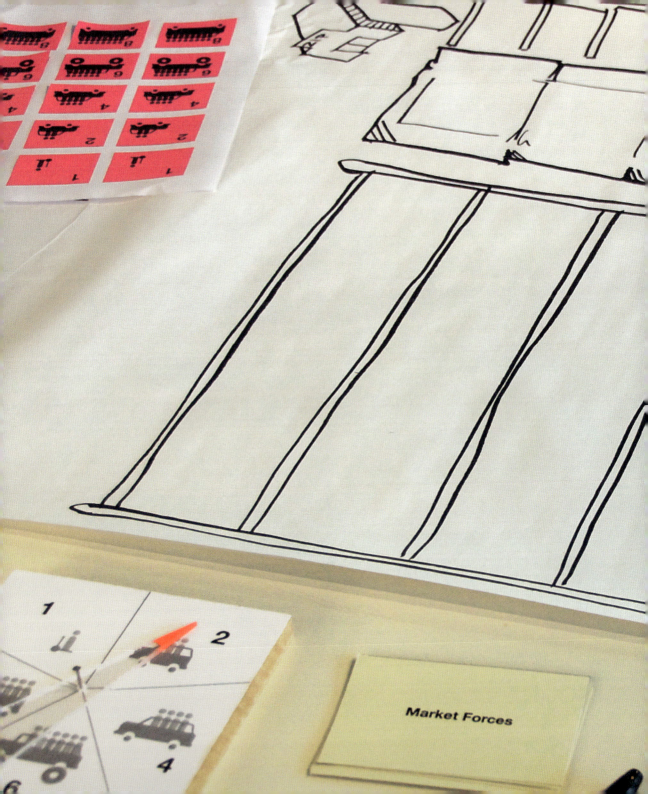

Concept-Generating Matrix

コンセプト作成表

調査で得られたインサイトに基づいて、包括的で十分に根拠のあるコンセプトを作成する

BENEFITS	■ マインドセットが広がる
	■ 機会が明らかになる
	■ 包括性が増す　■ 機会が特定される
	■ 調査に基づいている
	■ アイディエーションの枠組みとなる
INPUT	■ 調査と分析から得られた2セットの要因あるいはフレームワーク
OUTPUT	■ ターゲットとする、あるいは関連性のあるコンセプト

EXAMPLE PROJECT

▷ 新聞社向けの行動提案 (2011年)

印刷媒体の低迷が続く中で、デザイン・チームはオハイオ新聞から、読者を惹きつけ、巻き込む方法を提案してほしいと依頼された。同紙は急速に変わる業界内で、関連性を保ちながら実施できる短期、中期、長期の行動提案を求めていたのだ。

チームは、現在の定期購読者、過去の購読者、非購読者、各テーマ専門家へのエスノグラフィー・インタビューを実施。さらに調べるために、新興ジャーナリズム、コミュニティの結び付き、パーソナライゼーション、適切な配布方法、広告、「地方」の再定義という6つの機会領域を特定した。コンセプト作成表と、この6つの機会領域を使って、ユーザー・タイプ（子育てを終えた親、若い家族、広告主など）別にアイデアを出した後、具体的なコンセプトについてブレーンストーミングをして表に書き出した。その1つが、若いプロフェッショナル向けに通勤中に利用できる音声版新聞だ。表内には空欄や項目数の少ない欄もあったが、複数のコンセプトで埋まった欄もあった。チームはクライアントと一緒にコンセプト評価ワークショップを行い、アイデアを精緻化し、プロトタイプを作成した。

WHAT IT DOES　　　　　　　内容

　分析で得られた2つの重要な要因をもとに表を作り、交差する部分についてコンセプトを考える。このメソッドの鍵は、軸に用いる要因のセットを見極めることだ。プロジェクト目標と整合性がとれるように、包括的で相互補完的な要因を選ばなくてはならない。調査で明らかになった活動やニーズのリスト、「経験魅力度評価マップ」などのメソッドから要因が見つかることもある。

　このメソッドはアイディエーションのシンプルな構造となるが、調査結果にもしっかりと基づいている。具体的なコンセプト探索の枠組みとなるので、議論の調整や絞り込みに役立つ。

HOW IT WORKS　　　　　　　進め方

○ステップ1：要因の選定
「インサイトをまとめる」モードで得られたインサイトとフレームワークに再び戻って、どのように価値あるコンセプトに結び付けられるかを議論する。2セットの要因を選び、相互関係を見ながら、補完的で興味深いコンセプト探索の枠組みを作る。よく用いられるのは、ユーザー・タイプと経験魅力度のフレームワークだ。選んだ要因を縦軸と横軸にとり、表を作成する。

○ステップ2：表にコンセプトを記入
　各要因の重複部分についてブレーンストーミングを行う。欄によってコンセプトの数に違いが出るが、一応すべての欄について検討する。各コンセプトに、魅力的で覚えやすいタイトルと短い説明をつける。スケッチや図表を作るのもよい。コンセプトをビジュアル化すれば、コミュニケーションや共有に役立つ。

○ステップ3：コンセプトの考察
　ギャップを認識し解消するために表を使って概要をつかむ。重要な領域についてはより深いブレーンストーミングを行い、コンセプトを比較し、チームで評価する。より多くのコンセプトを探るために、別の要因を軸とする表を作成してみる。

mode5 コンセプトを探求する　　217

Concept Metaphors and Analogies

比喩と類推

よく知っているものに例えて、
コンセプトを
編み出す

BENEFITS	■ 前提に疑問を投げかける
	■ コミュニケーションが良くなる
	■ アイディエーションのきっかけとなる
INPUT	■ 調査や分析から得られたインサイト、価値仮説、デザイン原則
OUTPUT	■ 比喩や類推を用いた相関性のあるコンセプト

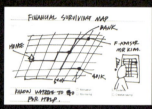

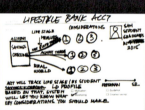

EXAMPLE PROJECT

▷ 若者の家計管理 (2010 年)

デザイン・チームは、若者が家計管理を通じて生活を向上できるようにするプラットフォームを開発するため調査を行った。従来の解決策で主に重視されてきたのは金銭管理だ。これに対し、新しいプラットフォームでは、若者を継続的に支援し、意欲を引き出し、健全な予算が組める大人に成長させることが求められていた。

チームは、10 代後半の若者、家計の熟練者、財務専門家など 9 人についてエスノグラフィー調査を実施。そこで得たインサイトを、モチベーション、モニタリング、創造的な貯金、資金管理、ガイダンスの 5 つの集合に分類。これらのインサイトに対応するコンセプトを作ろうと、アイディエーション・ワークショップで比喩と類推を用いた。

参加者をグループに分け、ワークシートと類推カードを配布。カードには、解決策に盛り込むものと似た品質のブランドやサービスが書かれていた。たとえば、「ウエイト・ウォッチャーは食品のポイント数で人々に減量の動機づけを与えている。若者に毎日、予算目標を意識し続けてもらうためにどうすればよいか」といった内容だ。既知のブランドを使って類推すると、インサイトの根底にある意味に関連づけしやすい。各グループは 5 つの集合についても同じ要領でコンセプトを考察。馴染みのある類似の製品・サービスの周辺でコンセプト開発を組み立てたことで、参加者は範囲について妥協することなく、焦点を絞って、意欲的に取り組むことができた。

WHAT IT DOES　　　　　内容

　よく知っているものの比喩や類推からコンセプトを作ることは、ブレーンストーミングの中で想像力をかき立てるパワフルなやり方だ。このメソッドでいう比喩とは、文字通りの意味ではなく、明確な比較対象を用いる（例：携帯電話は財布と、タブレットは紙製パッドと比べる）。類推は、いくつかの類似性があるものを用いてより直接的に比較する（例：個人の予算管理を減量管理になぞらえる）。類推は理解するのに推論が必要だが明瞭なのに対し、比喩は少し解釈を加える必要がある。このメソッドは最終的に、その性質上、従来の考え方を再構成するコンセプトにつながる。

　身近なものと関連づけて、「このコンセプトは〇〇とどのくらい似ているか」と考えてみると簡単だ。あらゆるものを中心的アイデアとして結び付けられる比喩や類推を選び、コンセプト開発のガイドとする。比喩や類推を使うと、ブレーンストーミングに焦点や活気も生まれる。

HOW IT WORKS　　　　　進め方

○ステップ 1：出発点の設定

　これまでのモードで得られたイノベーション機会に関するインサイトはすべて、このメソッドを使ったコンセプト開発の良い出発点となる。新しい製品・サービスを定義した価値仮説を基礎としたり、デザイン原則を活用したりすることもおそらく可能だ。

○ステップ 2：比喩や類推の選定

　チームとして、デザイン原則などを出発点に比喩や類推を使って、興味深く、想像力がかき立てられ、意外な方法で、アイデア出しをする。届けたい価値を検討し、同じような価値が現在どう提供されているか事例を探してみる。単純だが有効な方法は「〇〇のように」という比較を使うことだ。たとえば、「タブレットは秘書のように行動できるか」「レンタカー・サービスは自転車レンタルのように機能するか」と問いかけてみる。

　類推の一般的なアプローチは、創造工学（シネクティクス）と呼ばれ、次の 4 タイプを用いることが多い。

　直接的類比：現実の世界に既に存在しているものと、コンセプトを比較する（例：財布のような携帯電話）。

　空想的類比：現実の世界には存在しないものと、コンセプトを比較する（例：料理するキッチン）。

　象徴的類比：コンセプトのある側面や品質を、別のもののある側面や品質と比較する（例：プロジェクトはオーケストラのようだ）。

　擬人的類比：コンセプトを擬人化し、自分ならどうかと想像する（例：「私がそのコンセプトだとしたら、私は何に似ているだろうか」）。

mode5 コンセプトを探求する　　219

○**ステップ 3：コンセプトの検討**
　ここまでに用いた比喩や類推から明らかになった可能性をもとに、「どのように」や「もしも○○なら」に答えるコンセプトをそれぞれ考えてみる。さらに人々やコンテクストの調査からのインサイトを考慮に入れて、初期コンセプトを発展させる。

○**ステップ 4：ディスカッションとコンセプトの精緻化**
　考え出したコンセプトはすべて記録し、説明を加えてチームと共有し、その評価方法や発展方法について議論する。

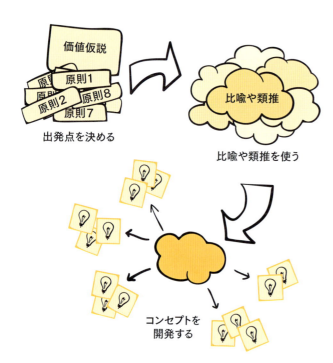

Role-Play Ideation

ロールプレイ・アイディエーション

他者の視点
に立って
コンセプトを考える

BENEFITS	■ 共感が持てる
	■ 前提に疑問を投げかける
	■ 議論を促す
	■ アイディエーションのきっかけとなる
INPUT	■ 分析から得られたイノベーション機会
OUTPUT	■ ステークホルダーのニーズの理解と共感に根ざしたコンセプト

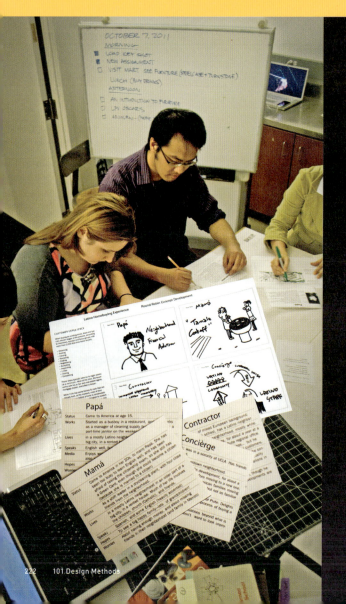

EXAMPLE PROJECT

▷住宅建設会社の機会発見プロジェクト（2006年）

アメリカのある大手住宅建設会社は、業界の大幅減速、住宅ローンの金利上昇、新築着工件数の減少を背景に、競争力の維持に苦慮していた。デザイン・チームは、同社のために新しい市場機会を探し、新築部門での地位をキープするという課題に挑んだ。そうして導き出したのが、ラテン系アメリカ人コミュニティをターゲットとする案だ。

チームは続いてコンセプト開発ワークショップを開催。セッションの第1弾で用いたのが、ロールプレイ・アイディエーションだ。参加者に父親、母親、請負業者、コンシェルジュなどの役割を割り振り、それぞれの立場、職場、住んでいる場所、言語、達成したいこと、心配事項など、詳細な背景情報が書かれたカードを配布。たとえば、20代でアメリカに移り住んだ母親は、ドライクリーニング工場でシフトリーダーを務め、近所の住人はほとんどがラテン系アメリカ人で、英語は少しできて、大家族のほうがいいが、お金が足りるかどうか心許ない。こうしたペルソナの複雑な状況を踏まえて、コンセプトを開発した後、スコアをつけてコンセプトを分類。「投資対効果がありそうか」「デザイン上の要請にどれだけ応えられるか」という観点で順位をつけていった。

このメソッドは、参加者が自分の前提に疑問を投げかけ、心理的障壁を取り払うのに役立ち、チームも多様なステークホルダーのニーズに対応した包括的な戦略を策定できた。

WHAT IT DOES　　　　　　　　内容

　ロールプレイは、チームの各メンバーがそのコンセプトの領域で異なるステークホルダーの役割を演じるという、ブレーンストーミングのアプローチだ。演じる役割は、エンドユーザー、デザイナー、エンジニア、経営幹部、マーケター、サプライヤー、パートナーなど。このメソッドを使うと、個々のメンバーは通常のマインドセットや前提から抜け出すことができる。アイデアの質と量ともに充実し、有益なディスカッションが可能となる。また、誰かにとって潜在的価値となるコンセプトを集中的に考えるので、ユーザー中心の考え方になり、共感を持って議論できる。ユーザー中心のイノベーションに不案内な人には、予備演習として特に有益だ。チームだけでなく、1人のときも、アイディエーションのテクニックとして使える。その場合は、各ステークホルダーの立場になってコンセプトのアイデアを考え、それを全員分繰り返す。

HOW IT WORKS　　　　　　　　進め方

○ステップ1：テーマの設定
　ブレーンストーミングで取り上げるテーマは、分析フレームワーク、デザイン原則、機会のマインドマップ、価値仮説などで見つかったイノベーション機会がベースとなるかもしれない。

○ステップ2：ステークホルダーの特定
　コンセプト領域の全ステークホルダーのリストを作成する。時間が限られている場合は、最も重要なステークホルダーに絞り込む。

○ステップ3：ロールプレイの実施
　テーマについてブレーンストーミングする間に、ステークホルダーの役割をメンバーに割り振る。ロールプレイでは、コンセプト・スケッチを使うと効果的だ。次の方法を使って、演じる役割を定期的に変えて、創造力を維持する。
　役割の持ち回り：持ち回りで違う役割を担当し、ロールプレイによるアイディエーションを繰り返す。
　コンセプトの持ち回り：メンバーはその役割になりきってアイデアを紙にスケッチし、それを次の人に渡す。渡された人は自分の役割に基づいて、それに加筆修正する。
　コンセプトの改善：グループとしてコンセプトを演じる。

○ステップ4：情報共有とディスカッション
　セッションの間に考え出されたコンセプトは、スケッチなどを添えて記録する。実際のステークホルダーと共有してフィードバックをもらい、改善点や補強点を話し合う。

Ideation Game

アイディエーション・ゲーム

ゲーム性のある活動に
ステークホルダーを巻き込み、
コンセプトを考え出す

BENEFITS	■ 新しい視点が得られる
	■ マインドセットが広がる
	■ アイディエーションのきっかけとなる
	■ 遊び心を促す
INPUT	■ インサイトやデザイン原則、機会のフレームワーク
OUTPUT	■ （調査結果に関する）多数のコンセプト

EXAMPLE PROJECT

▷食品プラットフォーム「コンヴィヴィアル」（2010年）

　コンヴィヴィアルは、著者のアドバイスをもとにデザイン・チームが考え出した食品と健康の総合プラットフォームだ。このプラットフォームをライフステージの異なる幅広い人々に利用してもらうために、チームはアイディエーション・ゲームを実施。これは、ミルトン・ブラッドリー社の「人生ゲーム」に則ってデザインされたもので、異なるライフステージを進む状況をシミュレーションする。計画、買い物、調理、協力という4段階の食品調理フレームワークを用いたゲームボードで整理すると、ライフステージが進むにつれてプラットフォームがどう発展するかを把握できた。

　ボードゲームに加えて、コンセプトの整理に役立つ分析エクササイズも実施した。4人グループをつくって、レーダーチャートをキャンバスとして使い、それぞれのアイデアを分類。その後、ボード全体について結び付きや関係を表し、プラットフォームの全体像がつかめるようにした。

　このエクササイズを経て、価値提案ワークシートが完成。チームはその販売方法を紹介する広告制作も依頼された。ワークショップの終わりには、コンセプト開発のインプットとして利用できる初期コンセプトが75個以上得られた。

photo courtesy Na Rae kim

WHAT IT DOES　　　内容

　モノポリーやチェスなどの一般的なゲームは、楽しく参加できるだけでなく、取引、戦略、成長、成功などのテーマ学習にも役立つ。参加者はゲームを通して、問題解決、意思決定、戦略思考、戦術的行動、創造的思考などのスキルを磨くことができる。このメソッドは、形式張らずに楽しくスキルが構築でき、教育的ゲームならではのインタラクションを用いて、新鮮なコンセプトを考え出せる機会となる。ゲームを作ったり、ゲームで遊んだりするマインドセットのおかげで、創造性への障壁が取り払われ、オープンに未来を考えられるようになるのだ。さらにコンセプト探索プロセスでは、打ち解けた雰囲気で楽しくリラックスしながら参加したほうが、指示的手法をとるよりも、より良い成果が得られる。

　最初に、アイディエーションの課題が注意深く埋め込まれたグループ用ゲームを開発するが、その際には、これまでに得られたインサイト、原則、ユーザー中心のフレームワークに基づいた課題を設定する。

HOW IT WORKS　　　進め方

○ステップ１：目的の設定とデータの用意

　ゲームをする意図は、ゲームを通じてコンセプトを構築することにある。これまでのモードで開発したデザイン原則、インサイト、フレームワークなどのインプット・データに基づいてコンセプトは考え出される。該当するデータを収集し、ゲームに組み込む。

○ステップ２：プレーヤーを理解

　双方向的なゲームをデザインできるよう、プレーヤーを理解する。プレーヤー数、それぞれのバックグラウンド、参加方法などを検討する。

○ステップ３：ゲーム・タイプの決定

　コンセプト開発にふさわしいゲームの選択肢を決める。ボードゲーム、記憶ゲーム、トランプゲーム、組み立てゲーム、ロールプレイングゲームなど、大半の人々が知っているゲームを選ぶ。所要時間も見積もっておく。

mode5 コンセプトを探求する　　225

○ステップ 4：ゲームの作成

　ブレーンストーミングを行い、ゲームを設計する。最初に決めなくてはならないのが、ゲームの主な要素（ゴール、競争、ルール、介入、タスク、報酬、ゲームのコマ）だ。なるべく多くのコンセプトを生み出すのが目的だが、適度に競争も取り入れ、ワクワク感や興味をそそるようにする。ルールを決め、プレーヤー間で争いになったときのための仲裁や介入の仕組みも入れる。ゲームの進行とともに、プレーヤーがこなすタスクや活動を決める。ゲームを面白くするために、報酬やペナルティも組み込むとよい。ゲーム経験を考えるだけでなく、物理的かつビジュアル的なゲーム素材も用意する。

○ステップ 5：ゲームの実施とアウトプットの収集

　適切な組み合わせのプレーヤーを参加させる。グループで参加できる快適なスペースを用意する。制限時間を設け、ゲームを始める前にルール、タスク、報酬などを参加者全員に説明する。ゲームの進行をサポートし、参加者に謝礼をする。ゲームの間に考え出されたコンセプトはすべて記録する。

○ステップ 6：コンセプトの共有とディスカッション

　スケッチや説明を含めて、ゲーム・セッション中に生み出されたコンセプトをすべて集めてから、本質的でないもの、無関係なものを取り除く。残ったコンセプトをメンバーで共有し、優先順位、改善点、補強方法について話し合う。

photo courtesy Na Rae kim

Foo-LIFE

（人生ゲーム）

Extreme users are food pooling together to tackle challenges of time and healthy eating.

You decide that you're tired of eating the same old foods. How can people be challenged to prepare, eat something that's different

How might ingredients and supplies be better accounted for within the household

You both work 50+ hours a week. How can you develop ways to eat dinner together and maintain healthy eating

Diet fads attempt to solve weight issues for people but never seem to stick.

How might we create support systems that enable healthy lifestyles?

Individuals struggle with food preparation.

How might we provide mechanisms that illustrate the sequencing of activities.

You want to share your eating struggles.

How might you locate advice on food ingredients and/or what to eat.

Congratulations! You got married.

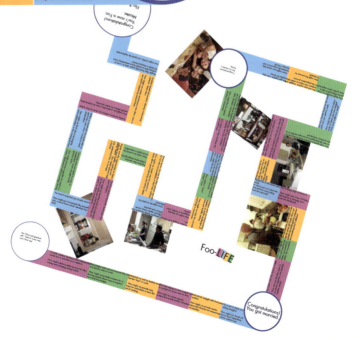

mode5 コンセプトを探求する 227

Puppet Scenario

パペット・シナリオ

現在と未来のシナリオを
グループで作成し、
人形を役者に仕立てて演じる

BENEFITS	■ 新しい視点が得られる
	■ ストーリーを語りやすい
	■ アイディエーションのきっかけとなる
	■ 協力を促す
	■ 遊び心を促す
INPUT	■ エスノグラフィー調査から得られた日常生活における発見やインサイト
OUTPUT	■ 未来のシナリオと関連するコンセプトのリスト

Senior Interaction 2009-2012

EXAMPLE PROJECT

▷ 高齢者支援プログラム「シニア・インタラクション」(2009年)

　デンマークのデザイン学校の学生は官民のパートナーとともに、シニア世代が直面する課題に対処するためにプロジェクトを行った。目標は、新しいサービスと技術を設計し、都市部に住む高齢者たちの日々の社会的交流とネットワークを支援することだ。

　高齢者の日常生活の意味を調べるために行ったワークショップでは、シニア世代の参加者が数人のグループをつくり、「良い1日」のコラージュ（様々な素材を切り貼りして組み合わせる現代アートの技法）を作成。その後、それぞれのストーリーを全員の前で披露した。これは現在の切り口で日常生活を見たものだった。次に、アイデアの糸口として「What-if」カードを使って未来を構想してみた（例：高齢者と若者があるツアーで出会ったとしたら、どうなるか）。各グループは現状と未来のストーリーを合体し、パペット（人形）を使ったシナリオを作成した。

　パペット・シナリオには、現状、新しい変化、近い未来の展望（25年後）という3段階のストーリー構成を用いた。このシナリオに沿って、組み立てキットを使って、役に合わせて人形をドレスアップ。ワークショップは、各グループによる「共通の映画と買い物旅行」や「公園への素晴らしい旅」などの自作シナリオのパペットショーで締めくくられた。このメソッドは、未来のサービス・コンセプトを広げる良い出発点となった。

WHAT IT DOES　　　　　　　　内容

　パペット・シナリオは、様々なステークホルダーに参加や協働を促すために用いるアイデア開発ゲームで、共同調査、デザイン、ゲームという3つの要素がある。共同調査というのは、多様なバックグラウンド、専門性、能力を持った参加者が一堂に会し、将来起こりそうなシナリオを考え出すことだ。デザインは、参加者が自分のニーズや関心に沿ってアイデアを具体化するのに役立ち、将来設計の選択肢となる。ゲームは、日常生活という範囲を超えて、チャレンジングで、楽しく、協力的な環境に参加者を巻き込むための手続きを示す。

HOW IT WORKS　　　　　　　進め方

○ステップ1：事前準備

　エスノグラフィー調査で遭遇したことに基づいて、写真、イラスト、短い説明文、質問などの形で、約10枚のデザイン・カードを用意する。カードの内容は示唆に富み、参加者が日常生活で見聞きする具体的状況と関連性を持たせなくてはならない。新しいアイデア、サービス、製品を想起させる「もしも○○なら、どうなるか（What-if）」という質問やイラストを載せたカードを用意する。シナリオの糸口として使う、様々な組み立てキットを用意する。キットには、舞台や背景に使う発泡スチロールの台やボード、舞台背景に使う絵、色つきの目印、紙、フェルト、はさみ、接着剤、4～6体の小さな木製パペットを入れる。

○ステップ2：デザイン・カードの活用

　他のメソッドで選ばれた潜在的ユーザーに参加してもらう。4つ～6つのグループをつくり、それぞれに同じデザイン・カードを配布する。参加者全員が1、2枚のカードを選び、そのカードを選んだ理由やなぜそれが興味深いかを残りのメンバーに説明する。ストーリーの共有スペースとして、ホワイトボードを使ってカードを並べていく。カードを置くときには、隣接するカードとの関係を説明する。ストーリーの塊ができてきたら、重要なテーマや問題について優先順位をつける。

mode5 コンセプトを探求する　229

○ステップ3：「What-if」カードの活用

ストーリーを共有したボード上で、（赤や緑のマーカーを使って）最良のデザイン案と、最も難しい課題を特定する。「What-if」カードをボード上に並べ、参加者間でカードについて感じたことや考えたことを共有する。「What-if」カードを使うと、プロジェクトの今後の可能性について議論しやすくなる。ボード上のデザイン・カードやマーカーは、どんなパペット・シナリオになるかを示す枠組みとなる。

○ステップ4：パペット・シナリオの作成

現在のストーリーと仮定のストーリー（もしも〜なら）を考えた後で、ボードから要素を選び、筋道立ったシナリオを作る。組み立てキットを使ってパペットをドレスアップし、具体的なキャラクター（望ましくは自分自身）を演じる俳優とする。シナリオでは、現状、新しい要素や行動、近い未来という3つの主要な場面をカバーする。これまでの議論を踏まえて、一貫性のあるストーリーになるようグループ内で折り合いをつける。

○ステップ5：上演、記録、ディスカッション

リハーサルの後、他のグループにシナリオを披露する。その際には、誰かにビデオや写真を撮ってもらう。一度に撮るビデオはワンシーンとし、舞台で演じられたことのみを記録する。メンバー、参加者、ステークホルダーとビデオを共有し議論する。

Behavioral Prototype

行動プロトタイプ

ユーザーの振る舞いを理解し、
初期コンセプトを作成するために、
ユーザーの活動状況を
シミュレーションする

BENEFITS	■ 共感が持てる
	■ 反復を促す
	■ 抽象概念が具体化される
	■ 協力を促す
INPUT	■ 調査対象となる重要な振る舞いや関連するコンセプト
OUTPUT	■ ユーザーの振る舞いに沿って精緻化したコンセプト

EXAMPLE PROJECT

▷ シンカリング・スペース（2006 年）

　シンカリング・スペースは、学齢期の子どもたちが物理空間と仮想空間の両方で物事を研究し、発見したことを熟考し、自分のアイデアを他の人と共有できるようにするインタラクティブな環境だ。図書館を主要チャネルとし、子どもたちが創造的思考、システムの理解、革新的な問題解決、情報管理、学際的チームワークなどのスキルを開発できるよう支援することを目指している。シンカリング・スペースの成功は、子どもたちの非公式の探索的行動と、子どもたちが自由に手を動かして遊ぶ機会をどう受け止め、解釈し、活用し、拡大させるかについての明確な理解にかかっている。

　デザイン・チームは、視覚、聴覚、運動感覚などの感覚様式を対象とする 3 つの行動プロトタイプを開発。最初のプロトタイプは、創造性を刺激する連想的で機能的な素材を使って、子どもたちの内省的な表現や探究を支援する「素材とマインドセット」だ。抽象的な対象物と細かな対象物を並べて、形、色、パターン、厚み、テクスチャーなど、子どもたちが素材を理解する様子を分析する。チームはプロトタイプの開発を 4 回行い、子どもたちが興味を持った素材をどう解釈するかを観察しては、修正を加えた。この作業を通してわかったのは、デジタル・アプリケーションについて目に訴える方法を増やす必要があることだ。この重要な学びから、チームは次のステップの課題を把握した。

WHAT IT DOES　　　　　内容

　行動プロトタイプは、物理的なプロトタイプを作る前に用いられるメソッドだ。初期のコンセプトに基づいて、模擬的な人工物、環境、情報、プロセスを伴う状況を設計し、ユーザーに体験してもらう。ユーザーの振る舞いを観察し、ユーザーと対話することにより、そのコンセプトをさらに発展させるのだ。このメソッドは特に、行動をめぐる5つのヒューマンファクター（物理的、認知的、社会的、文化的、感情的）を理解し、行動を支援・改善するための新しいコンセプトを作成するときに用いられる。インタラクションを観察し、ビデオやメモなどで記録しながら情報収集し、観察結果を分析し、新しいインサイトが新コンセプトの裏付けとなるかを評価するのだ。
　コンセプトや解決策のプロトタイプと違って、行動プロトタイプで注目するのは、行動のシミュレーションと理解であり、コンセプトそのものの機能は重視しない。

HOW IT WORKS　　　　　進め方

○ステップ1：調査対象の特定
　コンセプトを見直し、もっとユーザーの振る舞いを理解したほうがコンセプト開発に役立つと思われる状況を特定し、どの振る舞いを対象にするか決める。俳優、人工物、小道具など必要な要素も含めて、シミュレーションの計画を立てる。

○ステップ2：シミュレーション環境の準備
　参加者が自由に活動できる物理的環境や仮想の環境を見つけるか、作り出す。参加者が反応しやすいように、コンセプトを示す小道具を用いる。

○ステップ3：シミュレーションの実施
　個人かグループかを決めてから、参加者を募集する。シミュレーション環境でやりとりしながら、参加者をガイドする。

○ステップ4：観察、記録、疑問点の解明
　参加者が活動に取り組む様子を観察する。参加者の取り組みに影響を及ぼす5つのヒューマンファクターに注意する。ビデオやノートで参加者の行動を記録する。活動後に参加者にインタビューし、なぜそのやり方で行動しようと思ったのか、その状況のある側面に対してどう感じたかなどの疑問点を解明する。

○ステップ5：分析と再テスト
　ビデオやメモで記録した観察内容を集め、行動パターンを分析する。コンセプトの観点から調査結果を見直し、特定タイプの行動を促進／支援するためにどう調整すべきかを検討する。その後、そのコンセプトでユーザーの重要な行動を十分にサポートできるようになるまで、ここまでのステップを繰り返す。

Concept Prototype

コンセプト・プロトタイプ

ユーザーから
フィードバックを得るために、
コンセプトを具体物で表現する

BENEFITS	■ 反復を促す
	■ 抽象概念が具体化される
	■ 協力を促す
INPUT	■ テストをすると具体的な効果が見込めるコンセプト
OUTPUT	■ 潜在的ユーザーがプロトタイプをどう扱うかを踏まえて調整したコンセプト

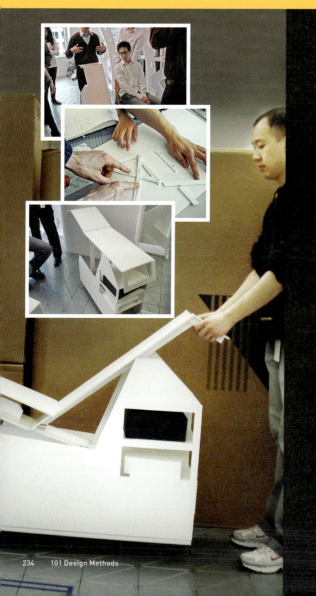

EXAMPLE PROJECT

▷ 機内での救急医療（2009 年）

フライト中に救急医療が必要になることがあるが、それによって 1 日に最高 35 件のダイバート（目的地外着陸）が発生し、年間数百万ドルもの損失が生じている。この問題は、航空機メーカーにとっても、デザイン上の重要な意味合いを持つ。

デザイン・チームは、機内でよく起こる医療問題と、それぞれの危険レベル、必要な処置用ツール、治療に最適な体位を調査。また処置用ツールはたいてい機内全体に分散しているため、客室乗務員が必要な器材をすぐに揃えるのが難しいこともわかった。客室乗務員、ボランティア、救命士にインタビューしてみると、救急医療に対処する複雑なプロセスが明らかになった。

患者の輸送、応急処置、ツール管理、プロセスの説明、地上スタッフとのコミュニケーションという 5 つの中心原則を用いながら、様々なコンセプトを調べたところ、ベストの選択肢は救急カートだと判明。機内食用カートの区画にスタンドアロンのユニットを設置し、カートを患者の席に持っていけば、調理を準備するギャレーまで簡単に運ぶことができる。それから折り畳んで、処置用ストレッチャーにすればいい。医療用品はすべてカートに収納しておく。チームは外観を見るために発泡スチロールを、性能面を見るために合板などの素材を使って、様々なコンセプト・プロトタイプを作成した。こうしたプロトタイプによって、コンセプトが物理的な形状をとるまでは気付かなかった意外な事実が明らかになり、実現可能性の評価や諸側面の理解に役立った。

WHAT IT DOES　　　　　内容

コンセプト・プロトタイプは、初期のコンセプトを物理的形状で体験できるようにし、チームや潜在的ユーザーの間でコンセプトの適用可能性を評価するために用いる。コンセプトを物理的形状にするプロセスを通して、具体物にするまでは予見しにくかったことが発見できる点で、「学習の構築」という原則を具現化するメソッドといえる。人々に具体物を与え反応してもらうことで、代替案や修正点を検討するきっかけとなり、新たなコンセプトの着想が得られることもある。また、未来の可能性を話し合うための格好の材料となる。コンセプト・プロトタイプは製品・サービスの外観（どのように見えるか）と性能（どのように機能するか）の両方を扱う。このメソッドを用いれば、一種の「現実性チェック」となり、コンセプトを進化させる方向性について十分な情報を得た上で意思決定するのに役立つ。

HOW IT WORKS　　　　　進め方

○ステップ1：作成対象の特定

　コンセプトを見直し、具体的な形でテストすると最もメリットがあるのはどれかを特定する。大まかに具現化するために必要な入手しやすい材料を決める。最も役立つのは、外観用プロトタイプか、性能用プロトタイプか、その両方かを判断する。

○ステップ2：プロトタイプ用のスペースの準備

　コンセプト・プロトタイプを作成し、テストする場所を見つける。プロトタイプの作成、修正、テストに使う素材やツールを集める。

○ステップ3：プロトタイプのテストとレビュー

　インタビュー・セッションのときに、チームやユーザー・グループにコンセプト・プロトタイプを提示する。所定のデザイン原則、ユーザーのニーズ、フォームファクター（形状の決定要因）、ヒューマンファクターなど様々な局面を考慮しながら、プロトタイプをテストし議論する。プロトタイプを持ったときに、どんな感じがするか。それは直観的なものか。心地良いか。意味をなしているか。中心コンセプトを改善するためのインサイトを抽出する。こうしたレビューをすることで、他のコンセプトを調べ、違う特徴を組み合わせたプロトタイプを検討し、繰り返し試行する機会となる。

○ステップ4：修正と再テスト

　レビューで得られた情報を反映させて、現状のプロトタイプの増強や修正、新しいプロトタイプの作成を行う。フィードバックを踏まえて、何度もプロトタイプを作り直す。

○ステップ5：学習内容の整理

　レビュー・セッションの結論を用いて、重要な学びや結果を記録する。最初の姿から望ましい最終形へと、どのように進化したかをまとめる。この情報をメンバーやステークホルダーと共有し、さらに開発するかどうかの判断材料とする。

Concept Sketch

コンセプト・スケッチ

抽象的な言葉で説明している
機能を表すために、
コンセプトをビジュアル化する

BENEFITS	■ 議論を促す
	■ アイデアの精緻化に役立つ
	■ 抽象概念が具体化される
	■ 関係が明らかになる
INPUT	スケッチで説明できるコンセプト
OUTPUT	コンセプトがどう見えるか、どう機能するかのビジュアル表現

EXAMPLE PROJECT

▷農業市場におけるリサイクル活動 (2011年)

アメリカの都市の多くは、エコで持続可能な生活習慣を促すためにリサイクルを取り入れている。デザイン・チームの調査から、リサイクル・プログラムがうまく機能すれば、それまで実施していなかった人もリサイクルするようになり、コミュニティが生まれ、楽しくシンプルな経験ができることがわかった。さらに、リサイクルをめぐって人々を結び付け、コミュニティを作る方法として農業市場に有望な機会があることも明らかになった。

チームはリサイクル参加者を対象にした1次調査の後、結果を2軸マップに整理し、モチベーション(「利他的」から「自己中心的」まで)とリサイクル習慣(「大いにある」から「ほとんどない」まで)を測定。機会領域を明らかにした。目指すのは、情熱をもって取り組みながら、既に実行している人をさらに盛り立て、実行していない人々には意欲を持たせることだ。

関与、認知、コミュニティの領域を取り上げたデザイン原則は、コンセプト・スケッチに役立った。コンセプト・スケッチは自由形式なので、子どもの玩具を使って近所でリサイクル・フェアを開く、リサイクル品、リサイクル用仮店舗、リサイクル部材製のベンチ、リサイクル可能な組み立て式家具など、チームは次々とアイデアを出していった。

WHAT IT DOES　　　　　内容

　コンセプト・スケッチは、言葉で説明した抽象的なアイデアよりも、理解、議論、評価、コミュニケーションが容易になる具体的な形へと、アイデアを変換するメソッドだ。スケッチは、記述した説明を補強し、より速く効果的にアイデアを伝えるのに役立つ。抽象的なアイデアが具体化されるので、現実的な論点を考察し、洗練されたコンセプトへと近づくことができる。しかもその過程で、さらにアイデアが出てくることも多い。スケッチはほとんどの場合、参加者とやりとりしながら、見込みのある方向性へと導くブレーンストーミング・セッションで行われる。メンバーのスケッチに繰り返し反応することで、抽象的に考えるだけのアイディエーションよりも、新しいコンセプトやサブコンセプトが多く生み出せたり、改善につながったりする。

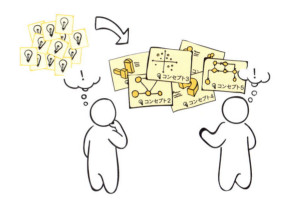

HOW IT WORKS　　　　　進め方

○ステップ 1：スケッチ担当の割り当て

　作業プロセスをスムーズに進めるために、スケッチの担当者を決めて、他のメンバーは並行して言葉によるアイディエーションやコミュニケーションに専念する。

○ステップ 2：コンセプトの収集

　分析フレームワーク、デザイン原則、機会のマインドマップ、価値仮説、アイディエーション・セッションなどで得られたコンセプトの記述を集める。参考用に準備しておいたスケッチを配布したり、ディスカッションを促すためその場で描いたりする。

○ステップ 3：中心的なアイデアのスケッチ

　1つのアイデアに 1つのスケッチを作成し、何とか 1つのイメージにまとめる。このスケッチを通して、中心的なアイデアだけを伝達する。この段階では、ラフなスケッチでよく、高度な芸術性やリアリズムは必要ない。絵は上手でなくともよい。実際、特徴が多すぎるスケッチや、細かすぎるスケッチは、初期段階ではコミュニケーションの妨げとなることもある。

○ステップ 4：ラフ・スケッチから詳細スケッチへ

　最初は、素早くビジュアル化できるように、大まかなスケッチにする（こういうことをしたら、どうなるか）。その後で詳細なスケッチへと移って、そのコンセプトをより現実に近づけて検討する（そのアイデアは実際にどう見えるか、どんな感じがするか）。

○ステップ 5：スケッチの整理とディスカッション

　紙やホワイトボードですべてのスケッチを把握し、それぞれに簡単な説明をつける。現段階では重要だと思わなかったスケッチが、その後の解決策に組み込むプロセスで重要になることもある。チームですべてのスケッチを見直し、その品質を議論し、争点を特定し、コンセプトを繰り返し考え、さらに注意が必要なところを把握する。

Concept Scenarios

コンセプト・シナリオ

ユーザーとコンテクストを
反映させた実生活のストーリー
として、コンセプトを例示する

BENEFITS	議論を促す
	ストーリーを語りやすい
	アイデアの精緻化に役立つ
	コミュニケーションが良くなる
	アイディエーションのきっかけとなる
INPUT	アイディエーション・セッションで出てきたコンセプト
OUTPUT	実生活の中でコンセプトを説明するシナリオ

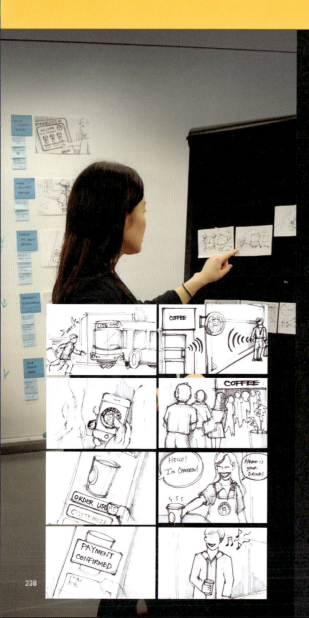

EXAMPLE PROJECT

▷コーヒーショップ経験の改善（2011年）

　コーヒーショップの大手チェーンは、似たような顧客経験を提供する競合他社との熾烈な競争の中で、どのように競争力を維持できるだろうか。デザイナーのチームはクライアント企業のために、ロイヤルカスタマーを引きつけ維持する方法を探ろうと調査を行った。

　チームは、コーヒーショップに入店してから立ち去るまでのカスタマー・ジャーニーを概観するために、5段階の経験マップを作り、顧客の行動を記入。たとえば、顧客は店に入って、列の長さを評価し、Wi-Fiを使って仕事をし、店を出た後に同社のウェブサイトで獲得ポイントの残高をチェックする。その際の顧客ニーズは、カウンターで自分の飲み物を見つけやすいこと、同じ注文は簡単にリピートできることなどだ。

　チームは、2軸マップでこうしたニーズや行動を整理し、広範囲なコンセプトをリストアップ。そのうち最も有望なものを5つ選び、コンセプト・シナリオを作成した。たとえば、受取カウンターと携帯電話の場所認識アプリをつなぐというコンセプトは、次のようなシナリオとなった。「仕事に遅れそうになったある男性は、GPS機能搭載アプリでコーヒーを予約。コーヒーショップに着くまでに、注文品は既に用意されている。そこで長い列をパスして、エクスプレス用カウンターに進む。バリスタに自分の名前を告げれば、コーヒーを受け取れる。こうして朝のコーヒーを抜かなくても、定時に出社することができた」

WHAT IT DOES　　　　　内容

　コンセプト調査の間に、実世界でその機能をビジュアル化してみると役立つ。その1つの方法が、スケッチ、具体例：写真のコラージュなどの形で短いシナリオやストーリーを作成し、想定される状況でユーザーがそのコンセプトをどう利用するかを表現することだ。このようなシナリオ・スケッチがあるとメンバーは議論しやすくなる。シナリオにすることで、気づかなかった問題点が見つかるなど、コンセプトのフィールド・テストのような働きをするのだ。アイデアがうまく伝わり、会話も弾む。

HOW IT WORKS　　　　　進め方

○ステップ 1：対象コンセプトの選定

　これまでに作成したコンセプトを見直し、現実の状況でそれを「イメージ」してみると理解が深まりそうなものを見つける。

○ステップ 2：シナリオの検討

　コンセプトをよく理解した後で、それが機能しそうな状況を考えてみる。関係者やコンテクスト、コンセプトに沿った主なやりとりや事例を想像し、そこで何が起こるかを理解する。すべての事例をストーリーにまとめる。

○ステップ 3：コンセプトを再検討

　シナリオ作成でユーザーとコンテクストを想像するうちに、オリジナルのコンセプトを再考する必要が出てきた場合は、修正や強化を図る。

○ステップ 4：シナリオのビジュアル化

　イラストを作って、想定される状況を表現する。イラストには、そのコンセプトに関連するユーザーなどの人々を含める。また、言及するのはコンセプトの主要な側面だけにする。混乱を招き、筋書きから外れるような無関係な細部には立ち入らないこと。

○ステップ 5：情報共有とディスカッション

　チーム・セッションでシナリオを互いに見せ合い、他のステークホルダーにも提示する。想定される状況やユーザーに、どのように価値を付加するかを話し合う。価値を高める方法を考え、さらにコンセプトを作り込んでいく。

Concept Sorting

コンセプト・ソーティング

コンセプトを組み合わせ、標準化し、関連するグループに整理する

BENEFITS	■ より上位レベルのシステムが構築できる
	■ 包括性が増す
	■ 議論を促す
	■ プロセスに焦点が当たる
	■ 関係が明らかになる
	■ 既存の知識が体系化される
INPUT	■ ここまでに得られたすべてのコンセプト
OUTPUT	■ 共通性を基準に整理したコンセプトのグループ

EXAMPLE PROJECT

▷ キッズ・メディア（2006 年）

10 〜 12 歳の「トゥイーンズ」には独特の社会的ニーズがあり、それは多くの場合、メディアやメディア機器を使ったインタラクションに支えられている。デザイン・チームは、子どもたちに活発で、教育的で、創造的な経験をさせたいという親の欲求だけでなく、楽しく熱中でき、つながる経験ができることへのトゥイーンズのニーズを満たす解決策に取り組んだ。

75 以上のコンセプトを考え出した後、コンセプト・ソーティングを使って、第 1 レベルのグループに整理。それぞれに、「メディアへの物理的反応」「デジタル的に生活を把握」「ネットワーク化された身体活動」「エクササイズのコミュニティと支援」「グループ開発サービス」などのタイトルを付けた。さらに類似性の観点で分類すると、「メディアのリアリティの増大」「ネットワーク化された身体活動」「身体活動へのコミュニティの支援」など上位レベルの集合が判明。コンセプト・ソーティングによって、コンセプトの整理や管理ができただけでなく、それらを幅広く取り入れたシステムの開発が可能となった。それはトゥイーンズに次世代メディアの学習、創造、共有、構想への意欲を芽生えさせる、バーチャルとリアルを統合した魅力的なコンセプトを提供するものだった。

240　101 Design Methods

WHAT IT DOES　　　　　内容

コンセプト・ソーティングは、コンセプトの集まりを検討し、合理的に整理し、グループ分けする規律的な試みだ。コンセプトは多くの場合、集中的なアイディエーション・セッションの間に考え出される。しかし、イノベーション・プロセスの他のモードでも、コンセプトが生み出されることがあり、コンセプトを探求するモードに達する頃には、おそらく相当数のコンセプトが溜まっている。ソーティングの対象として、アイディエーション・セッション以外のコンセプトもすべて含めたほうがよい。

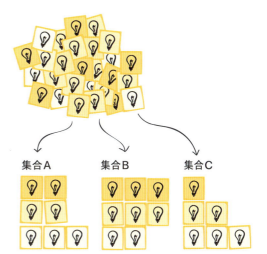

HOW IT WORKS　　　　　進め方

○ステップ 1：コンセプトの収集
　アイディエーション・セッションなど、これまでに用いたメソッドやモードで考え出されたすべてのコンセプトを 1 カ所に集める。

○ステップ 2：コンセプトの標準化
　コンセプトの作成はいろいろなメソッドやモードで行うので、着想や表現はバラバラだ。非常に細かなコンセプトも、複雑なシステムに関するコンセプトもある。複雑さのレベルや抽象度を揃えて説明し直し、コンセプトを標準化する。似ているが少し違う言い回しのコンセプトは合体させる。すべて名詞句に揃えるなど統一フォーマットで、タイトルや説明を書き直す。必要に応じて、短い説明、図、スケッチを添えて、分類時に参照できるようにする。

○ステップ 3：コンセプトの分類
　リストを作成してソフトウェアを使って分類するか、付箋を壁に貼り出して分類するかを決める。チームで合意した論理的根拠（最も一般的なのは類似性）に基づいて、コンセプトを分類する。まずは、小さなグループに分けるところから始めた後、次の階層レベルを構成するより大きなグループに整理する。

○ステップ 4：コンセプトの考察
　話し合いながら分類作業をするうちに、新しいコンセプトを思いつくこともある。それも独立したコンセプトとして書きとめ、分類対象に含める。議論の内容に沿って、既存のコンセプトも精緻化する。

○ステップ 5：レビューとディスカッション
　コンセプトの集合に、その本質を表した名前をつける。メンバー全員がわかるように専門用語は使わない。次に、それぞれの集合について話し合い、コンセプトを移動させたり、新しいコンセプトを追加したりしながら、集合を精緻化する方法を検討する。その集合は独立しているか、相互依存的か。その集合から生じるテーマは何か。明らかに欠けているテーマはあるか。

mode5 コンセプトを探求する　241

Concept Grouping Matrix

コンセプト・グルーピング表

コンセプト間の関係を採点し、
コンセプト・グループを
明らかにする

BENEFITS	■ 体系的に分析できる
	■ 包括性が増す
	■ 大きなデータセットが扱える
	■ パターンが明らかになる
	■ 意外な事実がわかる
INPUT	■ これまでに得られたすべてのコンセプト
	■ スコアとソート用の表作成ツール
OUTPUT	■ 関係の強さに基づいたコンセプト・グループ

EXAMPLE PROJECT

▷ **ドッグ・オーナーシップ（2007年）**

犬を「人間の最良の友」、家族の一員、レクリエーション活動の仲間だと考えている人は多い。しかし、デザイン・チームが調査したところ、犬と一緒に過ごす時間が少ないことに、飼い主が罪悪感を持っていることが判明した。その一方で、特に社会的なレクリエーションの場で、飼い主が犬と絆を持てれば、そうした罪の意識は緩和されることが多い。このインサイトをもとに、チームは飼い主と犬の新しい経験を形づくる製品、情報、サービス・システムを探るコンセプトを開発。犬同伴のバケーションに対応する旅行代理店、ドッグ・ウォーク・シティツアー、バーチャル飼い主システムなど、新しい経験の創出につながりそうなものもあった。

チームはコンセプト・グルーピング表用のソフトウェアを使って、20以上のコンセプトの類似関係を0～3点の尺度で評価。コンセプト間に類似性がなければ0点、類似性が高ければ3点だ。他のコンセプトと1対1で比べながら、すべてにスコアをつけた後に、統計アルゴリズムを用いて表を分類。すると、グループ・パターンが明らかになった。上位レベルと下位レベルを特定し、「犬に触発された活動」などのタイトルを付与。その後、このコンセプトのグループを使って、飼い主と犬の関係を促進し維持するための解決策を検討していった。

242　101 Design Methods

78

WHAT IT DOES　　　　　　　　　内容

　コンセプト・グルーピング表は、表を使ってコンセプト間の関係にスコアを付け、1対1の関係の総合力に基づいて分類するメソッドだ。対称表にコンセプトのグループを配置する。表内の各欄は2つの対応するコンセプト間の関係を表し、そこにスコアを入力して関係の強さを示す。関係を見るときに最もよく用いられるのが「類似性」だ。表全体を関係の総合力に基づいて分類し、グループ・パターンを見つける。結果として得られるグループは、互いに似たコンセプトであることを示している。

HOW IT WORKS　　　　　　　　進め方

○ステップ1：コンセプト・リストの作成

　様々な活動から得られたコンセプトをすべて集め、1つのリストに編集する。標準化しやすい形で名前をつけ、基準や範囲のレベルを揃える。

○ステップ2：表の作成とスコアの入力

　同じコンセプトのリストを行と列にとった相関表を作成する。各コンセプトと残りの全コンセプトとの関係の強さについてスコアをつけ、該当欄に入力する（似ていなければ低スコア、非常によく似ていれば高スコア）。スコアの基準は、奇数（例：1〜3）を使うと、真ん中に「中立点」ができる。細かなニュアンスを見たいときは、7点を満点とする。そうでない場合は、3点や2点（はい、いいえ）でも十分だろう。

○ステップ3：表の分類と並べ替え

　小さな表（30×30まで）であれば、自分でソートを行い、行や列の位置を動かして、似たスコアの欄を隣り合わせに配置できる。行や例を少し移動させると、表が整理され、グループが明らかになる。大きな表（30×30超）の場合は、統計アルゴリズムを使って分類すると効率が良い。

○ステップ4：コンセプト・グループの定義

　コンセプト・グループの背後にある論理について議論し、チームでグループを定義し、説明してみる。重複はあるか。ギャップはあるか。包括的か。各グループにふさわしいタイトルを考える。説明やスケッチとともに記録し、ステークホルダーと共有し、フィードバックをもらったり、さらに発展させたりする。

mode5 コンセプトを探求する

Concept Catalog

コンセプト・カタログ

コンセプトに関する
主な情報を1カ所にまとめ、
検索・閲覧できるようにする

BENEFITS	■ 知識ベースが構築される
	■ さらなる参考資料となる
	■ 大きなデータセットが扱える
	■ すぐ利用できるように情報が整理される
	■ 共通理解が進む　■ 移行をサポートする
INPUT	■ 精緻化された（それまでに使った手法で得られた）コンセプト
OUTPUT	■ 整理され検索可能なコンセプトのリポジトリ

EXAMPLE PROJECT

▷ **文化遺産保全プロジェクト（2008 年）**

　教育とコミュニティへの参加を通して、世界中で危険にさらされている文化的拠点を保護、保存、維持することは、広範囲にわたる支援、協働、認知が求められるミッションだ。これを遂行しようと、カリフォルニアのある NPO は、デザイン・チームと共同で戦略的コンセプトの企画と設計に乗り出した。

　同 NPO とステークホルダー（潜在的関係者も含む）の相互関係を示した記述的バリュー・ウェブを基盤として、コンセプトを開発した。パートナーシップ候補、場所の保全方法、パワースポットなど 7 グループに分類。その後、冊子形式のコンセプト・カタログに収録した。このカタログには、目次、標準フォーマットの詳しいコンセプト・ガイド、各コンセプト・グループの説明、個別コンセプトのページが含まれている。各コンセプトは、アイコン、コンセプト名、コンセプト番号、グループ名を使ってタグ付けされ、対象ユーザー、生み出される価値、プロバイダー、同 NPO にとってのメリットと実現方法など具体的な属性も記載される。

　コンセプト・カタログは、NPO のメンバーが考え出したコンセプトに簡単にアクセスでき、将来的に他のプロジェクトの方向性に影響を与えるツールとなり、解決策となるシステムを考える材料としても役立った。

WHAT IT DOES　　　　　　　　内容

　コンセプト・カタログは、プロジェクトの間に考え出されたコンセプトの関連情報をすべて1カ所に集めて整理する中央リポジトリ（貯蔵庫）だ。小規模プロジェクトでは、コンセプトと主要な情報をまとめたシンプルな表などが、カタログに相当する。複数の場所でイノベーション・チームの知見を提供する必要のある複雑な大規模プロジェクトの場合、高度なウェブ・ベースのリレーショナル・データベースがカタログとなる。このリポジトリは、プロジェクトのその後の段階で重要なリソースとなり、他のプロジェクトの参考資料としても活用できる。

HOW IT WORKS　　　　　　　　進め方

○ステップ1：ベースの準備
　プロジェクトの規模や範囲に従って、コンセプトの主な情報を記録するためのベースを準備する（小規模プロジェクトはスプレッドシート、複雑なプロジェクトはリレーショナル・データベース）。

○ステップ2：基本情報の入力
　アイディエーション・セッションなどの活動から考え出されたコンセプトをすべて集める。名前、説明、情報源、イラスト、注釈、リンク、その他の関連する戦術的な細かな情報など、そのコンセプトに関連する基本情報をすべて入力する。

○ステップ3：コンセプトのタグ付け
　一般的に、プロジェクト、チーム、組織に関連するリストからタグを選ぶのがベストだ。そうすれば、プロジェクトの範囲内、期間内で一貫性が保たれる。タグは、デザイン原則、ユーザー価値、ビジネス上の価値、支援するユーザー活動などプロジェクト特有のものもあれば、「10タイプのイノベーション」のように一般的なものもある。

○ステップ4：コンセプトの検索
　プロジェクト全般でこのカタログを使い、特定のコンセプトの詳細、タスクやチームの実行に関連するコンセプト・グループを検索し（例：国立公園情報を探すというユーザー活動に関係する全コンセプトを調べる）、内容を振り返る。このカタログは他のプロジェクトの参考資料として活用できる。

mode 6

FRAME SOLUTIONS
解決策を練る

　このモードでは、両立可能な重要なコンセプトを組み合わせ、実行可能で体系的な解決策の策定に挑む。すべての原則やデザイン基準を満たすには、単一のコンセプトではなく、有望なコンセプトを組み合わせて相乗効果を生み出さなくてはならない。プロジェクトで重視される基準に照らして、各コンセプトの強みや弱みを比較検討し、その相乗効果を合理的に考え、効果的に伝えて実現へと前進させる必要があるのだ。つまりこのモードでは、コンセプトを評価し、組み合わせ、なぜそれを追求するのかという根拠やストーリーを組み立てていく。

FRAME SOLUTIONS
mindsets

解決策を練る　マインドセット編

　このモードのマインドセットは、前モードで作成したコンセプトを組み合わせ、デザイン基準や原則を満たすシステム・レベルの解決策を策定するというものだ。また、互いに独立したコンセプトを作るのではなく、相乗効果を生み出す解決策へとコンセプトを統合する。これまでに導出されたインサイトや原則に最も価値をもたらすのはどのコンセプトや組み合わせかという判断にも重点を置く。

mindsets

総合的な解決策を考える　Conceiving Holistic Solutions

選択肢を考える　Conceiving Options

価値を判断する　Making Value Judgments

シナリオを構想する　Envisioning Scenarios

解決策を組み立てる　Structuring Solutions

248　101 Design Methods

mindset　　　　　　　　　総合的な解決策を考える

世界最大手の航空機メーカーのボーイングは、相乗効果を生む協調的なチームワークを得意としている。研究者、エンジニア、デザイナー、情報技術者、心理学者、内装建築士、燃料科学技術者、経済学者、計測工学者、気象学者を揃えて、総合的な解決策として機体を製造する。機体が安全に機能するだけでなく、すべての部品が組み合わさったときの相乗効果も重要だ。ボーイングは周到な業務体制で、多分野の人材が参加するチームをまとめ、航空機という複雑な製品の設計、構築、テスト、メンテナンスを行っている。

　細部に取り組んでいた画家が、一歩下がってキャンバス全体への効果を見定めるのと同じように、イノベーション・チームの焦点は部分から全体へと移る。個々のコンセプトを集めて全体を見渡しながら、どう組み合わせてシステム（補完的な製品・サービスのまとまり）を形成するかを検討するのだ。個々のコンセプトの意味合いではなく、相乗効果を生む全体的なシステムとしての価値を見ていく。チームで話し合いながら、組み合わせ方を吟味し、どのシステムがそのコンテクストにふさわしいかを評価する。それは、キャンバスに向かってひと筆入れるたびに効果を確認するのではなく、全体的に表現されているものを1つの作品として鑑賞するのと似ている。

mindset　　　　選択肢を考える

　このモードでは、コンセプト同士の間隔、関係、相互の結び付きに注意を向け始める。似ている部分を見出し、関係するコンセプトをまとまったグループとして捉えていく。それぞれ違った形でイノベーション目的を満たすグループをいくつか作り、それらを組み合わせると、さらなる改良に向けた選択肢となる。目標とするのは、多くの選択肢を用意し、補完関係に基づいて一定の相乗効果が働く組み合わせを作ること。また、コンテクストや人々のニーズにうまくフィットする適切な選択肢を見抜くことだ。

　人々が旅行や休暇に期待するものは、もはやどこに行くかではない。旅のパターンは変わりつつあり、個人旅行、地方の文化をめぐるツアー、スキーなどアクティビティ中心の休暇、料理など趣味を中心としたツアー、珍しい体験ができるプランなどが急成長している。旅行産業は、自分の好みに合わせて選べる多様なオプション・パッケージを用意することで、こうした変化に対応してきた。

mindset　　　　価値を判断する

　重要な評価基準を検討することは、選択肢を考え出すことと密接に関係している。個々のコンセプトを組み合わせて解決策を見出すのと同時に、様々な基準でその解決策のメリットやデメリットを考えてみる。そこで重要なのは、その状況に最も関わりのある基準を特定し、それに即して判断することだ。たとえば、ファストフード・レストランのコンセプトとして、雰囲気を犠牲にしてでもサービスの速さを最適化する解決策もあれば、速さより居心地の良さを強調した解決策もあるだろう。重視する基準で相対的な便益を測定・分析すれば、最適化された解決策の検討に役立つ。

　OpenIDEO はオープン・イノベーションというアイデアから生まれたプラットフォームだ。参加者を広く募り、社会問題などの解決方法にについてひらめき、アイデア、選択肢を投稿してもらう。他の人のアイデアを発展させた解決策でも構わない。解決策の評価もオープンな形で行い、所定の基準に従ってスコアを入力し、コメントを載せる。みんなの判断を総合させれば、有望な解決策を選定するための信頼できる基準となる。

ビジョン・ビデオの制作は、未来シナリオを構想する方法の1つだ。「キネクト」はマイクロソフトの Xbox 360 上で動くゲーム装置で、センサーを使って人々の声と動きをスクリーンに映し出す。チームは装置を完成させただけではなく、それがいかに創造的な使い方をされているかを知った。自閉症の子どもたちの支援、手術室での医者の支援、楽器なしでの音楽演奏など、予想もしない利用法があったのだ。チームはこれを「キネクト効果」と呼び、こうした根拠に基づいてビジョン・ビデオを制作した。それは、未来シナリオを表現し、チームが新しい可能性を検討する際に役立ち、世界にキネクトの可能性を伝えるためのものだった。

mindset　　　　　　　　　　シナリオを構想する

最も可能性のある解決策を探す一方で、このモードのマインドセットの重要部分は、全体的な解決策やその運用を思い描くことだ。未来のストーリー作りとは、システム・レベルの解決策をストーリーに翻訳し、様々な構成要素がどう連携するかを他の人々にも理解できるようにすることだ。このため、イノベーターは常に未来のシナリオを魅力的に語る力を高めようとしている。たとえば、図表、コマ割り漫画、アニメーション、ビデオ、スライドなどでビジュアル化すると効果的だ。また、未来シナリオの実現方法を考えてみるのもよい。クライアント、外部の専門家、エンドユーザーなど、ステークホルダーによって検討すべきストーリーは異なる。それぞれに何を強調すべきかを考えれば、聞き手にとって本当に有益な解決策になる。

イノベーター、日曜大工、芸術家、投資家、デザイナーにとって、材料の調達はなかなか難しい。そのことを知ったインベンタブルズ社は、彼らのニーズに応える革新的なオンライン・ストアを開設し、きちんと整理された多品種の材料を少量販売。色分けやラベル表示によって、取り扱い製品を魅力的な形で体系化したのだ。

mindset　　　　　　　　　　解決策を組み立てる

このマインドセットは、組織の様々なレベルで生み出された多様なアイデアをすべて集めて、体系化された構造（多くの場合、階層構造）を作っていく。解決策と様々な属性を軸とした表を使うのも1つのやり方だ。ユーザー、ニーズ、関連する原則、ユーザー価値、プロバイダー価値、戦略上の重要性などの属性を表に整理し、相互関係を見ていけば、似た属性を組み合わせるとどのような解決策になるかが把握できる。その他に、カタログ形式（図書館で本を整理するように解決策を分類）やリレーショナル・データベース（査読、検索、分類など双方向的に操作）も有効だ。

このマインドセットのポイントは、すべての解決策にまとまった構造を与えることだ。それを基盤として、プロトタイピング、細部の作り込み、戦略策定、ストーリーテリング、実行へとイノベーション・プロセスを進めることができる。

FRAME SOLUTIONS
methods

解決策を練る メソッド編

80. Morphological Synthesis 形態学的統合　254

81. Concept Evaluation コンセプト評価　256

82. Prescriptive Value Web 規範的バリュー・ウェブ　258

83. Concept-Linking Map コンセプト・リンクマップ　260

84. Foresight Scenario 未来シナリオ　262

85. Solution Diagramming 解決策ダイアグラム　264

86. Solution Storyboard 解決策ストーリーボード　266

87. Solution Enactment 解決策ロールプレイ　268

88. Solution Prototype 解決策プロトタイプ　270

89. Solution Evaluation 解決策評価　272

90. Solution Roadmap 解決策ロードマップ　274

91. Solution Database 解決策データベース　276

92. Synthesis Workshop 統合ワークショップ　278

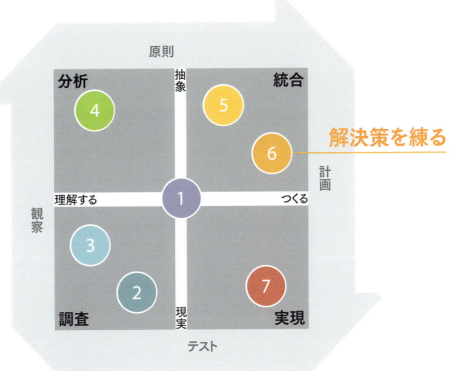

mode6 解決策を練る　253

Morphological Synthesis

形態学的統合

ユーザー中心のカテゴリーを使って
コンセプトを整理し、
組み合わせて解決策を考え出す

BENEFITS	■ より上位レベルのシステムを構築できる
	■ 選択肢が作成される
	■ 包括性が増す
	■ 既存の知識が体系化される
INPUT	■ コンセプト整理に用いるユーザー重視のカテゴリー
	■ これまでに考え出されたコンセプト
OUTPUT	■ 補完的なコンセプトで構成された総合的な解決策

EXAMPLE PROJECT

▷ 都会人のデート支援サービス（2003 年）

オンライン・デート・サービスはここ数年で、特に多忙な生活を送っている人が交際相手を探す一般的手段になりつつある。IIT デザインスクールの学生チームは、都市部の住人のデートについてイノベーションの機会を見つけ出そうと、リアルとバーチャルの両方でデザインメソッドを駆使しながらコンセプトを開発。デート・プロセスにおける主要な 4 つの活動（準備、発見、つながり、フォローアップ）を特定した。

チームはさらにコンセプトを強化するために、形態学的統合というメソッドを活用。4 つの活動についてコンセプトを表で整理し、補完的なコンセプトを組み合わせて、包括的な解決策を生み出した。たとえば、プロセス全般で支援や確認が必要な「内気で慎重な都会人」向けには、口説きのコーチング、仲介者、8 時のディナー、関係保証などの解決策を設計。年配者、子持ちシングル、多忙な人などのタイプにも、同じように包括的な解決策を考え出していった。

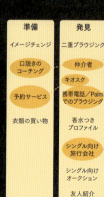

WHAT IT DOES　　　　　内容

　形態学的統合は、もともとエンジニアリング分野で用いられていた解決策の開発手法だ。デザインメソッドとして使う場合は、一定のカテゴリーと一緒に使って、コンセプトを整理したり、新しいコンセプトを開発したりする。整理に使うカテゴリーは通常、活動、ユーザーのニーズ、製品の機能、あるいはデザイン原則の場合もある。コンセプトはすべて選択肢のメニューにまとめ、ここから補完的なコンセプトを組み合わせて、完全なシステムとして機能する解決策にする。

HOW IT WORKS　　　　　進め方

○ステップ1：カテゴリーの選定
　コンセプトの整理に使うユーザー中心のカテゴリー（ユーザーのニーズ、ユーザーの活動、製品の機能、デザイン原則など）を挙げていく。

○ステップ2：コンセプトを表に入力
　カテゴリーを列の見出しにして、その下に関連するコンセプトを書き出す。

○ステップ3：組み合わせ方を検討
　各カテゴリー（列）からコンセプトを選び、他の列の補完的なコンセプトと組み合わせて解決策（統合されたコンセプト）を組み立てる。それがどのようなシステムなのか、簡潔な説明を添える。

○ステップ4：解決策の比較
　ユーザー中心の基準をなるべく多く満たすために、解決策の能力に沿って順位をつける。

○ステップ5：解決策の評価と改善
　解決策を記録し、議論する。さらに発展させるために、この解決策をどう評価するか。どうすれば完全な解決策にブラッシュアップできるか。

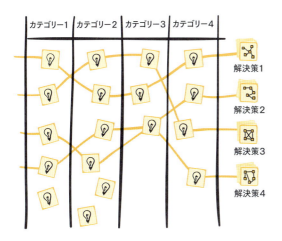

Concept Evaluation

コンセプト評価

ステークホルダーの
価値観に沿って
コンセプトを評価する

BENEFITS	■ ユーザーやビジネス上のニーズのバランスがとれる
	■ 体系的に分析できる
	■ 比較できる ■ プロセスに焦点が当たる
	■ 調査に基づいている ■ 意思決定の裏付けとなる
INPUT	■ 関連するコンセプト
	■ ユーザーやビジネス上の基準
OUTPUT	■ ユーザー価値とプロバイダー価値の評価に基づくコンセプトの図表

EXAMPLE PROJECT

▷メディカル・ツーリズム (2007 年)

　アメリカのヘルスケア分野では、海外で医療を受けるメディカル・ツーリズムが現実的な選択肢となっている。IITデザインスクールのチームが大手オンライン旅行会社のために、急成長中のメディカル・ツーリズムを調査したところ、新たな潜在市場として有望であり、先行者利益も見込まれた。

　チームはコンテクスト調査とユーザー調査を行い、実用、健康、美容という 3 タイプのユーザー・ジャーニーを追跡。複数の参加者グループと一緒にワークショップを開いてコンセプトを作成した。その後コンセプト評価表を使って、デザイン原則を基準に、各コンセプトのユーザー価値とプロバイダー価値についてスコアを付けた。Y 軸上にプロバイダー価値、X 軸上にユーザー価値をとったマップ上にコンセプトを配置したところ、最も評価の高いコンセプトは、信頼、コミュニケーション、文化的認知を高めるなど、サービス経験の感情的側面に関わるものだった。チームはこれを戦略案の柱として、個人向けに海外での医療経験を支援するウェブ・ベースのプラットフォーム「医療旅行アドバイザー」という提案をまとめた。

WHAT IT DOES　　　内容

コンセプト評価は、ユーザーとプロバイダーにどのくらい価値をもたらすかを基準に、コンセプトを評価するメソッドだ。ユーザー価値とプロバイダー価値の両方のスコアで座標を作り、コンセプトを配置して分布図を作成する。それを使ってコンセプトを比較し、どのコンセプトを開発すべきか、どれを補完的コンセプトと組み合わせて調整すべきかを判断する。

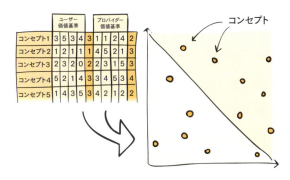

HOW IT WORKS　　　進め方

○ステップ 1：コンセプトの収集

アイディエーションを通じて何百ものコンセプトが生み出されることは珍しくない。よく議論し、慎重に考慮し、組み合わせ、再結合させることで、評価対象とする一定数のコンセプトが明らかになる。

○ステップ 2：ユーザー価値とプロバイダー価値で基準を設定

ユーザー調査から得られたインサイトや原則を参考にしながら、ターゲット・ユーザーにとって最も重要なメリットを判断する。たとえば、使いやすさ、二酸化炭素排出量の削減、コミュニティの促進などがユーザー価値の例だ。コンテクスト調査の結果から、プロバイダー（企業）にとって最も重要なメリットを見極める。プロバイダー価値の基準として、収益性、ブランド・エクイティ、競争優位、戦略的成長などが挙げられる。

○ステップ 3：コンセプト評価表の作成

スプレッドシートにコンセプトを入力する。ユーザー価値のセクションと、プロバイダー価値のセクションに分け、合計欄も用意する。

○ステップ 4：スコアの付与

スコアの尺度を選ぶ（たいていは 5 段階で十分）。各コンセプトのスコアを加算し、各基準の合計欄に記入する。

○ステップ 5：マップ上に配置

ユーザー価値とプロバイダー価値を軸にマップを作成する。それぞれの合計スコアに基づきながら、マップ上にコンセプトを配置する。

○ステップ 6：分布状況の分析

2 軸の最大値を線で結ぶと、マップは 2 つの三角形に分かれる。ユーザー価値とプロバイダー価値が両方とも高い三角形に入るコンセプトは、優先順位が高く、さらに検討するために注意を払う必要がある。

○ステップ 7：結果の共有とディスカッション

この評価に基づいて、次のステップについて議論する。さらに発展させる対象として重視すべきなのは価値の高いコンセプトだが、価値の低い三角形に入るコンセプトと組み合わせてもよい。

Prescriptive Value Web

規範的バリュー・ウェブ

新しいコンセプトが
システムに導入されたときに、
ステークホルダー間の
価値のフローがどうなるかを示す

BENEFITS	■ 議論を促す
	■ 抽象概念が具体化される
	■ 共通理解が進む
	■ 関係が明らかになる
INPUT	■ コンセプトとシステム内の全ステークホルダー
OUTPUT	■ コンセプトによって起こる新しい価値交換

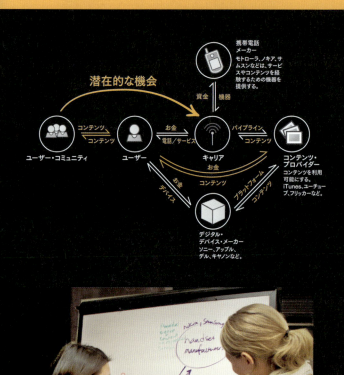

EXAMPLE PROJECT

▷ モバイル通信の未来（2008 年）

音声サービスの未来はどうなっていくのか。特に、データに同時にアクセスする場合はどうか。いつ、どのようにモバイル機器の通信手段を選ぶのか。IIT デザインスクールのプロジェクト・チームは、無線通信及びデータ通信サービス会社向けにウェブ・ベースのコミュニケーション・プラットフォーム「コンコース」を設計。そこでは、ソーシャル・モバイル機器の若いユーザーが自分の意図を伝えたり、他の人々の意図を認識したりすることができる。

チームはまず、既存のビジネスモデル内の価値の相互作用を明らかにし、モバイル機器で専用コンテンツを提供するサービスや通信機器のゲートキーパーとしての役割について理解を深めた。ソーシャル・ネットワークを活用し、顧客コミュニティとユーザーが生み出すコンテンツを通じて同社が顧客と接点を持つように支援するというやり方を規範的バリュー・ウェブでビジュアル化すると、2 つの新しいリンクの効果が示された。その 1 つが同社とユーザー・コミュニティ間のリンクで、そこではコンコースのコンセプトが重要な役割を果たすと考えられた。コンコースはコンテンツ・プロバイダーをエンドユーザーと結び付ける役割も担っていた。

WHAT IT DOES　　　　　内容

　規範的バリュー・ウェブは、システム内の全ステークホルダーをノードで表したネットワーク図だ。システムを通じて交換される価値は、ノードを結ぶリンクとして示され、あるコンセプトを実行した場合のステークホルダー間の新しい関係を表す。規範的バリュー・ウェブは、記述的バリュー・ウェブと違って、新しいノードやリンクが導入される時点や、既存のノードやリンクが修正されたり切り離されたりする時点を示し、システム内で将来起こりうる状況の検討に役立つ。記述的バリュー・ウェブと同じく、一般的なバリュー・フローとして、お金、情報、材料、サービスが用いられる。また、のれん、顧客ロイヤルティ、感情的な結び付きなどの無形価値の追跡にも活用できる。

HOW IT WORKS　　　　　進め方

○ステップ 1：ステークホルダーと主要なコンセプトの洗い出し
　ビジュアル化の対象として、コンセプトの実行面で影響を及ぼすステークホルダーをすべて挙げる。顧客、自社組織、パートナー組織、競合組織、サプライヤー、卸売業者、小売業者、政府当局、新コンセプトの導入が見込まれるその他の機関が含まれる。

○ステップ 2：価値フローの説明
　コンセプトの結果として交換されるあらゆる価値を検討する。お金、情報、材料、サービスなどの一般的な価値だけでなく、のれんや顧客ロイヤルティなども考慮する。

○ステップ 3：規範的バリュー・ウェブの作成
　ステークホルダーを表すノードと、価値フローを示すリンク（矢印）で、ネットワーク図を描く。コンセプト上、新しいノードが導入される場合はそれも含める。現状のリンクがバリュー・ウェブから省かれている場合は書き足す。リンクの線の太さで、価値フローの強さを表し、価値

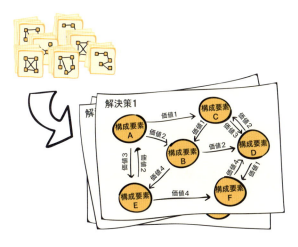

フローの量（例：資金の量など）がわかるときはリンクの隣に数字を書き添える。このバリュー・ウェブは、その後の議論や修正の基礎となる。

○ステップ 4：2 種類のバリュー・ウェブを比較
　モード 4（インサイトをまとめる）で作成した記述的バリュー・ウェブを参照し、規範的バリュー・ウェブと並べる。コンセプトに新しい価値が追加されると、既存のシステムがどう変化するかを調べる。

○ステップ 5：レビューと精緻化
　メンバーや専門家で話し合い、基礎となっている前提を検証し、疑問を投げかける。規範的バリュー・ウェブは、コンセプトの影響がシステムに正しく反映されているか。システム内で新しい価値フローを実現する場合、実行上の課題は何か。

Concept-Linking Map

コンセプト・リンクマップ

補完的なアイデアを関連づけ、組み合わせて、コンセプトのシステムや解決策を作成する

BENEFITS	■ ユーザーやビジネス上のニーズのバランスがとれる
	■ より上位レベルのシステムが構築できる
	■ 選択肢が作成される
	■ 選択肢が選びやすくなる ■ 調査に基づいている
INPUT	■ 最も関連性の高いコンセプト
	■ ユーザーやビジネス上の基準
OUTPUT	■ ユーザーやビジネス上の価値を生み出す、様々なコンセプトで構成された解決策

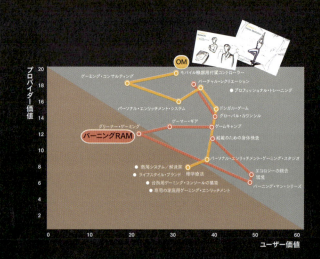

EXAMPLE PROJECT

▷ ビデオゲーム (2007 年)

IIT デザインスクールのチームは、熱烈なゲーマーのゲーム経験を広げようと、ビデオゲーム産業の機会領域を調べた。感情的・知的な能力開発だけでなく、創造、学習、遊びにおいてビデオゲームがどれだけ素晴らしい経験を提供できるかに挑んだ。

チームはコンセプトと解決策の選定基準として、つながり、協働、自己表現など 9 つのゲーマーのコアバリューを開発。これらのゲーマー価値と 3 つのプロバイダー価値 (低リスク、収益予想、実行しやすさ) に基づいて、コンセプトにスコアを付け、分布図を作成した。これをもとに、補完的コンセプトを結び付けたコンセプト・リンクマップを作り、5 つの解決策をまとめた。その 1 つ「モバイル OM」は合計スコアが高いのに対し、「ホーム・メディテーション」は高スコアと低スコアを組み合わせたものだ。コンセプト・リンクマップはより高いレベルの解決策に統合するなど、解決策の精緻化にも役立った。たとえば、モバイル OM とホーム・メディテーションは、ゲーマーがバーチャルとリアルの両空間でストレスを発散できる瞑想システム「OM」に結合。他の 2 つの解決策は「バーニング RAM」と呼ばれる第 2 の解決策に統合された。

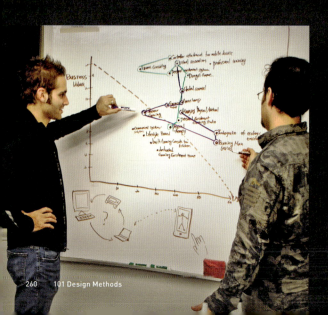

WHAT IT DOES　　　　　内容

アイディエーションを通して考え出されたコンセプトが単独ですべての必要条件を満たすことはめったにない。コンセプトはプロジェクトに別レベルの価値をもたらすので、価値の高い補完的コンセプトを組み合わせて、望ましい体系的な解決策を作る必要がある。コンセプト・リンクマップは、価値の高いコンセプトを特定し、相互に補完するコンセプトと組み合わせるメソッドだ。そのようにして作成された解決策は包括的な形で、より幅広い一連のニーズと原則を満たす。このメソッドでは、総合的な解決策へと体系化するための基盤としてスコアを付けたコンセプトを用いるので、最初のステップはコンセプト評価マップの作成方法と似ている。

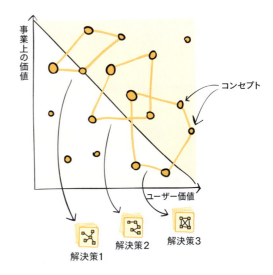

HOW IT WORKS　　　　　進め方

○ステップ1：ユーザー価値とプロバイダー価値の定量化

ユーザー調査やコンテクスト調査の結果に基づいて、重要なユーザー価値とプロバイダー価値の基準を決める。コンセプトの表を作成し、ユーザー価値、プロバイダー価値、合計欄を設ける。各コンセプトにスコアを付け、合計を出す。

○ステップ2：マップ上に配置

ユーザー価値とプロバイダー価値を2軸にとったマップを作成し、合計スコアに基づいてコンセプトを配置する。

○ステップ3：マップ上でパターンを観察

コンセプトの相対的な位置を比較するために、2つの尺度の両端（最大値）を線で結び、マップを2つの三角形に分ける。ユーザー価値とプロバイダー価値が両方とも高い三角形の中のコンセプトは、優先順位が高く、より注意を払う必要がある。

○ステップ4：解決策の作成

価値の高いコンセプトを中心に、他の補完的なコンセプトと組み合わせられるかどうかを見る。組み合わせ方によって価値が高まることもあるので、価値の低い三角形の中のコンセプトも使う。

○ステップ5：解決策の共有とディスカッション

様々なコンセプトが合わさると、どのような独自の解決策になるかを簡潔に記述する。テーマを要約したタイトルをつけるのも効果的だ。次の点を踏まえながら、今後の調査について話し合う。その解決策は改善や発展の余地があるか。解決策を絞り込む際に、プロトタイプを用いたテストは役立つか。プロジェクトの価値仮説と解決策は一致しているか。ステークホルダーからフィードバックをもらうのに最も有効なコミュニケーション手段はどれか。

Foresight Scenario

未来シナリオ

いくつかの起こりうる未来の状況を見通して、解決策を作成する

BENEFITS	■ マインドセットが広がる
	■ より上位レベルのシステムが構築できる
	■ 未来のコンテクストが考慮される
	■ 議論を促す　■ プロセスに焦点が当たる
	■ アイディエーションへのきっかけとなる
INPUT	■ プロジェクトに極めて重要な新しいトレンド
	■ これまでに考え出されたコンセプト
OUTPUT	■ 複数の未来シナリオに対処する総合的な解決策

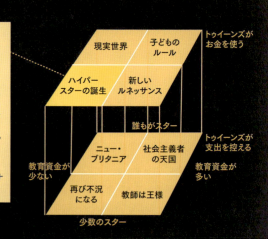

【解決策1】内気で慎重
ますます、同時代の人気セレブに同調することで、自己確認や自己表現をしようとしている。自分たちの公的人格を懸命に支持し、出費も惜しまない。企業はこの有利な市場でロイヤルティを獲得するため、自社ブランドにこうした有名人と関連づけようとする。ブランドがスターを宣伝し、スターはその見返りにブランドにパワーを与える。そのスーパーパワーのおかげで、従来は公的部門や政府の責任だと考えられているサービスをブランドが引き継げるようになり、企業の収益とスターの名声も同時に高まる。

コンセプト：民間学習センター、パーソナル化技術、「認識された選択肢」

EXAMPLE PROJECT

▷ キッズ・メディア（2006年）

「キッズ・メディア」は、メディアとメディア機器を使ってトゥイーンズ（10〜12歳児）のインタラクションを調べ、親の希望をかなえながら、子どもたち特有の社会的ニーズを満たす解決策を立案するプロジェクトだ。チームは、政治、経済、社会、技術など、トゥイーンズに影響を及ぼす将来のトレンドに注目しながらコンセプトを開発。こうしたトレンドは未来シナリオの基礎となった。

シナリオ作りに用いたのは、上位3つのトレンド（教育資金、自分にとってのスター、トゥイーンズの小遣い）だ。トゥイーンズが自由に使える小遣いが他の2つのトレンドに直接影響を及ぼしていると感じたチームは、「支出を控える」「お金を使う」という2つのポジション・マップを作成。「誰もがスター」対「少数のスター」、「教育資金が多い」対「教育資金が少ない」という軸を使い、8つの未来シナリオを考え出した。そのうちの1つは、「お金を使う」というマップ上で「教育資金が少ない」と「少数のスター」の象限に位置する「ハイパースターの誕生」だ。トゥイーンズが人気スターを真似して自己表現しようとするシナリオに沿ってコンセプトを開発。チームは同じ要領で、各シナリオからバーチャルやリアルにおける解決策を策定していった。

WHAT IT DOES　　　　　内容

　未来シナリオは、新しく生じたトレンドに基づいて未来の仮説を検討し、起こり得る状況に対処する解決策を作るためのメソッドだ。シナリオ作成によく用いられるのが2軸のポジション・マップだ。マップの2軸には、プロジェクトにおいて重要性が高く、ユーザーとコンテクストに最も大きな影響を与える新しいトレンド（社会的、文化的、技術的、経済的、ビジネス）を用いる。マップの各象限についてシナリオを作成する。これまでのモードでコンセプトをまだ作成していない場合は、シナリオに基づいてコンセプトを考え、マップ上に配置する。このマップは後で、補完的なコンセプトを組み合わせて総合的な解決策を作成する際に活用できる。

HOW IT WORKS　　　　　進め方

○ステップ1：トレンドの選定
　トレンド・マトリクスなど、これまでに使ったメソッドも含めてトレンドを抽出する。そのプロジェクトにとって重要かどうかで、各トレンドにスコアを付け、最も重要なものを2つ選ぶ。

○ステップ2：マップの作成
　選んだトレンドを考察し、未来の可能性を読み取る。そのトレンドを通じて起こり得る極端な出来事を考え、それを尺度に変換し、2軸マップを作成する。

○ステップ3：シナリオを作成
　2つの極端な出来事が起こったという想定で、考えられる未来の状況をシナリオとして記述する。シナリオの中身がわかるタイトルをつける。

○ステップ4：コンセプトを配置
　コンセプト表などのメソッドを使って既にコンセプトを開発している場合は、4象限のうち該当するシナリオにコン

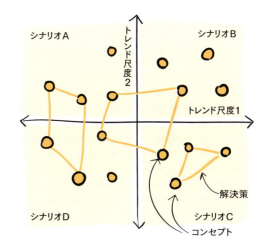

セプトを配置する。コンセプトが未作成であれば、最初のステップで挙げた全トレンドに注意しながら、各象限のコンセプトを考える。それぞれにタイトルをつける。

○ステップ5：組み合わせの検討
　シナリオごとにコンセプトを組み合わせて解決策を作る。置き換えながら、最も強力な組み合わせを選ぶ。

○ステップ6：各解決策を記述
　未来シナリオの中で解決策がどう機能するか、どのようにコンセプトが補完し合うかを説明し、チームでそのストーリーを共有する。どのシナリオが最も起こりそうか。そのシナリオが実際には別の形で起こったときに、どのように解決策を適用させるか。その出来事に対応するために、どのような解決策の選択肢があるか。

Solution Diagramming

解決策ダイアグラム

解決策について熟考し、
その働きを示す
図表を作成する

BENEFITS	■ アイデアの精緻化に役立つ
	■ コミュニケーションが良くなる
	■ 抽象概念が具体化される
INPUT	■ 視覚的に整理すると役立ちそうな解決策
OUTPUT	■ 精緻化された解決策の図表と付随する説明

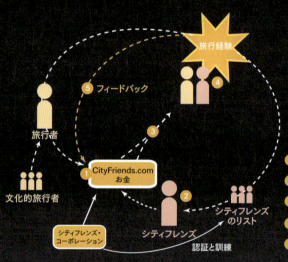

EXAMPLE PROJECT

▷ 文化ツアー「シティフレンズ」（2007年）

　旅行というものは、発見や探求、本物感のない、ありふれた活動になってしまったのだろうか。

　IITデザインスクールのグループは調査によって、文化的旅行者という重要なセグメントを発見。この層は、いわゆる観光名所ではなく、地元の人しか知らない経験や景観地を求めていたのだ。旅行市場の調査やユーザー分析を行い、ワークショップでコンセプトを考えた後にまとめたのが「シティフレンズ」を用いたサービス（選抜・訓練された地元住民やガイドが旅行者と本格的な経験を共有する）だ。

　チームはこのサービスの仕組みについて理解を深めようと、解決策ダイアグラムを作成。シティフレンズのウェブサイト、旅行者と地元のガイド間の一味違う交流など、解決策のシステムやプロセスのフローを表現した。このダイアグラムは、チーム内で解決策に関するビジョンのすり合わせにも役立った。この図表のメリットは明快さにある。競争力のある解決策を策定し、実行内容、市場への影響、次のステップについてのロードマップを開発するうえでも重実した。

WHAT IT DOES　　　　　内容

　ダイアグラム（図表やグラフ）は、合理的に誰でもわかりやすい形で、情報を説明し伝達するビジュアル化のツールだ。言語で説明する場合ほど抽象的すぎず、現実的に何かを表現する写真や実物大の模型ほどリアルでもない。コンセプトや解決策に取り組むときに、ダイアグラムが非常に強力なツールとなる理由もそこにある。

　解決策ダイアグラムは、解決策をビジュアル表現へと変換する。用いる図表のタイプはその解決策で強調したい側面で決まる。図表を用いれば、構造的な関係を明らかにする、プロセスを説明する、システム内の価値フロー、システムの経時的進化、構成要素間の相互作用を表す、他の類似した側面と連携させる、といったことが効果的にできる。また、アイデアを図表に変換する過程で曖昧さが取り除かれるため、解決策の説明だけでなく、解決策を生み出す効果的なツールにもなる。

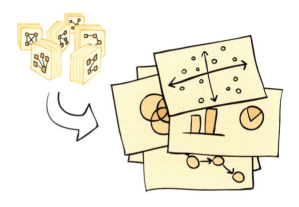

HOW IT WORKS　　　　　進め方

〇ステップ1：図表タイプの決定

　解決策のどの側面にどの図表を使えば最も効果的かを判断する。たとえば、構成要素間の複雑な関係を示す場合、ネットワーク図やマップが最も適している。よく用いられる例は次の通りだ。

関係（解決策の構成要素間の関係）：ネットワーク図、表、マップ

グループ（構成要素の分布状況）：ベン図（集合の図）、樹形図、表、マップ

階層（構成要素の構造）：樹形図、ベン図

プロセスや順番（解決策の仕組み）：フロー図、時系列の図表

場所（構成要素の物理的な配置）：マップ

数量（関連する数字）：棒グラフ、円グラフ、時系列の図表

〇ステップ2：図表の作成と解決策の精緻化

　図表を作成し、解決策のある側面をビジュアル化する。たとえば、その解決策がどう魅力的なユーザー経験につながるかを示す場合、フロー図を用いて、出来事をノード（円またはアイコンなどのグラフィック要素）で、フローを矢印（説明付き）で表す。図表を作成していくうちに新たな気づきが得られれば、それを活かしてより良い解決策へと修正する。

〇ステップ3：ストーリーの作成と共有

　図表に沿って綿密かつ簡潔なストーリーを組み立てる。図表は解決策を詳しく説明しているか。魅力的なストーリーになるか。ビジュアル表現はわかりやすいか。そこで想定されているものは永続的か、一時的か。プロジェクトの中心部分か、補足部分か。

Solution Storyboard

解決策ストーリーボード

解決策の仕組みを
説明するストーリーを
作成する

BENEFITS	■ 反復を促進する
	■ 議論を促す
	■ ストーリーを語りやすい
	■ 抽象概念が具体化される
INPUT	■ ストーリーとして説明してみたい解決策
OUTPUT	■ 解決策の各部分の働きを示すストーリー

EXAMPLE PROJECT

▷ 生命保険会社の「相続計画」（2007年）

　生命保険業界は過密状態で、サービスはどこも似たり寄ったりで、効率の最大化が叫ばれてきた。IITデザインスクールのチームが大手生命保険会社の機会として着目したのが、急成長中の相続計画の分野だ。そこには満たされていない顧客ニーズや、長期的な顧客関係を築く余地があった。

　チームはまず有形・無形を問わず非金融サービスの定義に着手。受け継がれる価値、財産、資産などを含んだ「相続計画」に関するコンセプトを開発し、それらを組み合わせて解決策を策定した。それから、長期と短期の企業戦略に対応する2つの解決策ストーリーボードを作成。短期の解決策ストーリーボードは、子育てを終えた60歳の夫婦の物語だ。この夫婦は、家族と連絡を取り合い、一緒に思い出を作るとともに、自分たちの思い出も共有し、その過程で自分たちの過去を振り返りたいと思っている。夫婦は保険会社と何度も相談し、「レガシー・キット」に情報、思い出の品、経験を預け入れることにした。ストーリーボードは何年か後に、孫たちが祖父母の思い出を共有するところで終わる。

WHAT IT DOES　　　　　　内容

　解決策ストーリーボード（絵コンテ）は、スケッチ（絵と言葉）を順番に並べ、ストーリーとして、ある状況でそのコンセプト・システムの全要素がどんな働きをするかを説明する。解決策ストーリーボードは、登場人物、行動、筋書きなどの要素を用いて、ある状況でユーザーがどう動きどんな経験をするかのストーリーを作る。仮説的なユーザー・ジャーニーの説明から始まり、単なる出来事の羅列ではなく、様々なコンセプトがジャーニーの間に価値を付加する様子を表す。ストーリーには、「システム」という抽象概念をわかりやすい人間らしい言葉に変換する基礎能力がある。だからこそ、ストーリーは図表やグラフではできないやり方で、聞き手と感情的・経験的なレベルでつながることができるのだ。解決策ストーリーボードはコンセプトの伝達だけでなく、改善にも役立つ。ストーリーボードは、言語を使ったプロトタイピングといえる。

HOW IT WORKS　　　　　　進め方

○ステップ1：解決策の確認・理解
　解決策や関連するコンセプトを見直す。そのシステム内の全コンセプトがどのように連動するかを話し合い、明確に理解する。

○ステップ2：登場人物の設定と経験の描写
　典型的ユーザーを代表する登場人物を創り出す。その人物が経験することをジャーニーとして説明する。経験や解決策と関わった結果として、彼らの気持ちがどう変化するかを描写する。

○ステップ3：ジャーニーを記載
　想定された状況におけるユーザー・ジャーニーを作成する。マップ上で、ユーザーがそのコンセプトに出会うジャーニーの地点を表し、どのような種類のインタラクションが起こり、どのような価値が生まれるかを簡潔に説明す

る。ドラマの要素を取り入れ、自分が立てた未来のビジョンに相手を引き込む。

○ステップ4：解決策ストーリーボードの作成
　コマ送りの絵コンテでシナリオを説明する。最小限の言葉に凝縮させて、ストーリーを進める。スケッチを使って、解決策に埋め込まれたコンセプトをビジュアル化する。

○ステップ5：レビューとリハーサル
　ストーリーをステークホルダーと共有し、フィードバックをもらいながら、コンセプトをさらに精緻化する。ストーリーは十分に魅力的か。埋め込まれたコンセプトは、登場人物や全体的な物語にどう役立っているか。より良い解決策にするために、どのように修正や改善を加えればよいか。

mode6 解決策を練る　　267

Solution Enactment

解決策ロールプレイ

解決策を実演して、その効果や創出される価値を明らかにする

BENEFITS
- 共感が持てる
- 詳細を重視している
- 経験に注目している
- コミュニケーションが良くなる
- 抽象概念が具体化される

INPUT
- 演じることでメリットが得られる
- 解決策のインタラクション・ポイント

OUTPUT
- 解決策の改善に関するステークホルダーのフィードバック

EXAMPLE PROJECT

▷ 農業市場におけるリサイクル活動 (2011年)

リサイクルをめぐる選択肢、利便性、報酬プログラムは以前よりも増えているが、そのプロセスや経験にはリサイクルの観点からのコミュニティ作りが欠けている。そこに気付いたIITデザインスクールのチームは、熱心なリサイクル実践者に表現手段を提供し、より多くの実践者を巻き込み、リサイクル未経験者に働きかけるためのコンセプトを開発した。

チームが考え出したのは、農業市場で使う数種類の製品で構成されたシステムだ。そこには、条件を満たすとコミュニティ全体に対して報酬が出るリサイクル・ステーション「グループビン」、リサイクル品の交換場所「スワップビン」、ポップアップ式リサイクル容器で缶をつぶすシートとしても使える「フィル・アンド・シット」などが含まれる。市当局の代表者にこのコンセプトが実生活でどう役立つかを理解してもらうために、チームは解決策ロールプレイで農業市場の寸劇を披露した。ストーリーに命を吹き込むために、テーブル、食品の入ったバスケット、行商人の服装など農業市場らしさも演出。代表者たちはすぐさま反応を示し、具体的な改良策について話し合うことができた。それは、農業市場でのリサイクルに向けたより説得力のあるストーリー作りに役立った。

WHAT IT DOES　　　　　内容

　解決策ロールプレイは、デザインした解決策を人々に提示し、その解決策がどう役立ち、ステークホルダーにどんな価値をもたらすかを実演するメソッドだ。ロールプレイはストーリーテリングのように、抽象観念を観客と人間的なレベルで結び付く言葉に変換する強力なコミュニケーション・ツールだ。そして、システム全体よりも、詳細を表すのに最も効果的だ。そのため、ストーリーボードと一緒に用いて、解決策の構成要素がどう連動するかを示すことが多い。ストーリーボードがシステム全体を通したジャーニーを表すのに対し、ロールプレイはその道中で起こりそうな具体的な場面などに焦点を当てる。

HOW IT WORKS　　　　　進め方

○ステップ1：ユーザー・ジャーニーを構想
　解決策が含まれた未来の状況を想像し、様々な接点でユーザーの経験をビジュアル化する。価値の創出や交換が最も明確になるインタラクションの場面を主に取り出す。ロールプレイ用に、ユーザーを主要な登場人物としてジャーニーをスケッチする。ユーザーはどのような気持ちか。インタラクションの間、どんな意向を持っているか。実際のユーザーに参加してもらうことは可能か。

○ステップ2：場面の調査
　基本的なジャーニーと接点を決めたら、一連の場面を調べて、起こりそうな経験を検討し記録する。ロールプレイで取り上げる場面について話し合い、決定する。解決策のユーザー価値、魅力的なインタラクション、ステークホルダーが重視する他のメリットを強く打ち出す。ユーモアやドラマを添えると、観客を引き付けるのに有用だ。

○ステップ3：リハーサル
　ターゲット観客を念頭に置きながら、練習する。観客の懸念を取り払うために、代わりのセリフを予想し、準備する。後から見返せるよう、セッションをビデオに録画する。

○ステップ4：ステークホルダーの前で実演
　未来シナリオを演じて、解決策がもたらす価値を強調する。脚色は控えめにし、重要なポイントを記録する。必要に応じて、観客の提案を取り入れ、その場面を再演する。

○ステップ5：フィードバックとディスカッション
　ロールプレイの間、観客からフィードバックを得る。場面に挿入されている様々なコンセプトの関連性について、観客の反応からインサイトを引き出す。フィードバックの観点で、より重要なインタラクションやコンセプトはどれか。その場面で効果的なコンセプト、効果的でないコンセプトはどれか。コンセプトを再考する余地はどこにあるか。どう改善すれば、ユーザーやプロバイダーにとっての重要性が増すか。

Solution Prototype

解決策プロトタイプ

解決策にまつわる経験を
シミュレーションし、
人々がどう関与するかを調べる

BENEFITS	■ 反復を促進する
	■ 経験に注目している
	■ アイデアの精緻化に役立つ
	■ 抽象概念が具体化される
	■ 意思決定の裏付けとなる
INPUT	プロトタイプの対象とする解決策
OUTPUT	ユーザーからのフィードバックとユーザー経験の観察結果に基づいて精緻化された解決策

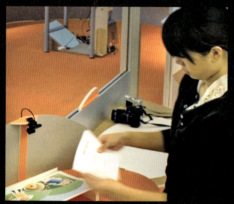

EXAMPLE PROJECT

▷ シンカリング・スペース（2008年）

　シンカリング・スペースは、学齢期の子どもの創造的・批判的な思考力を伸ばす、リアルとバーチャルの環境を組み合わせたシステムだ。図書館を舞台に、共同作業、アイデアの共有、新しい方法を編み出すための機会を提供する。

　プロジェクト・チームは、コンセプトのプロトタイピングから得られたインサイトに沿って、解決策プロトタイプを用い、13のプロトタイプの概略（主要な特徴、機能、デザイン基準など）を作成。システム、対象物、情報、環境という4領域に分類した。情報プロトタイプの1つは、壁を使ったジャーニー情報ディスプレイだ。ディスプレイには画像や事実データが映し出されており、子どもたちはタッチスクリーン・パネルを使ってコンテンツを入手できる。この解決策プロトタイプは、多様な学習スタイルを提供し、ユニークな経験を生み出し、従来の知識と結び付けることで、子どもたちの心に訴えかけるというデザイン原則を具体化したものだった。チームは最終的な解決策として、豊富なコンテンツを備えた図書館内に、ユニークな活動領域を定めた独立型のプラットフォーム・システムを提案した。

WHAT IT DOES　　　内容

　解決策プロトタイプは、ユーザーが解決策のプロトタイプをめぐる活動に参加する様子を観察するメソッドだ。プロトタイプは2種類あり、外観プロトタイプでは製品・サービスの見た目を、性能プロトタイプでは主に機能面をシミュレーションする。これらのプロトタイプを観察することで、ユーザー経験が明らかになり、解決策の前提が実証もしくは棄却される。シミュレーション環境で、解決策プロトタイプの有効性をテストするのだ。インタラクションの様子を観察し、ビデオやノートに記録した後、観察結果を分析して、ユーザー経験やユーザーがその解決策に及ぼす影響を理解する。

HOW IT WORKS　　　進め方

◯ステップ1：プロトタイプの対象を特定
　解決策を見直し、プロトタイプを使って、どの組み合わせのコンセプトや解決策の経験を調査対象とするかを決める。

◯ステップ2：テスト環境の準備
　解決策を構成する多数のコンセプトのプロトタイプを作る。プロトタイプには外観用と性能用がある。参加者がプロトタイプを自由に手に取って体験できる場所を見つける。

◯ステップ3：プロトタイプを体験
　シミュレーションに参加するユーザーを募集し、実施内容や募集理由を説明する。必要に応じて、個人やグループとして参加してもらう。ユーザーにプロトタイプを体験してもらう。

◯ステップ4：ユーザー観察と記録
　参加者がプロトタイプと接する様子を観察する。プロトタイプと関わる中で影響を及ぼす、ユーザーの認知的、物理的、社会的、文化的、感情的な要因に注意する。ビデオやノートを使って活動を記録する。事後のインタビューを行い、なぜあるやり方でプロトタイプを扱ったのか、そのときの体験の特定の側面についてどう感じたかなど、疑問点を解明する。

◯ステップ5：分析とステップの反復
　ノートやビデオに記録した観察結果を集めて、行動パターンをつかむために分析する。シミュレーションで発見したことに沿って、観察結果を議論し、再検討する。参加者のフィードバックをもとに、コンセプトをどう調整するかを考える。必要に応じて、追加の活動を検討する。その解決策システムが全ステークホルダーに前向きな経験をもたらすと確信できるようになるまで、上記のステップを繰り返す。

Solution Evaluation

解決策評価

ユーザーやプロバイダーにとっての価値に沿って、解決策を評価する

BENEFITS	■ ユーザーとビジネス上のニーズのバランスがとれる
	■ 比較できる
	■ プロセスに焦点が当たる
	■ 調査に基づいている ■ 意思決定の裏付けとなる
INPUT	■ 解決策のプロトタイプ
	■ ユーザーとビジネス上の基準
OUTPUT	■ ユーザーとビジネス上の価値の評価に基づく解決策の図表

EXAMPLE PROJECT

▷ 糖尿病の管理（2006 年）

糖尿病はアメリカの主な死因の 1 つだが、基本的なライフスタイルを変えれば最もコントロール可能な病気の 1 つでもある。しかし調査してみると、患者にとって、適切な選択をするための支援が不足している、病状維持の手順の順守や活動追跡が難しい、行動と結果を結び付けにくいなどの問題が明らかになった。

デザイン・チームは、糖尿病管理の主な活動について、患者経験の 4 つの要素（教育、診断、予防、管理）をもとにコンセプトを開発した。これを患者、友人や家族、医療スタッフに分類した後、9 つの解決策システムに整理。さらに絞り込むために、解決策評価表を作成し、「よく満たしている」「満たしている」「多少満たしている」という観点でユーザー価値を評価した。この集計結果から効果的なシステムとして浮上したのが、健康教育プログラム（クラス、資料、糖尿病患者とその家族を支援するイベント）、ホール・ダイアベティック（糖尿病患者のより正確な治療や、運動や規定食をモニターするのに役に立つ情報とネットワーク技術）、緊急警報システム（糖尿病患者に関して支援の必要性を示す警報装置）、メープルグローブ（年配の糖尿病患者向けの総合的な健康管理

WHAT IT DOES　　　内容

解決策評価は、具体化された解決策の評価に役立つメソッドだ。ユーザー価値とプロバイダー価値のスコアを使って表に解決策を配置すれば、分布パターンが明らかになる。また、ユーザー価値とプロバイダー価値を組み合わせることで、プロトタイプの評価や比較ができ、どれを追求・修正すべきかの判断に役立つ。

HOW IT WORKS　　　進め方

○ステップ 1：価値基準の設定

ユーザー調査から得られた原則やインサイトを参考にしながら、ターゲット・ユーザーが最も重視する特徴やメリット（使いやすさ、保存しやすさ、美意識など）を判断する。コンテクスト調査の結果から、プロバイダーが最も重視するメリット（収益性、実行しやすさ、ブランドらしさなど）を判断する。

○ステップ 2：解決策評価表の作成

最初の列に解決策、その右側にユーザー価値とプロバイダー価値という 2 セクションを設けたスプレッドシートを作成する。スコアの合計欄も設ける。

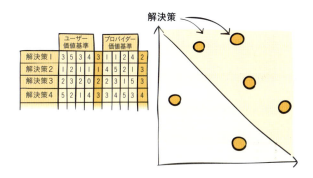

○ステップ 3：スコアの記入

2 つの基準（ユーザー価値とプロバイダー価値）でスコアをつけるが、そのときの尺度を選ぶ（たいてい 5 段階で十分）。解決策ごとにスコアを合計し、合計欄に記入する。

○ステップ 4：マップ上に解決策を配置

ユーザー価値とプロバイダー価値を 2 軸とするマップを作成し、合計スコアに基づいてマップ上に各解決策を配置する。

○ステップ 5：分布状況の分析

2 軸の最高点を線で結ぶと、マップは 2 つの三角形に分かれる。ユーザー価値とプロバイダー価値の両方が高スコアの三角形の中に位置する解決策は、さらに発展させるために注目すべき優先順位の高い解決策だ。

○ステップ 6：結果の共有とディスカッション

評価に基づいて、次のステップを議論する。直ちに注力すべきなのは高スコアの解決策だが、低スコアの解決策と組み合わせた場合も検討する。

Solution Roadmap

解決策ロードマップ

解決策の実行方法を段階的に計画する

BENEFITS	■ 組織内で調整が図れる
	■ 計画が策定される
	■ 選択肢が選びやすくなる
	■ 共通理解が進む
INPUT	■ 考え出されたすべての解決策
OUTPUT	■ 解決策を実施するためのスケジュール

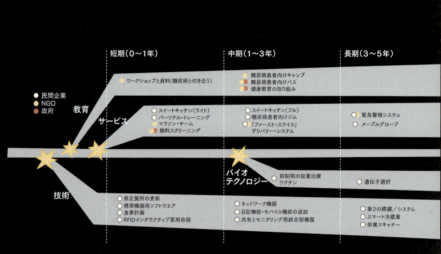

EXAMPLE PROJECT

▷ 糖尿病の管理（2006 年）

2006 年時点で、糖尿病はアメリカの主要死因の第 7 位だ。糖尿病は最もコントロール可能な病気の 1 つなのに、糖尿病患者は症状を抑えるために基本的なライフスタイルを変えられずにいる。

チームはライフスタイルの変更を促すために、糖尿病患者の経験の 4 つの主要機能（予防、診断、教育、管理）を用いてコンセプトを開発。その後、製品・サービスと実施上の類似点に基づいて、コンセプトを分類し、システムにまとめた。「患者向けキャンプ」「スイート・キッチン」「スマート冷蔵庫」などのコンセプトのシステム（解決策）に沿って、初期の解決策ロードマップを作り、短期、中期、長期でどのように進めていくかをビジュアル化。そして、実行する施策（教育、サービス、バイオテクノロジー、技術）と実行機関（民間企業、NGO、政府）について、それぞれタイプ別に解決策を策定した。

WHAT IT DOES　　　　　内容

　解決策ロードマップは、解決策の実行計画だ。ロードマップは長期的な解決策に基づいた短期的な取り組みとともに、どう解決策を作り上げるかを探るときに役立つ。また、後から実施する解決策と比べながら、どれを短期的に実行すればよいかの検討ができる。このロードマップから、個々の解決策がどう自律的に発展する可能性があるかもわかる。時には 2 つの解決策に分岐したり、並行して進化したりすることもある。

HOW IT WORKS　　　　　進め方

○ステップ 1：スケジュールの作成

　様々な解決策を実行する際の所要時間を見積もる。戦術的な短期の解決策は今後 1 〜 2 年以内、戦略的な中期の解決策は 2 〜 5 年、長期のビジョナリー解決策は 5 年より v 先のことが多い。

○ステップ 2：時系列にビジュアル化

　すべての解決策を見直し、時間枠に沿って並べる。解決策の実行に不可欠な活動をすべて検討する。本格的に実施する前に、あるアイデアを「根づかせる」のに必要なリードタイムや最初のステップについて考える。枝分かれした樹形図でロードマップを作る。

○ステップ 3：全体目標との調整

　最初に考えた解決策の順番を見直す。組織の目標を反映した順番になっているか。解決策は、組織の能力、財務、資源に見合っているか。解決策の実施に必要な一連の活動とマッチしているか。マッチしていない場合は、スケジュールの観点から解決策をもう一度整理して目標と活動の整合性をとる。

○ステップ 4：ロードマップの作成

　様々な解決策の関係を記載する。解決策は互いに論

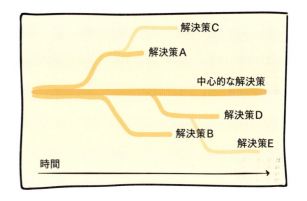

理的な順序で組み立てられているか。その順番にする理由、ある解決策を先にする理由、その経路が好ましい理由を説明した簡潔な概要を作成する。主要なスケジュールから枝分かれしている部分はどこか、それが解決策全体にどう貢献し価値を生み出すかの説明を入れる。

○ステップ 5：マップの共有と具体化

　ビジュアル化したロードマップと説明文をステークホルダーと共有する。組織目標に基づいて、ロードマップの実行可能性を話し合う。短期的に実施するために、どの解決策をより具体化すべきか。ロードマップに沿って資源配分を決める。途中で誰がパートナーになる可能性があるか。

Solution Database

解決策データベース

検索可能なリレーショナル・データベースにすべてのコンセプトと解決策を整理する

BENEFITS	■ 知識ベースが構築される
	■ 大きなデータセットが扱える
	■ すぐ利用できるように情報が整理される
	■ パターンが明らかになる
	■ 移行をサポートする
INPUT	■ 考え出されたコンセプトと解決策などのすべての材料
OUTPUT	■ コンセプトと解決策を検索できるデータベース

EXAMPLE PROJECT

▷ 未来の暮らし（2009 年）

今後 20 〜 30 年間で、人口増加、気候変動、資源減少などが起こり、私たちは生活習慣の変更を余儀なくされるだろう。システムズ・ワークショップは、IIT デザインスクールの学生たちにとって、この複雑なシステム・レベルの問題に取り組み、未来の変化を支援する住宅システムを設計するまたとない機会だった。

このプロジェクトは 2 段階で行われた。第 1 段階では、新しい住宅システムで対応すべき 5 つのセグメント（資源供給、環境管理、生物学的支援、自己啓発、社会的発展）について、チームに分かれて調査を実施。各セグメントの重大な問題と、プロジェクトで守るべき具体的な方向性を確認した。2 次調査では、各セグメントのユーザーや活動を分析し、インサイトが得られた。

第 2 段階では、2 つの専用コンピュータ・プログラムを使って、全情報を階層的なツリー構造に整理。新しい構造をもとに考え出された解決策のシステムは、5 チームにまたがるものだったので、情報管理用に解決策データベースを作成した。解決策の名称、作成者名、主な特徴、説明、集合などの情報をスプレッドシートで整理したこのデータベースは、データの整理、管理、モニター、分析において強力なツールとなった。

276　101 Design Methods

WHAT IT DOES　　　　内容

　解決策データベースは、解決策のシステムの整理、保存、見直しを行う体系的なアプローチだ。このメソッドは、モード6の間に蓄積された主要な情報（説明、物語、スケッチ、図解、評価など）をすべてキーワード検索可能なデータベースに入力する。そして最終的には、プロジェクトの包括的なアーカイブ（記録保管庫）となり、戦略目標、ユーザー・タイプ、ユーザー価値、プロバイダー価値などの属性によって、コンセプトや解決策を比較できる。初期段階は手間がかかるが、現在と未来のプロジェクトの貴重な参考資料となる。

　コンセプトを作成する間に、解決策システムに関するアイデアが何百と浮かんでくることは珍しくないが、その後の評価や体系化により少数の解決策に絞り込んだとしても、他のコンセプトを捨ててはいけない。解決策データベースは、すべての取り組みを記録して後から振り返れるように、増加するデータの収容・保存場所を作るメソッドなのだ。

HOW IT WORKS　　　　進め方

○ステップ1：情報収集

　関連する説明、ストーリー、スケッチ、図表、評価を含めて、開発したコンセプトと解決策をすべて集める。デジタル・ファイルと物理的なファイルを見直し、全データを包括的なリストにまとめる。

○ステップ2：属性の定義

　データベース内でコンセプトや解決策の整理に使う属性（デザイン原則、ユーザー・タイプ、ユーザー価値、プロバイダー価値、短期・中期・長期の解決策、パートナー、補完業者、戦略目標など）を決める。ダブリン社の「10タイプのイノベーション」のような既存のフレームワークも役立つ。

○ステップ3：データベースの構築

　使い勝手のよい既製のソフトウェアを用いて、検索可能なデータベースを作成する。検索機能付きスプレッドシート程度のシンプルなものでよい。関連する解決策に沿って、コンセプトを整理し、データベースにその情報を入力する。スケッチなど手描き資料をおおまかに見直し、データベースにアップロードする。ふさわしいキーワードを使って検索にかけ、結果を見直す。必要に応じて、キーワードの見直しや追加を行い、検索機能を精緻化する。

○ステップ4：多角的にデータベースを調査

　キーワードを使ってコンセプトや解決策を検出し、様々な関係を点検する。参考や再評価、着想を得るために検出結果を比較する。コンセプトを考えた段階では気づかなかった大きなパターンが見つかることもある。発見事項を要約し、メンバーと共有し、話し合う。

mode6　解決策を練る　　277

Synthesis Workshop

統合ワークショップ

短い集中的なセッションを行い、
システムしての
解決策を考え出す

BENEFITS	■ 新しい視点が得られる　■ 議論を促す
	■ プロセスに焦点が当たる
	■ アイディエーションのきっかけとなる
	■ 調査に基づいている
	■ 協力を促す
INPUT	■ 参加者、デザイン原則、これまでに考え出されたコンセプト
OUTPUT	■ システムとしての解決策

EXAMPLE PROJECT

▷ デジタル時代の学校（2007 年）

デザイン・チームは教育者たちと共同で、アメリカの公立学校制度が直面している課題を理解し、問題分野を特定し、機会領域を探り、新しいコンセプトを開発した。チームはまず専門家インタビューを行い、組織的な変化、破壊的技術、教育などの分野の文献をレビュー。そこから得られた 88 個のインサイトを、4 カテゴリー（教育環境面での対応の遅れ、学校関係者の文化の変化、新技術を用いた学習環境、学校組織の官僚化）に分類し、さらに 16 個の問題領域を突きとめた。

チームはその後、様々な専門家グループと一緒に、2つの統合ワークショップを実施。分類したインサイトをフレームワークとしながら、20 の潜在的な調査テーマと、将来の仕事につながる 3 原則を特定した。こうした原則の 1 つは、同分野の最先端のイノベーションだ。それはテスト中心でなく子ども中心の考えに立ち、学校をネットワークのノードとして捉えるものである。チームは、このワークショップから生み出された 60 のアイデアも活用しながら、新しい機会領域を探索。情報化時代の公立学校の未来像をビジュアル化しながら、発見した機会領域における解決策の概略を明らかにした。

WHAT IT DOES　　　　　内容

　統合ワークショップは、コンセプトの創出に特化した体系的なブレーンストーミングのメソッドだ。短時間に多くのコンセプトを考え出すことができ、また参加者間の議論を通してコンセプトを体系的な解決策へと統合する場にもなる。

　このワークショップは、ブレーンストーミング・セッションの役割を果たすが、付加価値として、きちんとした構造を持っている。アイディエーションのガイドとして明確に定義されたデザイン原則を使えば、チームはユーザー・ニーズに対応するコンセプト作りに集中して取り組み続けることができる。ワークショップの最初の段階（アイディエーション）では、デザイン原則ごとに短時間でなるべく多くのコンセプトを考え出す。次の段階（評価）では、コンセプトを見直し、互いの関係の中で順番をつける。最終段階（統合）では、補完的なコンセプトを組み合わせて系統立てた解決策にまとめる。最良の解決策を3つ〜5つ特定し、選んだ理由とともに記録しておく。

HOW IT WORKS　　　　　進め方

○ステップ1：ワークショップの企画

　ワークショップの目的と概要をまとめる。目指すのは、コンセプトを創出し、評価し、解決策へと統合することだ。アイディエーション段階、評価段階、統合段階に分けてワークショップのスケジュールを組む。参加ルールのガイドラインを作り、様々な専門知識を持った参加者を選定する。

○ステップ2：デザイン原則とコンセプトの整理

　これまでのモードで開発してきたデザイン原則やコンセプトをすべて集める。それぞれの説明文を用意し、参加者と共有し、ワークショップ・セッションの基礎とする。

○ステップ3：ワークショップを実施

　創造力を促す環境を整備する。3、4チームで快適に作業できる場所を確保し、付箋、ペン、紙などの基本的な備品や軽食を用意する。チームがアイデアを捉え、作業を整理できるように、グラフィック・オーガナイザーやワークシートも準備する。

○ステップ4：コンセプトの見直しや追加

　ワークショップの最初の部分では、これまでに考え出されたコンセプトをすべて見直し、参加者全員が共通認識を持つ。時間制約を設けたほうが効率性は高まるので、短時間でコンセプトを吟味し、新たに考え出し、一部のコンセプトは修正する。新しいコンセプトはすべて記録する。

mode6 解決策を練る　　279

○ステップ5：コンセプトの評価と整理
　コンセプトを批判的な目で見直す。デザイン原則にどれだけ対応しているかという基準で、コンセプトに順位をつける。ユーザー価値とプロバイダー価値の観点で分類し、短期、中期、あるいは長期の解決策に分ける。

○ステップ6：解決策の統合
　補完的なコンセプトを特定し、組み合わせて、解決策のシステムを作成する。主要な特徴を際立たせた短い説明をつける。最適な組み合わせを特定し、その理由を簡潔に記載する。ワークシートを使って、タイトル、解決策の説明、コンセプトのスケッチや図表、ユーザー価値、プロバイダー価値、裏付けとなる戦略、必要な能力、必要な提携、関連するリスク、その他の有用なタグなどの項目を埋める。

○ステップ7：成果をまとめる
　ステークホルダーと共有できるように、書き出したことをレポートにまとめる。解決策を改良し評価する方法や、さらに発展させるためのプロトタイプ作りについて話し合う。

mode 7

REALIZE OFFERINGS

製品・サービスを
実現する

　新しいレシピがあっても、実際に料理を作るまでは
アイデアにすぎない。シェフは味見しながら、調整
が必要かどうかを判断し、テスト、修正、再テストと
いうプロセスを通じて、ほどよい味のバランス、材料、
調理時間を見出す。全体のメニュー作りでも同じだ。
あらゆるメニューの背後には、計画、購買、準備、
評価、チームワークという体系的なアプローチがとら
れている。イノベーション・チームがコンセプトを実
際の製品、経験、サービスに変えていく際にも、こ
れとまったく同じ原則が当てはまる。

　モード7で目指すのは、アイデアを現実世界で形
にし、成功させる方法を探ることだ。デザインした
解決策の機能を理解するためにプロトタイプを作り、
ユーザーがそれを使ってどんな経験をするかを検証す
る。初期の失敗はプロセスや反復の一部であり、素
晴らしい解決策にたどりつくための基礎として捉える。
また、単にアイデアを具体化するだけに留まらず、行
動計画を立て、その解決策がより大きな戦略目標と
どう調和するかを見極める。その際には、必要な資
源を見積もり、実行に向けた戦術も練らなくてはな
らない。つまり、このモードでは、アイデアを具体化
し、それを世の中で実現する方法を計画していく。

REALIZE OFFERINGS
mindsets

製品・サービスを実現する マインドセット編

　このモードのマインドセットは、実用的、評価的、戦略的だ。実用的な視点で、アイデアが実際に有効かどうかを検討し、実現に向けて信頼できる戦術を策定する。評価的な視点で、プロトタイプを何度もテストし、その価値を実証し、最終的に現実の世界で適応できるようにする。そして、的確で対応力のある戦略を選び、成長に向けて別のルートも用意する。さらに、イノベーターはあらゆるステークホルダーに自分のビジョンを真摯に伝えなくてはならない。イノベーションを届けるためには、すべての関係者を調和のとれた組織的な活動に参加させる必要があるのだ。

mindsets

プロトタイプを繰り返す **Reiterating Prototypes**

実際に評価する **Evaluating in Reality**

戦略を策定する **Defining Strategies**

実際に行う **Implementing in Reality**

ビジョンを伝える **Communicating Vision**

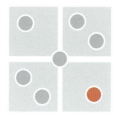

このマインドセットの古典的な例は、ライト兄弟が最初の固定翼機を製造したときだろう。彼らは当時の一般的な理論に反して、飛行機を平衡に保つためには、信頼性の高いパイロット制御がカギになると考えていた。最初の飛行までに1年かけてグライダーを何度も作り、パイロット制御や上昇に最適な翼の形状を研究した。グライダー自体は目的ではなく、価値を学び実証するためのプロトタイプの役割を果たし、またその後の航空機デザインの参考情報となった。それと同じように、イノベーションにおけるプロトタイプも実験や実証のためのものとして捉えよう。

mindset　　プロトタイプを繰り返す

　コンセプトや解決策を実現するには、その製品・サービスの実世界における価値が実証されるまで、繰り返しプロトタイプを作り評価する必要がある。プロトタイプによって、無形のアイデアが実際に経験できる有形のものへと転換される。イノベーション・プロセスの初期段階では、プロトタイプは抽象的になりがちで、行動プロトタイプ（232頁）のように物理的に具体化された形をとらない場合もある。プロセスが進むにつれて、プロトタイプはより洗練され、現実的になっていく。うまくいく部分を取り入れ、すべての課題に対処できるまで、厳格さと規律を持ってプロトタイプのプロセスを繰り返さなくてはならない。

mindset　　　実際に評価する

　プロトタイプとして形になり、実験可能になるまでは、コンセプトは単なる思いつきにすぎない。プロトタイプもまた、試験して実証されるまでは憶測以外の何物でもない。現代のサイエンスは、仮説を立て、実験をデザインし、仮説の検証や反証を確認するという科学的メソッドに基づいて構築されている。失敗を積極的に受け入れそこから学ぶことは、試行錯誤を通して進歩する科学的なものの見方を特徴づけているのだ。

　コンセプトのプロトタイプ作りにおいても、それと同じ見方を取り入れると有益だ。プロトタイプを最終的な解決策ではなく、学習用ツールとして扱えば、ユーザー・テストの間、オープンな心で何でも受け入れられる。探索的な心構えを持ち続ければ、インサイトが得られ、それが解決策の発見や改善の基礎となるのだ。このようにテストと再考を繰り返した後で、解決策は実行へと近づいていく。イノベーションをうまく実施するために、改善を追求するマインドセットで臨もう。

マクドナルドのイノベーション・センターは、社内のイノベーターが作ったコンセプトと解決策を実行し評価するために設けられた試験研究所だ。内部システムは非常に柔軟性に富み、すぐにスペースに手を加えたり変更したりできるので、迅速にコンセプトを実行に移すことが可能だ。たとえば、プロセスの間に潜在ユーザーまで巻き込みながら、新しいダイニングスペースと注文システムを評価できる。

mindset　　　戦略を策定する

　提供する製品・サービスをよく理解することは、夕食会を主催するのと似て、いろいろとやるべきことがある。ホストの意向次第で、フォーマルかインフォーマルか、洗練かカジュアルか、大きいか小さいかが変わってくる。ある作業は他よりも労力を要するが、その分、見返りが大きいかもしれない。何をすべきか考える際には、こうした要因をすべて比較検討しなくてはならない。デザイン・チームは、パーティーを企画するときのように望ましい結果を思い描き、そこに到達するために必要な取り組みを考え、選択肢を比較し、最善のものを選ぶ。最も基本的な意味で「どこで戦うべきか」に答えようとするのが、戦略を練るときのマインドセットだ。全体観を身につけ、より大きな組織目標というコンテクストの中で、デザイン・コンセプトについて幅広く考える。つまり、組織の方向性を構想するための基礎としてデザイン・コンセプトを活用するのだ。

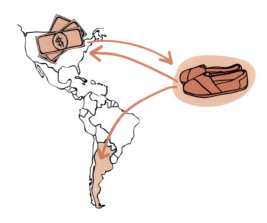

トムスシューズは販促活動のために、フィランソロピー戦略をとってきた。「1足プレゼント」キャンペーンは同社が始めた戦略的プログラムで、顧客がトムスの靴を1足購入すると、世界中の貧しい子どもの1人に靴が1足贈られる。同社はパートナーと協力しながら、対象となる子どもたちに必要なサイズと量を決める。トムスが提供するのは通常、かかとが頑丈なユニセックスの黒いキャンバスシューズだ。

マーク・ザッカーバーグはハーバード大学の学生寮で、ローカルな個人プロファイルサイトとしてフェイスブックを共同開発した。これはすぐに学内の友達ネットワーク・ツールとして発展し、アイビーリーグの大学に広がり、アメリカとカナダのほとんどの大学に普及。さらにヨーロッパに拡大し、ひいては全世界で使われるようになった。フェイスブックはリーダーたちの強い実行のマインドセットを推進力に、かなり順当だがドラマチックな成長軌道をたどった。

mindset 実際に行う

晩餐会の成功は、掃除、飾り付け、食器、座席の配置などのディテールで決まる。メニューを考え、材料を買い、食べ物を準備することも大切だ。状況に合わせながら、これらの活動をすべて一緒に実現するには、努力や注意が求められる。こうしたディテールに目を向ける考え方はそもそも戦術的だ。それと同じことが解決策の実行方法を検討するときに当てはまる。実行のマインドセットは「どうやって勝つか」をめぐるもので、製品・サービスの実現に不可欠な具体的なステップに焦点を当てる。ただし成功させるには、個々人が他者と協働する必要がある。幅広いプロジェクトであれば、必要条件や利用可能な資源を熟考し、より大きな実行計画の各段階（チーム編成、資金調達、実行の準備など）における選択肢を探る。こうした作業を積み重ねていくと最終的に、実行に向けた努力を方向づけるロードマップが完成する。つまり、実行のマインドセットにおける思考は「どのように目的を達成するか」について明確な感覚をつかむために行われ、アイデアから実際の製品・サービスへの重要な移行ステップとなるのだ。

1961年、ジョン・F・ケネディ大統領は世界に向けて、10年以内にアメリカは月への有人飛行を行うと発表した。この発表は、アメリカ航空宇宙局（NASA）に活気をもたらした。そしてNASAは重点的に取り組み、60年代末までにケネディのビジョンを実現することができたのだ。

mindset ビジョンを伝える

解決策を考え、戦略を策定し、計画を立てたなら、その取り組みに対してコンセンサスと支援を取りつける必要がある。それには、全ステークホルダーと共有でき、活動を導き、組織全体の力を結集させるようなビジョンを策定しなくてはならない。行動へと移る方法と言えば、効果的なコミュニケーションに尽きる。そのために求められるのは、ステークホルダーの価値観や考え方を理解しようとする共感的な心構えだ。組織内の大勢の人々が共通の目標に向かおうと思えるメッセージを考え出す。その取り組みを進めるべき理由とともに、課題を予想し対処するための先見性を養うのだ。ビジョンを伝えるマインドセットとは、リーダーシップにほかならない。どうすればすべての関係者がそのアイデアを自分のものとして受け止めるようになるかを考慮しよう。

REALIZE OFFERINGS
methods

製品・サービスを実現する メソッド編

93. Strategy Roadmap 戦略ロードマップ **290**

94. Platform Plan プラットフォーム計画 **292**

95. Strategy Plan Workshop 戦略計画ワークショップ **296**

96. Pilot Development and Testing パイロット開発とテスト **300**

97. Implementation Plan 実行計画 **302**

98. Competencies Plan 能力開発計画 **306**

99. Team Formation Plan チーム編成計画 **308**

100. Vision Statement ビジョン・ステートメント **310**

101. Innovation Brief イノベーションの要約 **314**

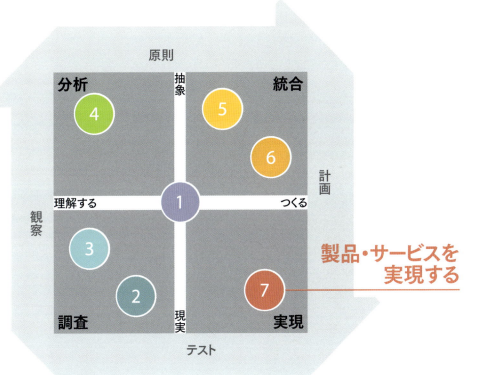

mode7 製品・サービスを実現する

Strategy Roadmap

戦略ロードマップ

解決策について
短期、中期、長期の
戦略計画を立てる

BENEFITS	■ 時間経過を踏まえて解決策を考慮する
	■ 計画が策定される
	■ 方向性が定まる
	■ 戦略が定まる
	■ 共通理解が進む
INPUT	■ 実行に移したい解決策
OUTPUT	■ 時間の経過とともに、戦略や戦術に解決策を調整させるための計画

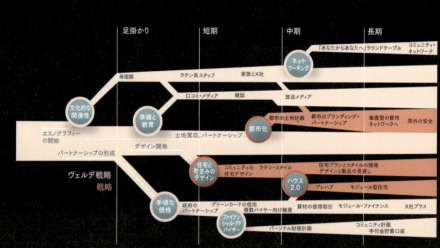

EXAMPLE PROJECT

▷ ラテン系アメリカ人向け住宅プロジェクト（2006年）

　IITデザインスクールのチームは、ラテン系アメリカ人コミュニティ向けの包括的な住宅サービスが少ないことに着目し、大手建築業者への戦略提案をまとめた。

　一般的なラテン系アメリカ人の住宅購入には、主に5つの障害がある。文化に合った販売手法ではないこと、買い手に経済的な余裕がないこと、手頃な価格帯の住宅がないこと、市街地に集中していること、ラテン系向け住宅デザインがないことだ。チームはその対策として、文化的な関連性、手頃な価格、準備と教育という3つの取り組みを含む「ヴェルデ戦略」を開発した。ヴェルデ戦略を発展させた第2案として、住宅デザインと主要都市部を中心に取り組むハイリスクの「ロッホ戦略」も策定した。

　各戦略のイノベーションについて時間軸を考慮しつつ優先順位をつけた後、基本要件と、短期、中期、長期の取り組みを詳しく示す戦略ロードマップにヴェルデとロッホの取り組みを書き出した。このロードマップから、ヴェルデとロッホの共通部分が明らかになった。チームは拡張版ロードマップとして、実行中に起こりそうな問題と必要事項も併記した。

WHAT IT DOES　　　　　内容

戦略ロードマップは、イノベーションとして打ち出す製品・サービスに優先順位をつけ、組織の戦略上の方向性を図示するメソッドだ。まず、すべての解決策を具体化し、再検討し、互いに比較し、時系列に分類する。次に、時間枠に沿って解決策を割り振り、短期、中期、長期で異なる戦略上のゴールを設定する。その後、この3つの期間のそれぞれで戦略を開発し、それを市場でどう実行するか、組織はそれをどう支援する必要があるかを理解する。

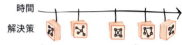

HOW IT WORKS　　　　　進め方

○ステップ1：時系列での見直し

　前モードで考えた解決策をすべて集めて見直す。時間枠に沿ってそれぞれの解決策を並べる。今後1～2年で実施する「短期」、2～5年の「中期」、5年以上かける「長期」の3つを中心に分類し、各期間の解決策を表すタイトルをつける。

○ステップ2：各期間の戦略策定

　全体的な付加価値を検討するために、各時期の解決策の共通点を理解する。表の1段目に短期、中期、長期の各戦略の概要を記入する。たとえば、短期は既存ブランドの解決策に取り組むなら、概要は「既存製品を再設計し、コア事業に集中する戦略」となるかもしれない。中期と長期の解決策にも同様の説明をつける。

○ステップ3：支援策の検討

　表の2段目に、各時期の戦略を支援するために組織がすべきことを説明する。自組織の強み、弱み、能力に言及する。その戦略をうまく実施するために、合理的な事業構築の方法について議論する。

○ステップ4：市場の反応を予測

　表の3段目に、ターゲット市場における機会とリスクを説明する。競争相手は誰か、各時期で戦略の成功に必要なパートナーをどう特定するかを話し合う。

○ステップ5：戦略のビジュアル化

　ロードマップを作成し、戦略間の関係を表す。チームや主要なステークホルダーと一緒に戦略ロードマップを再検討する。

Platform Plan

プラットフォーム計画

プラットフォームの
原則と特性を踏まえて、
解決策の実現に向けた
計画を立てる

BENEFITS	■ 時間経過を踏まえて解決策を考慮する
	■ 計画が策定される　■ 戦略が定まる
	■ 時間経過に沿って変化が概観できる
	■ 選択肢が作成される
	■ より上位レベルのシステムが構築できる
INPUT	■ 想定している解決策
	■ プラットフォームの原則、属性、事例
OUTPUT	■ プラットフォームとして再検討後の解決策の計画
	■ 解決策の実施方法についてステークホルダー間で議論

EXAMPLE PROJECT

▷ 食品プラットフォーム「コンヴィヴィアル」(2010年)

「コンヴィヴィアル」は、IITデザインスクールのチームが開発した食品と健康のプラットフォームだ。包括的な統合型アプローチで、健康的な消費者行動を促し、専門家パートナーのネットワークを作る。プラットフォームを構築することで、様々なステークホルダーのニーズや課題に対応できる、重要なつながりや相互関係が生まれる。

プラットフォーム計画を使って整理すると、コンヴィヴィアルは「コア」「パートナー・ネットワーク」「家庭生活ネットワーク」の3つで構成されていた。健康コンサルタント、健康保険会社、ソフトウェア開発会社がコアに含まれ、地元のレストラン、健康教室、（プラットフォームの商品・サービスをユーザー・コミュニティに拡大する）ソーシャル・ネットワークなど外部のパートナー・ネットワークと結び付いている。新規サービスとして、プラットフォーム内で他の人々をフォローできる健康トラッキング・ツールや、健康的な行動への報酬システムなどを提供していく。家庭生活ネットワークは、家庭内外の物、サービス、人間関係に関するもので、地元の食料品店、ツール、電話やコンピュータ・アプリケーションなどで構成される。

チームはこのプラットフォーム計画により、様々な業界やパートナーを含めた包括的な解決策を図示し、共通の基準で関連づけられた一連の経験を届け、ステークホルダーに価値をもたらす戦略を開発することができた。

292　101 Design Methods

WHAT IT DOES　　　　　　　内容

このメソッドを使うと、解決策をプラットフォームとして組み立てることができる。プラットフォームは、多様なオプションが利用できる共通基盤（標準やインフラ）を提供するイノベーション戦略だ。ユーザーと参加者が様々な形で価値を享受できるように、全体的な製品・サービスを構築する。たとえばフェイスブックは、活動を共有する、社会的につながる、連絡を取り合う、ソーシャルゲームをする、ブランドを宣伝する、企業の認知度を上げるなど、多様なやり方で利用されているプラットフォームだ。

どのようなプラットフォームでも、次の4つの基本原則を考慮する必要がある。

コアとオプション：ベースとなる基本的な製品・サービス。フェイスブックの場合、人々がベースを作り、つながり、共有できるように、基本ツール、インターフェース、スペース、アカウントを提供している。

固定ユーザー：時間とともに利用が増えるほど、人々はそのプラットフォームに肩入れするようになる。フェイスブックの参加者の場合、ソーシャル・ネットワーキングと友達の輪が時間とともに拡大し、それがみんなの重視する大切な資産となる。

分散型オーナー：プロバイダーが保有するのは、プラットフォームの一部（基本的な基盤と中心的な支援）に限定され、オーナーは広く分散している。フェイスブックが保有するのは、ユーザーがコンテンツを作り共有するための基本ツール、インターフェース、データベース、サーバーのみで、ステークホルダーが発信したものの所有権は本人にある。

オープン・パートナー：プラットフォームに参加するパートナーを引きつける環境を提供する。フェイスブックには外部組織（企業やゲーム開発者など）が積極的に参加し、自らのためにプラットフォーム上で活躍の場を広げていく。

個々の独立した製品・サービスと比べて、プラットフォームは全ステークホルダー（ユーザー、プロバイダー、パートナー）により高い価値を与える。成功しているプラットフォームは簡単にアクセスできる。自己拡張型のプラットフォームを用い、その成長に貢献するステークホルダーとともに徐々に大きくしていくのも1つの戦略だ。プロバイダーがこの戦略で目指すのは、市場ですぐに利益を出すことよりも、長期的な価値を創り出すことだ。このメソッドを使いながら、これらのプラットフォームの特性を解決策のシステムに組み込み、より大きな価値を生み出す。

HOW IT WORKS　　　　　　　進め方

○ステップ1：主要特性についてディスカッション

イノベーション戦略としてのプラットフォームについて議論し、共通理解に達する。現実のプラットフォーム事例を用いて、主要な特性を理解する。

○ステップ2：対象とする解決策や取り組みを特定

プラットフォーム戦略は解決策に役立ちそうか。プラットフォームに対するチーム全体の見方と、自分がその解決策を検討する際に掘り下げてきた知識を用いながら、プラットフォームとして発展しそうかどうかを判断する。

○ステップ3：4原則の適用

コアとオプション、固定ユーザー、分散型オーナー、オープン・パートナーの4原則を使ってプラットフォーム戦略を検討する。この4つの構成要素が備わったプラットフォームとして解決策をモデル化する。プラットフォームの定義に合わせるために、解決策をどう捉えるべきかを議論する。

mode7　製品・サービスを実現する　293

○**ステップ 4：主要特性を用いて解決策をレビュー**

　ネットワーク、つながり、参加、共有、成長、アクセスのしやすさ、業務提携、信頼、緩やかな統制など、プラットフォームの特性を挙げてみる。その解決策に「必須」の特性か、「あればいい」特性かを検討し、プラットフォーム特性と関連づけながら解決策を見直す。

○**ステップ 5：実行計画の策定**

　時間枠（短期、中期、長期の目標）に沿って計画を策定し、再検討した解決策がプラットフォームとしてどのように発展するかを示す。戦略、必要な行動や技術、パートナー、主な推進力、リスク、必要な投資などの詳細を説明する。

○**ステップ 6：情報共有とディスカッション**

　プラットフォーム計画を共有し、議論する。ターゲット・ユーザーはどんな動機で長期にわたって参加するか。競合他社やパートナーのコンテクストを考えると、その計画はどのくらい現実的か。実際に使う場合の障壁は何か。最も不確実な部分は何か。

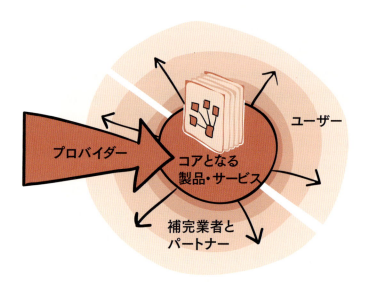

Strategy Plan Workshop

戦略計画ワークショップ

組織戦略を策定し、
解決策の実現に向けて
調整する

BENEFITS	☐ 組織内で調整が図れる ☐ 計画が策定される
	☐ 戦略が定まる ☐ 課題が特定される ☐ 協力を促す
INPUT	☐ 実施する解決策と関連書類
	☐ 実行プロセスで鍵となるステークホルダー
OUTPUT	☐ 組織の目標、講じるステップ、直面する課題に
	解決策を合わせる方法を示した戦略計画
	☐ 市場に解決策を導入する方法について
	ステークホルダー間での調整

EXAMPLE PROJECT

▷ デザインリサーチカンファレンス (2010 年)

　IIT デザインスクールの学生が企画・運営する年次会議「デザインリサーチカンファレンス（DRC）」は、デザインリサーチ分野の主要な思想家、実践者、ベテランの経営幹部が一堂に会する場だ。毎年の開催後に、2 人の DRC 共同議長が新たに選ばれ、参加者と議論し、その年の会議の振り返りをする。

　2010 年の共同議長は、現役学生や事務局メンバーと戦略計画ワークショップを開き、次年度の目標を話し合った。ワークショップでは、デザインリサーチの知名度が高まり、異業種のコミュニティにも情報が届くようになっていることを踏まえて、いかに講演候補者名簿を多様化させ、拡大の動きを明確にするかを議論。さらに、講演者に刺激的な発言をしてもらうだけでなく、参加者とスピーカーとの「コラボレーション」「ストーリーテリング」「つながり」を促す体験型環境を通して新しい経験を味わってもらう方法を検討した。講演者の選定、ブランド資料の作成、諸設備の企画、ボランティアの募集、初の試みとなるデザイン体験／展示制作など、それぞれ担当チームを決めた後、短期、中期、長期の目標としてカレンダー上に最終成果物を整理。それを担当チームや事務局と共有して責任分担を確認し、期限に間に合わせた。

WHAT IT DOES　　　　　内容

　このワークショップは、組織の様々な部署から主要な
ステークホルダーを集めて、イノベーションを実現するた
めの戦略計画を策定する。イノベーションの実現に悪影
響を及ぼす可能性のあるものはすべて十分に検討するの
だ。ワークショップは、多様な部門で働く人々が潜在的
な課題に取り組み、全体計画を調整する機会となる。また、
ステークホルダーをイノベーションのプロセスに巻き込み、
当事者意識を持たせるのにも効果的だ。ワークショップの
成果物は、新しい解決策を提案し、その実現に向けた課
題を説明し、課題克服に向けた組織の対応を議論するた
めの戦略計画だ。

HOW IT WORKS　　　　　進め方

　解決策をめぐる主要な調査結果をすべて見直す。組織
内外の様々な能力を用いて、前モードで決めた新しい解
決策と戦略がどう実現され支援されるかを考察する。対
話と議論を通じて他のアプローチや道筋も検討する。ワー
クショップでは、戦略計画について合意した後、全ステー
クホルダーや経営陣とその内容を共有する。

○ステップ１：ワークショップの計画策定
　その日の進行について概要を作成する。戦略計画に貢
献する参加者のタイプを見極め、ふさわしい人を指名する。

○ステップ２：資料の準備
　前モードで決めた新しい解決策に関する主な調査結果
を集めて、全体像が把握できるようにする。こうした解決
策を中心にプレゼンテーションを作成し、ワークショップ
で説明する。解決策につながるコンセプト、原則、イン
サイトなど、裏付けとなる根拠も提示する。

○ステップ３：ワークショップの準備
　対話、批評、アイデア出しがしやすい環境を整える。3、
4チームに分かれて作業ができる場所を提供する。作業ス
ペースには、紙、ペン、付箋メモなど必要な備品を揃え、
みんなが考えたことを把握・共有できるようにする。アイデ
ア出しや整理に使うテンプレートやワークシートも用意する。

○ステップ４：解決策やコンセプトのディスカッション
　事前に準備した解決策のプレゼンテーションを共有す
る。既に戦略ロードマップがあるときはそれも共有し、ス
ケジュールを示す追加情報とする。ディスカッションを行い、
後で見直せるように参加者の発言をまとめる。

mode7 製品・サービスを実現する　　297

○ステップ5：表で時系列に整理

　表を作成し、短期（1〜2年）、中期（2〜5年）、長期（5年超）の3つを列の見出しとする。各時期に対応する戦略（新しい製品・サービスの投入、ブランド構築など）を行の見出しとする。それぞれの該当欄に、解決策を機能させるための必要事項の説明を入れる。戦略課題や実施上の問題など、計画立案に役立つ課題も含める。

○ステップ6：表の拡充

　表の拡充に用いられる一般的なフレームワークは、ユーザー価値創造における課題、プロバイダー価値創造における課題、課題への組織の対応、という3つで構成される。表にこの3行を追加し、諸々の課題や組織の具体的行動を記入する。この表を見ながら議論すれば、新しい解決策の実現に向けて組織レベルでやるべきことについて、ステークホルダー間で調整する良い機会となる。

○ステップ7：実行計画の作り込み

　表全体を見直し、時間や資源の配分を検討し、戦略の実現方法についてアイデアを練る。

Pilot Development and Testing

パイロット開発とテスト

製品・サービスを市場に投入し、機能やユーザー経験について学習する

BENEFITS	■ 計画が策定される
	■ 反復を促す
	■ 抽象概念が具体化される
	■ 証拠が得られる
INPUT	■ 選定した解決策と開発計画
	■ 主要なステークホルダーの連絡先
OUTPUT	■ パイロット市場での評価と分析に基づく結果

EXAMPLE PROJECT

▷ 若い中退者向け「エクスポージャー・スタジオ」(2009年)

　試着してから服を買うのと同じように、本格的に携わる前にその職業を試してみれば、その後の人生で痛手となるキャリア変更を避けられ、キャリア決定プロセスを進めやすくなる。そう考えたIITデザインスクールのチームが調査してみると、若者たちは概して就職相談所に懐疑的で、強く背中を押されないと参加しないことが判明した。

　そこでチームは、就職相談所と共同でパイロット開発とテストを実施。様々な魅力的なコンセプトと戦略で、若者にキャリアパスの可能性に触れる重要な機会を提供することにした。たとえば、若者をパン屋や消防署に連れていき、そこで働く人に実際の仕事の様子を話してもらった。また、スタジオでセミナーを開催し、参加者はモバイル・アプリケーションでユーザビリティをテストしたり、デジタル・グラフィックスの作成に取り組んだりした。実際の関係者と一緒に戦略をテストすることにより、チームは何がうまくいき、何がうまくいかないかを素早く評価し、必要に応じて調整を図ることができた。チームはさらに就職相談所の職業セミナー用パイロットの拠点となる物理的スペースを開発した。

WHAT IT DOES　　　　　　　内容

　パイロットの開発とテストは、実際に利用する場面や状況に新しい解決策を持ち込んで試験するメソッドだ。パイロットの開発には、実際に製品・サービスを投入する場合とそれほど変わらない戦術面の計画が必要となる。違うのは規模だけで、いきなり市場全体に投入する代わりに、市場テストで修正点を調べていく。どこでパイロットを実行するか、そのテスト結果がもっと大きな市場に当てはまるかを検討する。テストでは、市場の受容性（売上高）、ユーザーの意見、観察されたユーザーの反応を見ていく。明らかになったことを分析し、修正の必要があるか、そのまま全面展開できるかの判断に使う。このメソッドは、製品・サービスが組織の資源に及ぼす影響や、全面展開の前に他の必要条件の有無を把握する場合に特に効果的だ。

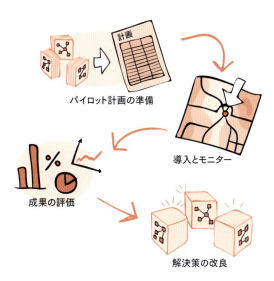

パイロット計画の準備

導入とモニター

成果の評価

解決策の改良

HOW IT WORKS　　　　　　進め方

○ステップ 1：パイロット対象の選定
　戦略ロードマップにまとめた解決策をチームで見直す。実際の市場での可能性に関して最も不確実性が高いが、最も重要だと思われる解決策を探す。

○ステップ 2：パイロットの計画作成
　計画の草案を作成し、関係する部門をすべて確認する。マーケティング、財務、技術、営業など関連部門のキーパーソンも交えて、パイロットでの導入計画を作成する。この計画は、製品投入の縮小版の役割を果たす。計画には、予算、スケジュール、チーム、必要な資源を含める。

○ステップ 3：テスト市場の特定
　パイロットの対象市場を具体的に決め、選んだ根拠も明確にする。重要な意思決定者から承認を得る。

○ステップ 4：測定基準の設定
　成果を測るために定性的、定量的な指標を選び、テスト市場で測定用の仕組みを入れる。

○ステップ 5：パイロットの開始
　組織内のマネジメントチームを集め、パイロットを開始し、モニターする。

○ステップ 6：成果の分析
　時期、場所、会場、隣接する製品・サービスなど、ユーザー経験に影響を与えそうな変数に注意する。こうした情報は成果を評価する際に役立つ。利用状況や販売データを把握し、途中でインタビューにより詳しいフィードバックを集める。チームで調査結果を分析し、その後も製品やサービスに何度も修正を加える。

Implementation Plan

実行計画

実行上の問題に対処し、
解決策の実現に向けて
計画を立てる

BENEFITS	■ 計画が策定される
	■ 方向性が定まる
	■ 包括性が増す
	■ プロセスに焦点が当たる
	■ 課題が特定される　■ 共通理解が進む
INPUT	■ ワークショップで作成した戦略ロードマップや戦略計画
OUTPUT	■ 予想される課題や問題を克服するために必要な行動、時間枠、資源を特定する実行計画

EXAMPLE PROJECT

▷ラテン系アメリカ人向け住宅プロジェクト（2006年）

　ラテン系アメリカ人の住宅所有率は、他のアメリカ人よりも約30％低い。IITデザインスクールのチームの調査から、文化的、経済的理由で住宅所有の機会に恵まれなかったことが判明。これはつまり、文化に即した魅力的で統合的な不動産の購入体験につながる製品・サービスを提供すれば、同市場のニーズに応える機会となるということだ。

　チームは大手建設会社への提案として、文化的妥当性、準備と教育、手頃な価格、住宅や街並みのデザイン、都市計画という5つの取り組みを含む戦略を開発。2050年までにラテン系アメリカ人の人口が大幅に増えるという想定で、実行計画を策定した。

　5つの取り組みに必要なリソースを評価するのに役立ったのが実行計画だ。人材、システム、構造、パートナーという切り口で課題を整理し、表にまとめた。たとえば、文化的な妥当性や民族に根ざした課題については、エスノグラフィー調査員を起用してラテン系コミュニティについて学習を深めたり、スペイン語翻訳者を起用したりする必要があるだろう。チームはこの表をガイドに、必要事項を確認しながら、実行に向けて準備を進めた。

WHAT IT DOES　　　　内容

　実行計画は、戦略ロードマップを実行可能なものにす
るためのメソッドだ。他のメソッドで定義された戦略をよく
理解し、能力と実行目標の間のずれを回避できる。たと
えば、重要な解決策やコンセプトを実行する能力がない
場合は、内部で必要な能力開発を行う、その能力を持つ
他社と連携するなどの対策が考えられる。実行計画はこう
した課題を吟味し、適切な対策を講じるのに役立つのだ。
きちんとデザインされた計画は、新しい解決策を実行する
ための枠組みとなり、具体的な行動の段取りを示し、全
部門にプロセスを明らかにする。

HOW IT WORKS　　　　進め方

○ステップ1：組織戦略と解決策のレビュー

　戦略ロードマップや戦略計画ワークショップなどのメソッ
ドで得たアウトプットを集める。短期、中期、長期で解
決策はどう発展するか。広範な組織戦略を見直す。

○ステップ2：コンテクストの記述

　コンテクスト調査を参考にしながら、各時期における業
界内や隣接するトレンドを見つける。ユーザー・ニーズの
変化、市場内の競争の性質、社会的、経済的、政治的、
文化的な側面における変化に製品・サービスがどう対応
するかを詳しく記述する。

○ステップ3：解決策と課題の整理

　新しい解決策を列、実行上の課題を行の見出しとする
実行計画表を作成する。実行上の課題としてよく挙がる
のは、市場、オペレーション、マネジメント、ファイナンス
に関するものだ。

mode7 製品・サービスを実現する　　303

○ステップ4：主な課題を検討

表内の実行上の課題にどう対処するかを議論し、説明する。議論には最もふさわしい部門（マーケティング、技術、調査、ファイナンスなど）の代表者を必ず含める。以下は、実行上の課題を考察するためのガイドだ。

市場関連の課題：戦略的なポジショニング、パートナーとの関係、既存及び新興の競合他社など。

オペレーション関連の課題：プロセス、コミュニケーション、構造、組織文化など。

マネジメント関連の課題：リーダーシップ、推進者、チーム、スケジュールなど。

ファイナンス関連の課題：ROI（投資収益率）、費用と投資、売上高と利益成長率、市場シェアなど。

○ステップ5：ディスカッションとフィードバックの活用

チームで表全体を見ながら、最大の課題と最も重要な行動について議論する。外部の専門知識が必要な分野を特定する。表を使ってチーム、スケジュール、資源など実行上の詳細を明らかにする。実行責任を負う主要ステークホルダーとこの計画を共有し、彼らからのフィードバックを実行計画に取り入れる。

○ステップ6：マスタープランの作成

これまでのステップから明らかになったことをすべて1つの文書にまとめ、共有する。同時並行で進める活動を表すガントチャートも作成し、全体の流れを示す。チームに実行責任を与える。

	取り組みA	取り組みB	取り組みC	
市場	（課題）			
オペレーション				
マネジメント				
ファイナンス				

Competencies Plan

能力開発計画

イノベーションの取り組みに必要な能力開発計画を立てる

BENEFITS	■ 計画が策定される
	■ リソースを管理できる
	■ 組織内で調整できる
	■ 包括性が増す
	■ プロセスに焦点が当たる
INPUT	■ 実施する取り組みのリスト
	■ 現在の組織能力
OUTPUT	■ 必要な能力の開発方法を整理した取り組み表

	情報収集		デリバリー		コンテンツ開発	
	ITサービス	標準化	市場セグメンテーション	ユーザー確認	当該テーマの専門家	地方の慣習についての知識
取り組み1 不動産投資管理	R&D EIC 必要なデータの収集、分析、管理、伝達に基幹ITが必要。			財産は適切な投資家とマッチさせる必要がある。	R&D 財産投資と管理能力は投資家を上手く引きつける上で不可欠である。	R&D $$ 地方市場のトレンド、移行する地域センター、政府の方針変更より先行する必要がある。
取り組み2 プロジェクト管理サポート	R&D EIC ITインフラは、関係者がソフトウェアやオンラインサービスに簡単かつ効率的にアクセスできるようにするのに重要である。	EIC 信頼性の高いツールやフォームのセットを持つには、幅広い収集データから標準を設定する必要がある。		EIC 独特の提供内容を持った異なるタイプの建設要員をターゲットとする。	EIC アメリカ市場で通常用いられているツールとフォームを用いる。	R&D $$ インド市場の微妙で固有の性質やニーズに通じた人材が成功か失敗かの決め手となり得る。
取り組み3 標準と認定	R&D EIC ITシステムは、標準や認定会社に関する情報管理に役立つ。	EIC コンテンツを受け取り、配布用に共通フォームに整理する際には、フィルタをかけて評価する必要がある。	製品データは、異なるニーズに基づき、様々な市場の中で別々に用いる。		R&D 製品材料を検査し評価するエンジニアリング能力が、標準や助言の実践において不可欠である。	R&D 政府による強制や業界内の暗黙の標準に関する知識が、認定商品の受容を推進する。
取り組み4 ブランド認知			EIC 成長と投資をけん引する特定の市場セグメントが、ターゲットとして最も重要である。	EIC 購買力と意思決定能力のある人材向けの製品・サービスをターゲットとする。		

提供内容の重要性: 重要性が高い / 重要性は低い
実行手段: 既存の内部能力 / R&D 社内で開発 / $$ パートナーシップ / 能力の外部調達

EXAMPLE PROJECT

▷ 新興市場の到達地点（2005年）

建設業界向けにサービスを提供している情報システム会社のために、IITの学生チームは、新しい建築やインフラ建設で力強い成長が見込まれるインド市場向けの製品・サービス開発の戦略計画を策定した。チームが最終的に提案したのは、同社の役割を情報提供から、認定サービスにより建材の業界標準を定めるアドバイザリー業務へと移行することだ。そこには、インドの不動産市場で対外投資と開発を促進させることも含まれていた。

能力開発計画は、情報収集、デリバリー、コンテンツ開発などの既存能力を、チームが提案する4つの取り組み（不動産投資管理、プロジェクト管理サポート、標準と認定、ブランド認知）に結び付けるものとなった。この表から、能力の活用法、既に保有している能力、新規に開発すべき能力を把握。新たに提携関係を結び、補完的能力を持った企業を買収した。このメソッドを使うことで、能力開発、提携、買収、既存能力の活用の必要性や、他社以上に重点的に資源を配分すべき重要な能力が明らかになったのだ。

WHAT IT DOES　　　　　内容

　能力開発計画は、時間よりも、イノベーションの取り組みに必要な能力に基づいて計画を立てるメソッドだ。それぞれの取り組みに必要な能力は、内部資源から集めたり、新たに開発したり、買収や提携を通して獲得したりする。計画を立てる際には、行の見出しを「取り組み」とし、必要な能力を記載した表を作成する。この表上で、様々な取り組みを支えるために必要な能力を確保する方法（能力開発、提携、買収、既存能力の活用）を整理し、取り組みを成功させるうえで決定的に重要な能力も示す。

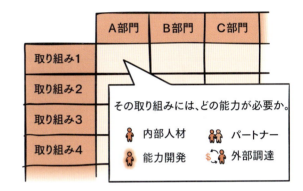

HOW IT WORKS　　　　　進め方

○ステップ1：取り組みの洗い出し

　「取り組み」とは、初期の実行プロジェクトに落とし込んだ解決策のことだ。解決策から取り組みへと転換させる際には、これまで取り組んできたことを見直す。まだ取り組みが定まっていない場合は、資源、スケジュール、人材、全体的な実行計画を追加して解決策に関するプロジェクトを作成する。具体的な取り組みをリストアップする。

○ステップ2：必要な能力の特定

　それぞれの取り組みを調べ、うまく実行するために求められる能力を把握する。たとえば、新しい双方向型デジタル・ツールを提供する取り組みには、ソフトウェア開発、ユーザー・インターフェース設計、技術トレンドの専門知識などの能力が必要になる。

○ステップ3：表の作成

　取り組みと能力を見出しとする表を作成する。能力の欄には、その取り組みの成功に欠かせない能力を確保する方法を記述する。既存の保有能力がその取り組みを支えるのに十分かどうかを判断し、不十分であれば、内部での能力開発もしくは提携や買収を通じた獲得について記述する。さらに、その能力の重要性の度合いも示しておくと、実行に向けた資源配分のボリューム感覚がつかめる。

○ステップ4：ディスカッションと共有

　主要なステークホルダーと能力開発計画表を共有し、確実に実行できるようにする。

Team Formation Plan

チーム編成計画

新しい解決策に基づいた
取り組みを計画し、
それに沿ってチームを編成する

BENEFITS	■ 計画が策定される
	■ 包括性が増す
	■ プロセスに焦点が当たる
	■ リソース管理ができる
	■ 協力を促す
INPUT	■ 考え出された解決策　■ 内部人材
OUTPUT	■ 取り組み／解決策、実行に必要な部門横断的な能力を整理した表

取り組み	本社	地方支社	レストラン・マネジャー	従業員	チーム
書面での注文伝票 紙に書き、窓口で渡して注文を提出する		第1	第2	第3	ローテク注文 低コストの注文方法を提供する
従業員の感受性訓練 聴覚障害を持つ顧客の特殊ニーズに気づくように従業員を訓練する			第1	第2	特別なニーズの認識 実行やデザインを担当するチームに注意を促す
注文用インターコム 注文についてビジュアルASLコミュニケーション	第1	第2	第3		昔ながらの注文 耳の不自由な人にも優しい解決策を新規導入して現在のシステムをデザインし直す
迅速なサービス 全員に迅速なサービスを確実に行い、聴覚障害を持つ顧客のニーズに対応する			第1	第2	従業員の士気 従業員にとって建設的な職場環境を維持する
予約注文と受け取り 技術を駆使した注文方法	第1	第2	第3		ハイテク注文 聴覚障害者向け注文システムに関するより速い代替案
書面でのフィードバック 画面や紙を用いて正確さを担保する		第1	第2	第3	正確さ 正確な注文処理により、顧客満足を保証する

部門

EXAMPLE PROJECT

▷ 聴覚障害者向けドライブスルー（2005年）

聴覚障害を持った顧客は、従来のファストフードのドライブスルーでどのような体験をしているのか。IITデザインスクールのチームは調査を通じて、聴覚障害者が直面する4つの問題領域（口頭でのコミュニケーション、コンピュータを介したやりとり、基本的なフィードバック、サービスの不足）を発見。その解決策として、書面での注文伝票、従業員の感受性訓練、注文用インターコム、迅速なサービス、予約注文と受け取り、書面でのフィードバックという、6つの取り組みによる体系的なサービスと設備を開発した。

チーム編成計画を用いて、これらの取り組みの実行に不可欠な部門や人材を確定。たとえば、「ハイテク注文チーム」は本社部門のスタッフ、地方支社の関係部門のスタッフ、レストラン・マネジャーで構成され、「予約注文と受け取り」に注力することが求められた。優先順位を考え、本社部門は実施における第1の責任を、地域担当マネジャーは第2の責任を、レストラン・マネジャーは第3の責任を担うこととした。この計画表から、主要な取り組みについて実行チームが果たすべき役割の全体像がつかめるようになったのだ。

WHAT IT DOES　　　内容

このメソッドは、イノベーションの取り組みの実行チームを結成するための計画策定に役立つ。「取り組み」とは、解決策が最初の実行プロジェクトへと落とし込まれたものだ。その取り組みごとに、最適な知識と必要なスキルを慎重に考慮しながら、チームを編成する。部門横断型チームを作るときには、組織内の技術、マーケティング、調査、財務など様々な部門を活用する。チーム編成計画で特に重要なのが、規律あるプロセスや考え方で入念に開発された人間中心の解決策に基づきながら、プロジェクトを始めることだ。新しい取り組みでは通常、リスクを伴う部署を新設する必要が出てくるが、このメソッドではその必要はなく、既存の機能構造も尊重しつつ部門横断型チームを編成していく。

HOW IT WORKS　　　進め方

○ステップ1：解決策を具体的な取り組みへ

実行に着手する初期プロジェクトとして表現することで、解決策を「取り組み」へと転換させる。これは解決策を行動項目として理解するために行うが、解決策の中身を再構成・変更してはいけない。

○ステップ2：対応表の作成

表を作成し、取り組みを行の見出しとする。列の見出しには、技術、マーケティング、調査、財務などの関係部門を使う。

○ステップ3：必要な能力の判断

解決策を点検し、それぞれの取り組みをうまく進めるために必要な能力（技術設計、ソフトウェア開発、財務計画、ブランド構築、マーケティングなど）を判断する。

○ステップ4：チーム・メンバーの選定

取り組みごとに必要な能力を持つ部門を特定し、メンバー候補者を探す。事実上、多部門にまたがるチームにする。選んだメンバー名とそれぞれの能力を表に記載する。

○ステップ5：役割分担の決定

組織の様々な部門が取り組みに貢献するが、その重要性によって果たすべき役割も変わる。各チーム・メンバーの貢献レベルを表に示す。可能であれば、どのメンバーがプロジェクトの実行リーダーとなるかを示す。チームの目標と成果物を記述する。

○ステップ6：ディスカッションと計画の拡充

すべての取り組みについてグループで話し合い、立ち上げ可能かどうかを検討する。取り組み全般でどのくらいチームにまとまりがあるか。時間とともに取り組みは変わっていくか。プロジェクトの進化に伴い、チーム編成をどう変えるか。外部能力の導入は可能か。

mode7 製品・サービスを実現する　　309

Vision Statement

ビジョン・ステートメント

製品・サービスの全体的なイメージを表し伝える

BENEFITS	■ 概要がわかる ■ すぐ利用できるように情報が整理される ■ 組織内で調整できる ■ 方向性が定まる ■ コミュニケーションが良くなる ■ 既存の知識が体系化される
INPUT	■ プロジェクトの主要な結果(インサイト、イノベーション原則、プロトタイプ、戦略、計画、ロードマップなど)
OUTPUT	■ 解決策とプロジェクトの主な側面を表す、ビジュアル化された概要

EXAMPLE PROJECT

▷マインドシェア・ビズ(2005年)

　IITデザインスクールの学生3人のチームは、消費者のオンライン検索行動をリアルタイムで分析し、消費者の意図を明らかにするビジュアル化ツール「マインドシェア・ビズ」のコンセプトについて調査した。すると、マーケター、製品開発者、ベンチャーキャピタリストが消費者の目的や要望を知る際に、伝統的なトレンド予測と市場調査レポート以上に、このコンセプトが役立つことが判明。マインドシェア・ビズでは検索結果を様々な形で表示でき、それが消費者の意図やメンタルモデルを探る窓口になると考えられた。

　チームは紹介用ポスターとしてビジョン・ステートメントを作成した。一番上に大きな字でコンセプトのタイトルを表示。マインドシェア・ビズの簡単な説明文、図表、簡潔なバリュー・ステートメントを添えた。関係図、地図、タイムスケープ、ボリューム図の4つの主要なビジュアルも載せて、検索中に消費者がどのように意図や願望を伝えるかを示した。チームはこのビジョン・ステートメントのポスターを様々な利用者に見せてコンセプトをテスト。ステークホルダーと一緒に評価し、改良に取り組んだ。

310　101 Design Methods

WHAT IT DOES　　　内容

　ビジョン・ステートメントは、イノベーションのプロジェクトの結果をまとめて説明するためのメソッドで、組織がどのようにそのイノベーションの製品・サービスを実現するかを示す。イノベーションの目的や実現について最小限の言葉やビジュアルで表現する。たとえば、「今後 20 年で乳がん根絶」という短いタイトルをつければ、詳細説明ではないが、そのイノベーションの取り組み全体の基礎となる。

　このメソッドで目指すのは、研究、分析、統合のすべてからエッセンスを抽出し、簡潔な表現にまとめることだ。特に、ステークホルダーにわかりやすくするため、イノベーション目的の達成方法を一目で把握できるようにする。ビジョン・ステートメントには、価値提案、ターゲット・ユーザー、主要な活動、成果、チャネル、資源、コスト構造、収益源、戦略なども盛り込む。このステートメントは、戦略計画の策定プロセスの間に作成されることが多い。

HOW IT WORKS　　　進め方

○ステップ 1：レビューと重要な結果の整理

　イノベーション・プロセス全体（調査、分析、統合、実現）を見渡し、インサイト、原則、イノベーション、プロトタイプ、戦略、計画、ロードマップなどの重要な結果をまとめる。

○ステップ 2：ビジョン・ステートメントの概要を作成

　プロジェクトを十分に理解したうえで、ステークホルダーに最もうまく伝わるように、短いビジョン・ステートメントをまとめる。イノベーション・プロセスを通じて得られた結果から、最も本質的な部分を抽出する。プロセスの初期に作成したインテント・ステートメントの改訂版が概要の土台になることもある。その場合、顧客、ニーズ、機会、新しい価格、リスクなどの要素が含まれる。

○ステップ 3：タイトルとサブタイトルの作成

　イノベーションについて、特徴的で魅力的なタイトルをつける。スローガンと同じように短い言葉で、イノベーションの本質を簡潔に表したサブタイトルを記述する。

○ステップ 4：課題や解決策の説明

　プロジェクトで対処する課題について短い説明をつける。並行して、新しく打ち出す解決策がその課題にどう対応し、メリットをもたらすかを記述する。

○ステップ 5：主なメリットの説明

　鍵となるイメージ、見出し、説明を使って、解決策の重要なメリットを説明する。図表、スクリーンショット、調査環境、プロトタイプ、シナリオ、戦略、実行課題などのイラストを 3 〜 10 個入れる。

mode7 製品・サービスを実現する　311

○**ステップ 6：ビジュアル化**
　ビジョン・ステートメントをビジュアル化する。プレゼンテーション（スライドは 10 枚まで）、ポスター、パンフレット、短い文書（1〜5 ページ）などで概要を表す。

○**ステップ 7：情報共有と修正**
　ビジョン・ステートメントをステークホルダーと共有し、フィードバックをもらい、必要に応じてその作業を何度か繰り返す。

Innovation Brief

イノベーションの要約

全ステークホルダーに新しい製品・サービスのビジョンを理解させる

BENEFITS	■ 組織内で調整できる
	■ 包括性が増す
	■ コミュニケーションが良くなる
	■ 移行をサポートする
INPUT	■ 戦略計画、戦略ロードマップ、ビジョン・ステートメント
	■ 実行に関わる重要な対象者
OUTPUT	■ 対象者とそれぞれへのコミュニケーション戦略や戦術を特定したコミュニケーション計画

EXAMPLE PROJECT

▷ インドの医療と技術（2005年）

インドでは、テクノロジー・ブームを背景に中流層が大幅に増えたが、良質な医療サービスを受けられない人々はいまだに多い。IITデザインスクールのチームはあるテクノロジー企業向けに、都市の貧困層の医療へのアクセスを改善し、ニーズを満たすための戦略的コミュニケーション計画を策定。実質的に国内医療業界のインフラ構築に必要な全ステークホルダー（企業、州政府、地元コミュニティなど）の役割、ニーズ、課題がまとめられていた。

チームは解決策のプレゼンテーションで、イノベーションの要約というメソッドを活用。同社のリーダー向けのサマリー、プロジェクトの詳細を伝えるレポート、ステークホルダー向けのプレゼンテーションを準備。コミュニケーションは、エンパワーメント、つながり、拡張という3つの側面で構成されていた。エンパワーメント段階では、私立病院、NGO、健康相談所など、民間部門や地域の組織と協力関係を築く目標を重視。電子医療記録と、健康相談所で情報収集・追跡し、私立病院まで送信するツールを実現する。つながり段階で焦点を当てるのは、私立病院と公立病院間のギャップを埋め、研修サービスで支援し、自立したコミュニティに州政府を巻き込むことだ。最後の拡張段階では、政府当局者に分析ツールを提供。それによって、標準や規則を設定し、同業界全体で情報管理のための解決策を実践できるようにする。

WHAT IT DOES　　　　　　　　内容

イノベーションの要約は、イノベーション計画を、ステークホルダーやエンドユーザーにもわかりやすいメッセージやイメージに変換するメソッドだ。すべてのコミュニケーションは、メッセージ、意図する相手、媒体という3つの側面に分かれる。共感、比喩、類推、ビジュアル化、感情に訴えるデザインをすべて駆使しながら、製品・サービスの表現方法を考えていく。このメソッドは、様々な形で一貫性のあるメッセージを打ち出すための体系的なコミュニケーション手法だ。また、財務担当マネジャー、マーケティング・リサーチャー、技術者、エンドユーザーなど多様な相手に別々にメッセージを届ける。

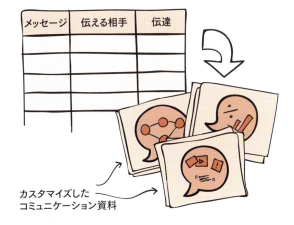

カスタマイズした
コミュニケーション資料

HOW IT WORKS　　　　　　　　進め方

○ステップ1：戦略計画とビジョン・ステートメントのレビュー

　戦略計画やビジョン・ステートメントなどの主要なメッセージを特定し、伝える必要のある中心的なアイデアを選び出す。

○ステップ2：対象者の検討

　解決策の実行に向けて対象者について考える。相手を巻き込み、支持をとりつけるために、主要なメッセージのほかに必要な詳細情報を見つけ出す。製品・サービスと実行中に果たす役割を理解してもらうには、どのような会話をすべきか。

○ステップ3：コミュニケーション方法の検討

　異なる対象者向けに様々なプレゼンテーションの形を検討する。コンテンツはほとんどの場合、事実データ、イラスト、ビジュアル、ストーリー、感情に訴える表現など複数のフォーマットを組み合わせる。特定の対象者にとって最も重要なポイントを強調しやすい伝達方法を選ぶ。たとえば、財務分野の人に聞いてもらう際には、定量的な評価基準を使うとしっくり来て、伝えたいメッセージに関心を向けてもらいやすい。

○ステップ4：対象者別にサマリーを作成

　特定の対象者が実行中に果たす役割を議論する。その対象者にとって何が重要かを確認し、コミュニケーションのとり方を判断する。この理解に基づいて、イノベーションの全プロセスから得られた結果をすべて見直し、その対象者に最も響く要素を抽出する。それを編集し、効果的な文書やプレゼンテーションを作成する。

○ステップ5：テスト、修正、コミュニケーション

　コミュニケーション文書とプレゼンテーションを見直す。対象者の代表にテストし、フィードバックをもらい、それに基づいて魅力的なコミュニケーション経験になるよう仕上げる。イノベーションのサマリーを伝える。

mode7 製品・サービスを実現する　　315

CREDITS FOR EXAMPLE PROJECTS

写真クレジット

1.1 Buzz Reports. Example: Learning Apps?Peapod Labs; 2010; Peapod Labs. Team: Jared Allen, Guillermo Krovblit, JunYoung Yang.

1.2 Popular Media Scan. Example: HeartSense?Addressing Obama's Health Care Agenda; 2009; IIT Institute of Design (IIT ID). Advisor: Larry Keeley. Team: Mo Goltz, Elena O'Curry, Mike Roy, Owen Schoppe, Traci Thomas.

1.3 Key Facts. Example: New Options for Out-of-School Youth; 2008; IIT ID. Advisor: Vijay Kumar, Chris Conley, Jeff Harris, Ash Arnet. Team: Matt Cowen, Marie-Claude Garneau, James Heys, Jennifer Lee, Kate Pemberton, Susan Stirling.

1.4 Innovation Sourcebook. Example: Home-Life Strategic Platform; 2010; IIT ID. Advisor: Vijay Kumar. Team: Jin Shaun Ang, Tanushree Bhat, Young Jin Chung, Benjamin Davis, Luis Eduardo Dejo, Eunkyung Kim, Na Rae Kim, Shilpi Kumar, Joohyun Lyoo, Francesca Passoni, Zack Perry, Joseph Shields, Alok Singh, Jung Joo Sohn, Jessica Striebich, Traci Thomas, Helen Tong, John Vollmer.

1.5 Trend Experts Interview. Example: Convivial Food Platform; 2010; IIT ID. Advisor: Vijay Kumar. Team: Benjamin Davis, Na Rae Kim, Francesca Passoni, Zack Perry, Alok Singh.

1.6 Keyword Bibliometrics. Example: Innovations for a Medical Devices Company; 2007; Doblin.

1.7 Ten Types of Innovation Framework. Example: Innovations in Car Rental Company; 2000; Doblin.

1.8 Innovation Landscape. Example: Innovations in Healthcare Industry; 2006; Doblin.

1.9 Trends Matrix. Example: Cultural Tourism?CityFriends; 2007; IIT ID. Advisor: Vijay Kumar. Team: Andrew Buhayar, Carol Coletta, Jillian Lee, John Montgomery, Ethan Suh.

1.10 Convergence Map. Example: Food-Wellness-Diabetes Convergence; 2008; Doblin. Advisor: Larry Keeley.

1.11 From … To Exploration. Example: Reframing Education?Singapore; 2010; Innovation Methods. Advisor: Vijay Kumar.

1.12 Initial Opportunity Map. Example: Legacy Planning?Opportunity for a Life Insurance Company; 2007; IIT ID. Advisor: Vijay Kumar. Team: Manoj Kumar Adusumilli, Erik Crimmin, Trent Kahute, Elisabeth Martinez De Morentin, Peter Rivera-Pierola, Alexander Troitzsch.

1.13 Offering-Activity-Culture Map. Example: Maintaining Clothes; 2011; IIT ID. Advisor: John Pipino. Team: Shilpi Kumar, Catherine Pansard, Jaime Rivera.

1.14 Intent Statement. Example: Reducing Violence?CeaseFire Chicago; 2009; IIT ID. Advisor: Vijay Kumar. Team: Kristine Angell, James Barton, Apeksha Garga,Amanda Geppert, Shivani Mohan, Hye Kyung Yoo.

2.1 Contextual Research Plan. Example: Automobiles in India Research; 2008; Innovation Methods. Advisor: Vijay Kumar.Bhumi Gajjar, Shin Sano.

2.2 Popular Media Search. Example: SHIFT Platform; 2010; IIT ID. Advisor: Larry Keeley. Team: Lawrence Abrahamson, Amir Arabkheradmand, Youna Choi, Hiro Iwasaki, Hyunjoo Lee.

2.3 Publications Research. Example: Points of Arrival in Emerging Markets; 2005; IIT ID. Advisor: Vijay Kumar. Team: Michael Beebe, Jaime Chen, Henning Fischer, Taylor Lies, Matthew Locsin.

2.4 Eras Map. Example: Dog Ownership; 2007; IIT ID. Advisor: Vijay Kumar. Team: Joe Dizney, Andrea Kachudas, Trent Kahute, Suk Jun Lim, Natrina Toyong.

2.5 Innovation Evolution Map. Example: The Future of Play; 2006; IIT ID. Advisor: Vijay Kumar. Team: Steve Babitch, Enric Gili Fort, Andy Kim, Pam Nyberg, Albert Wan.

2.6 Financial Profile. Example: e-Wallet?Creating Mobile Service for Financial Management; 2010; IIT ID. Advisor: David Sonder. Team: Guillermo Krovblit, JunYoung Yang.

2.7 Analogous Models. Example: New Options for Out-of-School Youth; 2008; IIT ID. Advisor: Vijay Kumar. Team: Kate Hanna Korel, Erin Myers, Amy Seng.

2.8 Competitors-Complementors Map. Example: Homebuilder?Addressing the Needs of Underserved Market; 2006; IIT ID. Advisor: Vijay Kumar. Team: Joshua Kaplan, Christine Kim, David McGaw, Waewwan Sitthisathainchai.

2.9 Ten Types of Innovation Diagnostics. Example: Long-term Strategy for a Professional Organization; 2008; IIT ID. Advisor: Vijay Kumar. Team: Ulrike Anders, Margaret Jung, Nanqian Xu.

2.10 Industry Diagnostics. Example: Club V?A Strategic Venture; 2006; IIT ID. Advisor: Vijay Kumar. Team: Joyce Chen, Hyuniee Jung, Randy MacDonald, Rishabh Singh

2.11 SWOT Analysis. Example: The Future of News Media; 2007; IIT ID. Advisor: Vijay Kumar. Team: Alex Cheek, Irene Chong, Sangho Lee, Ido Mor, Eric Niu, Natrina Toyong.

2.12 Subject Matter Experts Interview. Example: Schools in the Digital Age; 2007; IIT ID. Advisor: Patrick Whitney, Vijay Kumar, John Grimes, Kevin Denney. Team: Carol Coletta, Erik Crimmin, Kevin Denney, Suk Jun Lim, Pam Nyberg.

2.13 Interest Groups Discussion. Example: Learning Apps?Peapod Labs;

2010; Peapod Labs. Team: Jared Allen, Guillermo Krovblit, JunYoung Yang.

3.1 Research Participant Map. Example: Mobile Computing; 1995; Doblin.

3.2 Research Planning Survey. Example: Gen-Y and the Future of Retail; 2007; IIT ID. Advisor: Vijay Kumar. Team: Jonathan Campbell, Jennifer Comiskey, James Heys, Yoo Jong Lee, Mary Kay McCaw, Shin Sano, Gauri Verma.

3.3 User Research Plan. Example: Residential and Commercial Renovations; 2010; IIT ID. Advisor: Vijay Kumar. Team: Cecilia Ambros, Mehmet Cirakoglu, Tom DeVries, Jill Haagenson, Amber Lindholm, Nikhil Mathew, Elena O'Curry, Fei Qi, Kshitij Sawant, Owen Schoppe, Libby Taggart, Pinxia Ye.

3.4 Five Human Factors. Example: Entertaining at Home; 2005; IIT ID. Advisor: Patrick Whitney, Vijay Kumar, Anjali Kelkar. Team: Alexa Curtis, Taylor Lies, Douglas Look, Douglas Wills.

3.5 P.O.E.M.S. Example: Kitchen Activities; 2005; IIT ID. Advisor: Patrick Whitney, Vijay Kumar, Anjali Kelkar. Team: Linong Dai, Jillian Lee, Rachel Pluto, Abbey Ripstra.

3.6 Field Visit. Example: Learning through Play; 2009; IIT ID. Advisor: Martin Thaler. Team: Jared Allen, James Barton, Mehmet Cirakoglu, Benjamin Davis, Apeksha Garga, Qijing Huang, Guillermo Krovblit, Ji Sun Park, Katherine Pemberton, Dania Peterson, Joseph Shields, Jung Joo Sohn, Chao Su, Libby Taggart, Van Vuong, Kathryn Wasserman, Junyoung Yang, Pinxia Ye, HyeKyung Yoo, Gene Young.

3.7 Video Ethnography. Example: Air Travel Experience; 1996; Doblin.

3.8 Ethnographic Interview. Example: Automobiles in India; 2008; Innovation Methods. Advisor: Vijay Kumar. Team: Bhumi Gajjar, ShinSano.

3.9 User Pictures Interview. Example: Eating and Drinking On-the-Go; 2010; IIT ID. Advisor: Patrick Whitney. Team: Luis Eduardo Dejo, Alla Donina, Na Rae Kim, Catherine Pansard.

3.10 Cultural Artifacts. Example: Comunidad Diabetes; 2009; IIT ID. Advisor: Judith Gregory. Team: Marco Cimatti, Jessamyn Haupt, Elisabeth de Kleer, Yadira Ornelas, Gladys Rosa-Mendoza, Eric Swanson, Pinxia Ye.

3.11 Image Sorting. Example: Reducing Violence?CeaseFire Chicago; 2009; IIT ID. Advisor: Vijay Kumar. Team: Kristine ell, James Barton, Apeksha Garga, Amanda Geppert, Shivani Mohan, Hye Kyung Yoo.

3.12 Experience Simulation. Example: Bus Rapid Transit; 2008; IIT ID. Advisor: Martin Thaler. Team: Ofori-Amoah David, Saurabh Gupta, Stephanie Krieger, Edwin Lee, Seung Wan Lim, Lise Lynam, Jamie Mash, Shivani Mohan, Amy Palit, Nallieli Santamaria, Amy Seng, Nanqian Xu.

3.13 Field Activity. Example: New Options for Out-of-School Youth; 2008; IIT ID. Advisor: Vijay Kumar, Chris Conley, Jeff Harris, Ash Arnet.

Team: Matt Cowen, Marie-Claude Garneau, James Heys, Jennifer Lee, Kate Pemberton, Susan Stirling.

3.14 Remote Research. Example: Automobiles in India; 2008; Innovation Methods. Advisor: Vijay Kumar. Team: Bhumi Gajjar, Shin Sano.

3.15 User Observations Database. Example: Entertaining at Home; 2005; IIT ID. Advisor: Vijay Kumar, Patrick Whitney, Anjali Kelkar. Team: Alexa Curtis, Taylor Lies, Douglas Look, Douglas Wills. **4.1 Observations to Insights.** Example: Transaction Account of the Future; 2011; IIT ID. Advisor: Bruce Bendix. Team: Jessica Barnes, Kevin Knapp.

4.2 Insights Sorting. Example: Residential and Commercial Renovations; 2010; IIT ID. Advisor: Vijay Kumar. Team: Cecilia Ambros, Mehmet Cirakoglu, Tom DeVries, Jill Haagenson, Amber Lindholm, Nikhil Mathew, Elena O'Curry, Fei Qi, Kshitij Sawant, Owen Schoppe, Libby Taggart, Pinxia Ye.

4.3 Observation Queries. Example: Global Cooking Platform; 2007; IIT ID. Advisor: Vijay Kumar, Patrick Whitney. Team: Joseph Dizney, Jessica Gatto, Marieke Smets.

4.4 User Response Analysis. Example: Online Women Shopping; 2010; IIT ID. Advisor: Kim Erwin. Team: Libby Taggart.

4.5 ERAF Systems Diagram. Example: NHL Hockey; 2008; IIT ID. Advisor: Vijay Kumar. Team: Matt Cowen, Jim Heys, Lise Lynam, Soo Yeon Paik.

4.6 Descriptive Value Web. Example: Safeguarding Endangered Cultural Heritage Sites; 2008; IIT ID. Advisor: Vijay Kumar, Patrick Whitney. Team: Lin Lin, Preethi Narayanan, Reiko Takahashi, Natrina Toyong.

4.7 Entities Position Map. Example: Car Buying in India; 2008; IIT ID. Advisor: Vijay Kumar. Team: Jonathan Campbell, Bhumi Gajjar, Preethi Narayanan, Shin Sano.

4.8 Venn Diagram. Example: Rehab Network; 2001; IIT ID. Advisor: Vijay Kumar. Team: Devesh Desai, Shivani Kothari, Holly Roeske, Karen Scanlan, Shawn Stokes.

4.9 Tree / Semi-lattice Diagram. Example: Future of Living; 2009; IIT ID. Advisor: Charles L. Owen, John Pipino, Amanda McKown. Team: Cornelia Bailey, Tanushree Bhat, Marilee Bowles-Carey, Anthony Caspary, Eric Diamond, Xiaonan Huang, Reenu John, Na Rae Kim, Paolo Korre, Eugene Limb, Hsin-Cheng Lin, Miguel Martinez, Nikhil Mathew, Elise Metzger, Mahdieh Salimi, Kshitij Sawant, Owen Schoppe, Jessica Striebich, Hannah Swart, Traci Thomas, Helen Tong, Sally Wong, Yixiu Wu, Hye Kyung Yoo, Gene Young.

4.10 Symmetric Clustering Matrix. Example: Analyzing Corner Stores; 2009; IIT ID. Advisor: John Pipino. Team: Jamie Mash, Amanda McKown, Dania Peterson, Angela Robertson.

4.11 Asymmetric Clustering Matrix. Example: Air Travel?Design Analysis;

CREDITS   317

2007; IIT ID. Advisor: Vijay Kumar. Team: Liza Leif, Ido Mor, Woo Jin Park, Jihyun Sun.

4.12 Activity Network. Example: Mobile Computing; 1995; Doblin.

4.13 Insights Clustering Matrix. Example: Cooking at Home; 2006; IIT ID. Advisor: Vijay Kumar, Patrick Whitney, Anjali Kelkar. Team: Alex Cheek, Polly Greathouse, Margo Horowitz, Elisabeth M. de Morentin.

4.14 Semantic Profile. Example: Analyzing Corner Stores; 2009; IIT ID. Advisor: John Pipino. Team: Jamie Mash, Amanda McKown, Dania Peterson, Angela Robertson.

4.15 User Groups Definition. Example: Dog Ownership; 2007; IIT ID. Advisor: Vijay Kumar. Team: Joe Dizney, Andrea Kachudas, Trent Kahute, Suk Jun Lim, Natrina Toyong.

4.16 Compelling Experience Map. Example: The Future of Gaming; 2007; IIT ID. Advisor: Vijay Kumar. Team: Manoj Kumar Adusumilli, Brian Brigham, Valerie Campbell, Michael Solheim, Kayo Takasugi.

4.17 User Journey Map. Example: Social Kitchen; 2010; IIT ID. Advisor: Ben Jacobson. Team: Youna Choi, Shilpi Kumar, Derek Tarnow.

4.18 Summary Framework. Example: Changing the Customer Experience in the Insurance Industry; 2009; IIT ID. Advisor: Vijay Kumar. Team: Amy Batchu, Marilee Bowles-Carey, Preethi Lakshminarayanan, Amanda McKown, Shilpa Rao, Nallieli Santamaria, Gauri Verma, Nanqian Xu.

4.19 Design Principles Generation. Example: Reducing Violence?CeaseFire Chicago; 2009; IIT ID. Advisor: Vijay Kumar. Team: Kristine Angell, James Barton, Apeksha Garga, Amanda Geppert, Shivani Mohan, Hye Kyung Yoo.

4.20 Analysis Workshop. Example: Improving the Outpatient Experience; 2011; IIT ID. Advisor: Matthew Locsin, Ryan Pikkel.Young Jin Chung, Stephanie Hon, Shilpi Kumar, Hyun Joo Lee, Tuduyen Annie Nguyen, Aaron Penn, Gladys Rosa-Mendoza.

5.1 Principles to Opportunities. Example: Residential and Commercial Renovations; 2010; IIT ID. Advisor: Vijay Kumar. Team: Cecilia Ambros, Mehmet Cirakoglu, Tom DeVries, Jill Haagenson, Amber Lindholm, Nikhil Mathew, Elena O'Curry, Fei Qi, Kshitij Sawant, Owen Schoppe, Libby Taggart, Pinxia Ye.

5.2 Opportunity Mind Map. Example: National Park System; 2005; IIT ID. Advisor: Vijay Kumar. Team: Nathaniel Block, Geoff Colbath, Henning Fischer, Taylor Lies, Kristina Marich, Laate Olukotun.

5.3 Value Hypothesis. Example: Planning for Retirement; 2010; IIT ID. Advisor: Vijay Kumar. Team: Jin Shaun Ang, Young Jin Chung, Luis Eduardo Dejo, Jung Joo Sohn, Jessica Striebich.

5.4 Persona Definition. Example: BOLT; 2011; IIT ID. Advisor: Tom MacTavish. Team: Reenu John, Eugene Limb, Tuduyen Annie Nguyen, Cameron Reynolds-Flatt, Sally Wong.

5.5 Ideation Session. Example: Car Sharing Service; 2010; IIT ID. Advisor: Ryan Pikkel. Team: Mo Chang, Eugene Limb, Mike Roy, Peter Zapf.

5.6 Concept Generating Matrix. Example: Bringing Relevance to Newspaper Company; 2011; IIT ID. Advisor: Matthew Locsin, Ryan Pikkel. Team: Leticia Baiao, Tanushree Bhat, Kang-Il Chung, Luis Eduardo Dejo, Sajid Reshamwala, Rebecka Sexton, Jung Joo Sohn.

5.7 Concept Metaphors & Analogies. Example: Better Budget; 2010; IIT ID. Advisor: Vijay Kumar. Team: Tanushree Bhat, Joohyun Lyoo, Helen Tong, John Vollmer

5.8 Role-play Ideation. Example: Homebuilder?Addressing the Needs of Underserved Market; 2006; IIT ID. Advisor: Vijay Kumar. Team: Joshua Kaplan, Christine Kim, David McGaw, Waewwan Sitthisathainchai.

5.9 Ideation Game. Example: Convivial Food Platform; 2010; IIT ID. Advisor: Vijay Kumar. Team: Benjamin Davis, Na Rae Kim, Francesca Passoni, Zack Perry, Alok Singh.

5.10 Puppet Scenario. Example: Senior Interaction, Supporting the Elderly; 2009; The Royal Danish Academy of Fine Arts. Team: Maria Foverskov, Tau Ulv Lenskjold, Sissel Olander, Signe Louise Yndigegn.

5.11 Behavioral Prototype. Example: ThinkeringSpaces; 2006; IIT ID. Project Advisors: Dale Fahnstrom, Greg Prygrocki, Heloisa Moura. Team: Alok Chandel, Alexa Curtis, Jereme Dumm, Chelsea Holzworth, Lauren Schwendimann, Andrea Small.

5.12 Concept Prototype. Example: Airline Medical Emergencies; 2009; IIT ID. Advisor: Martin Thaler. Team: James Barton, Fei Gao, Fei Qi.

5.13 Concept Sketch. Example: Recycling in Farmer's Markets; 2011; IIT ID. Advisor: Martin Thaler. Team: Jin Shaun Ang, Yelim Hong, Hironori Iwasaki, Jung Joo Sohn.

5.14 Concept Scenario. Example: Improving the Coffee Shop Experience; 2011; IIT ID. Advisor: Jeremy Alexis. Team: Yelim Joanne Hong, Ted Pollari, Cameron Reynolds-Flatt, James Schuyler, Derek Tarnow.

5.15 Concept Sorting. Example: Kids Media; 2006; IIT ID. Advisor: Vijay Kumar. Team: Christopher Bernard, Mark King, David McGaw, Zachary Paradis, Aurora Tallacksen.

5.16 Concept Grouping Matrix. Example: Dog Ownership; 2007; IIT ID. Advisor: Vijay Kumar. Team: Joe Dizney, Andrea Kachudas, Trent Kahute, Suk Jun Lim, Natrina Toyon.

5.17 Concept Catalog. Safeguarding Endangered Cultural Heritage Sites; 2008; IIT ID. Advisor: Vijay Kumar, Patrick Whitney. Team: Lin Lin, Preethi Narayanan, Reiko Takahashi, Natrina Toyong.

6.1 Morphological Synthesis. Example: Urban Dating; 2001; IIT ID. Advisor: Vijay Kumar. Team: Elizabeth Akers, Tamara Bohorquez, Cinthya Urasaki, Felicia Zusman.

318   101 Design Methods

6.2 Concept Evaluation. Example: Medical Tourism; 2007; IIT ID. Advisor: Vijay Kumar. Team: Gabriel Biller, Sue Jin Kim, Jeffery Mau, Kristy Scovel, Eric Wilmot, Ming-Shan Wu.

6.3 Prescriptive Value Web. Example: The Future of Mobile Communications; 2008; IIT ID. Advisor: Vijay Kumar. Team: Kichu Hong, Kyungsun Kim, Min-Joong Kim, Edwin Lee, David Ofori-Amoah, Soo Yeon Paik, Pushkar Vichare.

6.4 Concept Linking Map. Example: Video Gaming; 2007; IIT ID. Advisor: Vijay Kumar. Team: Barry Hastings, Sue Jin Kim, Jae Hyun Park, Max Shapiro.

6.5 Foresight Scenario. Example: Kids Media; 2006; IIT ID. Advisor: Vijay Kumar. Team: Christopher Bernard, Mark King, David McGaw, Zachary Paradis, Aurora Tallacksen.

6.6 Solution Diagram. Example: Cultural Tourism?CityFriends; 2007; IIT ID. Advisor: Vijay Kumar. Team: Andrew Buhayar, Carol Coletta, Jillian Lee, John Montgomery, Ethan Suh.

6.7 Solution Storyboard. Example: Legacy Planning?Opportunity for a Life Insurance Company; 2007; IIT ID. Advisor: Vijay Kumar. Team: Manoj Kumar Adusumilli, Erik Crimmin, Trent Kahute, Elisabeth Martinez De Morentin, Peter Rivera-Pierola, Alexander Troitzsch .

6.8 Solution Enactment. Example: Recycling in Farmers' Markets; 2011; IIT ID. Advisor: Martin Thaler. Team: Jin Shaun Ang, Yelim Hong, Hironori Iwasaki, Jung Joo Sohn.

6.9 Solution Prototype. ThinkeringSpaces; 2008; IIT ID. Advisors: Dale Fahnstrom, Thomas J. McLeish, Greg Prygrocki, Heloisa Moura. Team: Ann Hintzman, LaLuce Mitchell, Van Vuong.

6.10 Solution Evaluation. Example: Managing Diabetes; 2006; IIT ID. Advisor: Vijay Kumar. Team: Joyce Chen, Enric Gili Fort, Derrick Kiker, Sarah Nelson, Sara Todd.

6.11 Solution Roadmap. Example: Managing Diabetes; 2006; IIT ID. Advisor: Vijay Kumar. Team: Joyce Chen, Enric Gili Fort, Derrick Kiker, Sarah Nelson, Sara Todd.

6.12 Solution Database. Example: Future of Living; 2009; IIT ID. Advisors: Charles L. Owen, John Pipino, Amanda McKown. Team: Cornelia Bailey, Tanushree Bhat, Marilee Bowles-Carey, Anthony Caspary, Eric Diamond, Xiaonan Huang, Reenu John, Na Rae Kim, Paolo Korre, Eugene Limb, Hsin-Cheng Lin, Miguel Martinez, Nikhil Mathew, Elise Metzger, Mahdieh Salimi, Kshitij Sawant, Owen Schoppe, Jessica Striebich, Hannah Swart, Traci Thomas, Helen Tong, Sally Wong, Yixiu Wu, Hye Kyung Yoo, Gene Young.

6.13 Synthesis Workshop. Example: Schools in the Digital Age; 2007; IIT ID. Advisors: Vijay Kumar, Patrick Whitney, John Grimes. Team: Carol Coletta, Erik Crimmin, Kevin Denney, Suk Jun Lim, Pam Nyberg.

7.1 Strategic Roadmap. Example: Homebuilder?Addressing the Needs of Underserved Market; 2006; IIT ID. Advisor: Vijay Kumar. Team: Joshua Kaplan, Christine Kim, David McGaw, Waewwan Sitthisathainchai.

7.2 Platform Plan. Example: Convivial Food Platform; 2010; IIT ID. Advisor: Vijay Kumar. Team: Benjamin Davis, Na Rae Kim, Francesca Passoni, Zack Perry, Alok Singh.

7.3 Strategy Plan Workshop. Example: Design Research Conference; 2010; IIT ID. Team: Ralph D'Amico, Gene Young.

7.4 Pilot Development and Testing. Example: New Options for Outof-school Youth?Exposure Studio; 2009; IIT ID. Advisor: Chris Conley, Vijay Kumar. Team: Seth B. Kutnick.

7.5 Implementation Issues Matrix. Example: Homebuilder?Addressing the Needs of Underserved Market; 2006; IIT ID. Team: Joshua Kaplan, Christine Kim, David McGaw, Waewwan Sitthisathainchai.

7.6 Competencies Plan. Example: Points of Arrival in Emerging Markets; 2005; IIT ID. Advisor: Vijay Kumar. Team: Michael Beebe, Jaime Chen, Henning Fischer, Taylor Lies, Matthew Locsin.

7.7 Team Formation Plan. Example: Drive-Thru for the Hearing Impaired; 2005; IIT ID. Advisor: Vijay Kumar. Team: Elena Limbert, Griva Patel, Stacie Sabady, Papinya Thongsomjit.

7.8 Vision Statement. Example: MindshareViz; 2005; IIT ID. Advisor: Vijay Kumar. Team: Zachary Jean Paradis, Jason Ring, Chris Yin.

7.9 Innovation Brief. Example: Healthcare and Technology in India; 2005; IIT ID. Advisor: Vijay Kumar. Team: Kristina Marich, Jose Sia, Martin Zabaleta.

[著者]

ヴィジェイ・クーマー Vijay Kumar

イリノイ工科大学デザインスクール教授。同校でストラテジック・デザインプランニング、デザインメソッドのプログラムを担当。人間中心のイノベーションを考え出し、それを戦略計画するための体系的なメソッド、ツール、フレームワークを用いて、30年以上にわたり世界中で教育研修、出版、コンサルティング、講演などを行っている。コンサルティングを手がけた企業は、P&G、モトローラ、シェル、大伸社、スカンジナビア航空、ファイザー、ウェルズファーゴなど多数にのぼる。

[訳者]

渡部典子 Noriko Watanabe

ビジネス書の翻訳、執筆、編集等に従事。慶應義塾大学大学院経営管理研究科修了。研修サービス会社等を経て独立。翻訳書に『Personal MBA』（英治出版）、『ウォートン・スクール ゲーミフィケーション集中講義』（CCC メディアハウス）、『リバース・イノベーション』（ダイヤモンド社）、共著に『改訂3版 グロービス MBA マーケティング』（ダイヤモンド社）など。

● 英治出版からのお知らせ

本書に関するご意見・ご感想を E-mail (editor@eijipress.co.jp) で受け付けています。また、英治出版ではメールマガジン、ブログ、ツイッターなどで新刊情報やイベント情報を配信しております。ぜひ一度、アクセスしてみてください。

メールマガジン	会員登録はホームページにて
ブログ	www.eijipress.co.jp/blog/
ツイッター ID	@eijipress
フェイスブック	www.facebook.com/eijipress

101デザインメソッド
革新的な製品・サービスを生む「アイデアの道具箱」

発行日	2015年 2月28日　第1版　第1刷
	2016年 3月15日　第1版　第3刷
著者	ヴィジェイ・クーマー
訳者	渡部典子（わたなべ・のりこ）
発行人	原田英治
発行	英治出版株式会社
	〒150-0022 東京都渋谷区恵比寿南 1-9-12 ピトレスクビル 4F
	電話 03-5773-0193　　FAX 03-5773-0194　http://www.eijipress.co.jp/
プロデューサー	山下智也
スタッフ	原田涼子　高野達成　岩田大志　藤竹賢一郎　鈴木美穂　下田理　田中三枝　山見玲加　安村侑希子
	山本有子　上村悠也　田中大輔　谷本雅章　渡邉吏佐子
印刷・製本	シナノ書籍印刷株式会社
校正	株式会社ヴェリタ
装丁・組版	遠藤陽一（DESIGN WORKSHOP JIN, Inc）

Copyright © 2015 Noriko Watanabe
ISBN978-4-86276-175-0　C0034　Printed in Japan

本書の無断複写（コピー）は、著作権法上の例外を除き、著作権侵害となります。
乱丁・落丁本は着払いにてお送りください。お取り替えいたします。